Hansjörg Küster

Deutsche Landschaften

Hansjörg
Küster

Deutsche Landschaften

VON RÜGEN BIS ZUM DONAUTAL

C.H.BECK

Mit 103 überwiegend farbigen Abbildungen
sowie fünf Karten © Peter Palm, Berlin

© Verlag C.H.Beck oHG, München 2017
Satz: Fotosatz Amann, Memmingen
Druck und Bindung: Appl, Wemding
Umschlaggestaltung: Kunst oder Reklame, München
Umschlagabbildung: Blick über den Wehlgrund auf
das Basteimassiv des Elbsandsteingebirges,
© Heinz Wohner/Getty Images/LOOK
Gedruckt auf säurefreiem, alterungsbeständigem Papier
(hergestellt aus chlorfrei gebleichtem Zellstoff)
Printed in Germany
ISBN 978 3 406 71387 3

www.chbeck.de

Inhalt

Schönste Landschaften – eine Einführung | 7

Ein Vogel mit Kurs auf Schweden
RÜGEN | 17

Auf Sand gebaut
BERLIN | 33

«Das Wunder von Wörlitz»
GARTENREICH DESSAU-WÖRLITZ | 51

Ein Canyon in Deutschland
ELBSANDSTEINGEBIRGE | 67

Der Blocksberg hat einen breiten Gipfel
HARZ | 81

Edel Wildnis
LÜNEBURGER HEIDE | 99

Das Tor zur Welt
HAMBURG | 109

Meerumschlungen
SCHLESWIG-HOLSTEIN | 125

Fließende Grenze zwischen Wasser und Land
NORDSEEKÜSTE | 139

Brandungstore und Felsnadeln
HELGOLAND | 159

700 prachtvolle Bauernhöfe in Einzellage
ARTLAND | 169

Von der Entstehung der Buchenwälder
DAS LAND LIPPE | 177

Als man Deutschlands Wohl aus
Rheinweinkrügen trank
DER DRACHENFELS AM RHEIN | 193

Petrihaus und Mainhattan
FRANKFURT AM MAIN | 213

Stadt der Philosophen
HEIDELBERG UND DAS UNTERE NECKARTAL | 225

Auf der Bruchnaht
DER KAISERSTUHL | 239

Tannen, Buchen, Fichten
DER SCHWARZWALD | 247

Großstadt zwischen Wald und Reben
STUTTGART UND DAS MITTLERE NECKARLAND | 269

Das Schwäbische Meer
BODENSEE | 285

Fahrt gegen die Wand
DAS WETTERSTEINGEBIRGE | 303

Erbe der Eiszeit
DER STARNBERGER SEE | 315

Großstadt auf der Schotterebene
MÜNCHEN | 329

«Im schönen uncivilisierten Walde»
DER BAYERISCHE WALD | 345

Strom durch Länder und Zeiten
DIE DONAU | 361

Literaturhinweise | 377
Nachweis der Abbildungen | 384

Schönste Landschaften – eine Einführung

Landschaften sind immer etwas Schönes, und jede Landschaft kann die schönste sein. In diesem Buch sind nur schönste Landschaften dargestellt. Aber sie sind nicht die einzigen schönsten Landschaften in Deutschland: Es gibt dort noch viel mehr davon. Wie viele Landschaften es überhaupt in Deutschland gibt und wie viele davon einen Superlativ an Schönheit darstellen, lässt sich nicht beantworten. Sie ließen sich in keinem einzelnen Buch beschreiben, und sei es auch noch so dick. Eine Landschaft kann eine sehr große Ausdehnung haben; eine andere ist ganz klein. Jede Lokalität gehört nicht nur zu einer einzigen, sondern zu vielen großen und kleinen Landschaften. Helgoland zum Beispiel ist eine Landschaft für sich, sie ist sogar recht klar umgrenzt durch ihre Ufer. Die Insel gehört aber auch zu Schleswig-Holstein, zur Nordseeküste, und sie ist ein Teil der Nordseelandschaft. Man kann die Landschaft Helgoland von der Landschaft der Insel Düne abtrennen, die dem roten Felsen gegenüberliegt. Und es lassen sich sogar Teile von Helgoland als Landschaften beschreiben. Ebenso kann man den Starnberger See für sich allein betrachten, oder man hält einzelne seiner Teile für separate Landschaften, etwa das Ufer von Starnberg oder die Osterseen. Der Starnberger See gehört aber auch zur Münchner Landschaft und zur Landschaft des Alpenvorlandes.

Der Betrachter entscheidet darüber, wie groß eine (oder auch seine) Landschaft ist. Der Betrachter steht im Mittelpunkt dessen, was er als Landschaft überblickt. Wenn er ein Landschaftsmaler wäre, könnte er seine Landschaft malen. Sie lässt sich mit Worten beschreiben, mit Musik verbinden, viele Menschen fotografieren sie.

In jeder Landschaft ist Natur zu sehen: Land und Wasser, Flüsse und Seen, Berg und Tal, Wald und offenes Land, Tiere, Wolken. Alle Formen der Natur haben keinen Bestand. Natur verändert sich, schnell oder langsam. Wolken ziehen über den Himmel, Tiere wandern am Betrachter vorbei, Wasser fließt davon, neues Wasser kommt nach. Pflanzen wachsen und sterben ab, belauben sich, verlieren ihre Blätter. Berge entstehen und werden abgetragen, Täler werden vom Wasser ausgehoben, und die Talböden füllen sich mit Sediment, Seen entstehen und verlanden. Manche dieser Vorgänge dauern schier unendlich lange, so lange, dass wir die mit ihnen verbundenen Veränderungen kaum wahrnehmen können. Auf einem Bild der Landschaft scheint alles stillzustehen. Man muss sich aber klarmachen, dass jedes Bild eine Momentaufnahme eines immerwährenden dynamischen Prozesses ist.

Sehr viele Landschaften haben Menschen umgestaltet, und sie gestalten sie immer weiter. Der von Natur aus gewachsene Wald lässt sich zur Gewinnung von Holz nutzen. Damit auch in Zukunft Holz zur Verfügung steht, pflanzt man neue Bäume, forstet Wald auf. Nach der Rodung von Wald kann man auch Felder anlegen und Getreide anbauen. Nach der Aussaat wachsen die Pflanzen nach den Gesetzen der Natur, aber mit der Ernte wird der natürliche Prozess des Wachstums abgebrochen. Menschen bauen Siedlungen, schicken ihre Tiere auf die Weide, legen Wege und Straßen an. Durch all dies wird das Aussehen einer Landschaft beeinflusst, festgelegt, bestimmt, verändert. Natur und Kultur verschränken sich in ihr. Die Natur wird genutzt, aber die Menschen versuchen immer wieder, so gut es ihnen möglich ist, Stabilität in die Landschaft zu bringen, denn davon hängt ihr Leben ab. Nur wenn jedes Jahr wieder Korn geerntet werden kann, nur wenn jedes Jahr Brenn- und Bauholz zur Verfügung steht, ist menschliche Existenz in einer als Umwelt verstandenen Landschaft möglich. Weil Menschen im Lauf der Zeit immer wieder auf neue Weise versuchen, ihre Lebensbedingungen zu verbessern, verändern sie die Landschaft auch durch deren Gestaltung.

So ist also jede Landschaft nicht allein durch Natur, sondern immer auch durch Kultur bestimmt, aber nicht unbedingt deshalb, weil Menschen jede Landschaft veränderten, sondern weil sie das

Land, auf das sie blicken, mit einer Idee verbinden. Jede Idee ist ein Stück Kultur, und die Idee einer Landschaft ist deren stabilste Komponente. Das spiegelt sich etwa in der Aussage wider, dass sie schön ist. Man hält Landschaften für Idyllen, für Heimaten, für Paradiese, für Arkadien, für Natur. Damit ist dann keine sich verändernde Natur gemeint, sondern eine ästhetische Qualität von Landschaft, die man nicht verändert wissen will. Das macht den Umgang mit dem Begriff der Natur sehr schwierig. Sprechen wir über sie, machen wir nur selten deutlich, ob wir die dynamische Natur meinen, die der Untersuchungsgegenstand der Naturwissenschaft ist, oder die aus ästhetischer Sicht bestimmte Natur, die sich als Idee nie verändert. Je nachdem, auf welche Bedeutung von Natur wir uns beziehen, schwankt auch unser Verständnis von Naturschutz: Will man damit die Veränderung zulassen oder einen Zustand bewahren? Diese beiden Ziele sind so konträr, dass sie sich kaum jemals miteinander vereinbaren lassen.

Alle diese Aussagen zur Landschaft lassen sich mit ästhetischen oder geisteswissenschaftlichen Ansichten gut verknüpfen, auf den ersten Blick aber nicht mit Ansichten aus der Geographie, der Wissenschaft, die sich sehr intensiv mit Landschaften befasst. Immer wieder ist behauptet worden, dass Geographen einen anderen Landschaftsbegriff verwenden als Vertreter anderer Disziplinen oder auch die breite Bevölkerung. Geographen und Landschaftsökologen meinen immer wieder, dass es notwendig sei, einheitliche Landschaftsräume zu definieren und sie durch klare Grenzen voneinander abzusetzen. Ein solches Unternehmen ist die Voraussetzung dafür, klare Aussagen dazu zu machen, wie lang die Nordseeküste ist oder welche Fläche der Schwarzwald einnimmt. Auf diese Weise meinten manche Geographen, eine unumstößliche Grundlage einer Naturwissenschaft zu schaffen. Sie grenzten Planungsräume voneinander ab. Auf dieser Basis gibt die Raumplanung jeweils andere Empfehlungen zur Gestaltung von Landschaft im Sinne eines Landschaftsraumes. In Deutschland und in vielen anderen Ländern ist eine solche geographische Landesgliederung durchgeführt worden, und es gibt sehr exakte Karten von den einzelnen geographischen Landschaften. Das ist sicher ein nützliches Vorgehen. Doch die Grenzen der Landschaften, die die Geographen bestimmten, sind genauso wie alle anderen Erklärungen von Landschaften nichts anderes als Ideen. Man kann jede Landschaft so oder auch anders abgrenzen, und man kann auch ganz darauf verzichten, einer Landschaft eine klare Grenze zu geben. In Wahrheit sind die Grenzen zwischen Landschaften nur auf Landschaftsbildern und Landkarten existent – und dabei sind Landkarten nichts anderes als Landschaftsbilder, auf denen Ideen erkennbar werden. Die Landkarten brauchen wir, um erklären zu können, wo der Schwarzwald liegt und welche Quelle und welche Flussmündung man als das Fließgewässer «Elbe» miteinander verbindet.

Eine Umgrenzung von Landschaften ist notwendig, um zu erklären, wo sie liegen, aber nicht dafür geeignet, eine objektive Basis für eine Raumplanung zu sein. Menschen planen ihre Umgebung, aber nicht danach, wo deren Grenzen liegen. Sie blicken manchmal nur in die Nähe, manchmal in die Ferne: Dann beginnt das Werdenfelser Land als Teil der Alpen schon auf dem Bahnsteig in München-Pasing. Dann wird der Harz mit Norwegen verbunden, die Mainau mit Norditalien oder einer anderen südlichen Region, die Schweiz mit der Sächsischen Schweiz oder der dort befindliche Canyon mit einem anderen im Wilden Westen. Diese Ideen bestimmen das Verhältnis der Menschen zu ihren Landschaften viel stärker als die scheinbar objektiven Grenzen, die man Landschaften gibt.

Trotzdem ist das Vorgehen der Geographen, naturräumliche Einheiten festzulegen, kein Widerspruch zur Definition von Landschaft, wie sie hier geäußert wird. Umgrenzungen von Landschaften führen zu Ideen, die man mit ihnen verbinden kann, aber auch nicht mehr. Diese Ideen dürfen nicht zu beherrschend werden, denn dann engen sie die geistige oder wissenschaftliche Beschäftigung mit Landschaft ein. Landschaft ist viel mehr als ein geographisch abgegrenzter Raum. Sie kann mit vielen Ideen verbunden sein, auch mit solchen, die einander widersprechen. Oft sind sie durch ein Bild, ein Gedicht, eine Erzählung umrissen. Deren Aussagen haben sich in das gemeinsame kulturelle Gedächtnis von Menschen eingebrannt, die sich miteinander über ihre Landschaften unterhalten und verständigen wollen. Eine Wissenschaft von der Landschaft schließt das

Vorgehen, Landschaften voneinander abzugrenzen, mit ein, aber sie hat viel mehr zu untersuchen: etwa die Vorstellungen, die das Entdecken von Landschaften beeinflussten, die Ideengeschichte, die mit ihnen verbunden ist, die Charakterisierungen, die Dichter und Denker, Maler und Komponisten für sie fanden, die Übertragungen von Landschaftsnamen von dem einen Raum auf den anderen. Was ist da ein Capri, eine Toskana, ein Schweden, eine Schweiz, der Wilde Westen? Landschaften tauchen in vielen Erzählungen auf. Darauf wird in diesem Buch immer wieder verwiesen, wobei die herausgegriffenen Beispiele natürlich willkürlich ausgewählt sind. Es gibt viel mehr literarische Zeugnisse, viel mehr Werke der Bildenden Kunst oder der Musik, die man mit einzelnen Landschaften verbinden kann. Es ist eine lohnende Aufgabe, die Ideen der Künstler zu sammeln.

Alle Einzelheiten, die man zu einer Landschaft in Erfahrung bringen kann, müssen zu einer Erzählung, einer Geschichte, einer Story zusammengefügt werden. Es gibt Wissen, das man im Lexikon oder im Internet nachschlagen kann, und es gibt Wissensstränge, die man zueinander in Beziehung setzt – und die sich dann auch verstehen lassen. Es ist allerdings gut möglich, dass dann, wenn nur ein Detail einer Story als falsch oder verbesserungswürdig erkannt wird, der gesamte rote Faden der Geschichte reißt, so dass eine neue Story entwickelt und erzählt werden muss. Das gilt für jede Story. Doch sollte diese Feststellung niemanden davon abhalten, eine immer wieder als vorläufig zu verstehende Geschichte zu entwickeln und zu erzählen. Wissenschaft muss verständlich gemacht werden – und das ist mit der Verknüpfung von Einzelheiten zu einer Story am besten möglich. Bis man die Grundlagen für eine Geschichte besser kennt, fördert sie das Verständnis, vielleicht auch die Begeisterung derjenigen, die sie erzählen, und der anderen, denen sie erzählt wird.

In jeder Geschichte, die von einer Landschaft erzählt wird, spielen Tatsachen und Ideen eine Rolle. Es ist wichtig, zwischen beiden zu unterscheiden: Was sieht man, was erschließt man, was folgert man? Zu den Tatsachen, die sich über einen Fluss zusammentragen lassen, gehört die Feststellung, dass Wasser von Quellen zu einer Mündung fließt, dass dabei ein Tal geschaffen wurde und weiter eingetieft wird, dass das Tal Hänge hat. Aber es ist eine Idee, eine bestimmte Quelle eines Flusses mit einer Flussmündung zu verbinden und festzustellen, dass dies der Fluss sei, und dieser Fluss heiße Elbe. Eine Beschreibung der Elbe, die nur sagt, dass sie im Riesengebirge entspringt und bei Cuxhaven mündet, dass sie eine bestimmte Länge hat und bestimmte Landschaften durchfließt, enthält keine naturwissenschaftlichen Tatsachen, sondern ausschließlich kulturelle Ideen. Denn Menschen haben bestimmt, welche Quelle der Ursprung der Elbe sein soll und welcher Ort ihr Ende. Aus naturwissenschaftlicher Sicht lassen sich beide Definitionen nicht als unumstößlich bestätigen. Und auch die Landschaften, die der Fluss durchströmt, sind von Menschen benannt worden. Eine solche Aussage mindert den Wert der Ideen keineswegs. In der Tat müssen wir uns darauf verständigen, welchen Fluss wir Elbe nennen. Nur dürfen wir nicht so tun, als sei es naturwissenschaftlich gegeben, welche Quelle diejenige der Elbe ist. Man kann sich allerdings durchaus fragen, ob es wirklich von Interesse ist, wie lang ein Fluss ist.

Mit den Texten dieses Buches soll deutlich gemacht werden, dass jede kleine oder große Landschaft, die als Idee aufgefasst wird, beschrieben werden muss. Für unendlich viele Landschaften brauchen wir auch unendlich viele Geschichten. Aufgabe von Wissenschaft ist keineswegs nur die Analyse von geographischen Räumen und das Suchen nach immer neuen Einzelheiten. Sie besteht auch darin, Einzelheiten zu einer Geschichte zu verknüpfen und zu hinterfragen, warum man Einzelheiten in einer bestimmten Art und Weise und nicht anders miteinander verknüpft. Dabei muss immer gesagt werden, was beobachtete Tatsache und was erschlossene Idee ist. Wir können mehrere verschiedene Bergzüge als Bayerischen Wald oder als Böhmerwald bezeichnen. Zu Hamburg gehört viel mehr als der gleichnamige Stadtstaat, man kann aber auch die eine Burg, von der die Stadtentwicklung einmal ausging, allein als Hamburg auffassen. Zu jedem Reiseziel gehören auch die Vorfreude darauf und der Abschiedsschmerz, wenn man das Ziel seiner Reise wieder verlassen muss, und die Sehnsucht nach dem zurückgelassenen Ort, den man so gerne einmal wieder besuchen will.

Eine Wissenschaft von der Landschaft, eine Landschaftswissenschaft hat sehr viele Ziele. Es geht dabei um die Untersuchung und Darstellung der natürlichen Prozesse, die in einer Landschaft sichtbar werden. Man kann schriftliche Quellen und erhalten gebliebene Zeugnisse im Gelände untersuchen, um die frühere Nutzung einer Landschaft zu ermitteln und um sie mit der heutigen Nutzung zu vergleichen. Aber auch die Ideen, die mit Landschaft verbunden werden, lassen sich untersuchen. Warum nannten Dichter und Maler das Ziel ihrer Träume in Süditalien Arkadien und nicht Apulien oder Calabrien, was sich doch mindestens ebenso schön anhört? Warum stellen Modelleisenbahner im Allgemeinen Schweizer Gebirgshäuser und keine entsprechenden Tiroler Modelle in ihre Traumlandschaften, an denen die Miniaturzüge vorbeifahren?

Landschaften zu untersuchen und darzustellen ist mehr als Geographie, ist mehr als Ästhetik, ist mehr als Landschaftsarchitektur. Es ist das umfassende Verständnis für einen Raum, die Prozesse, die darin stattfinden und die Konnotationen, die Ideen, die damit verbunden werden – und es ist das Zusammenfügen von solchen Geschichten, wie sie in diesem Buch zusammengetragen sind.

Wir brauchen aus unterschiedlichen Gründen mehr Verständnis für Landschaften. Viele von ihnen sind bedroht, wenn man die Zusammenhänge in ihnen nicht oder nicht mehr versteht. Landschaften können durch eine Intensivierung der Nutzung zerstört oder, besser gesagt, derart grundsätzlich verändert werden, dass man sie nicht mehr wiedererkennt; das wird jedem sehr rasch klar werden. Eine weitere Bedrohung von Landschaften kommt aus einer ganz anderen Richtung, und daran denkt man nicht so schnell. Landschaften werden auch von Grund auf verändert, wenn ihre Nutzung aufgegeben wird. Dann wirken nur noch die Kräfte der Natur auf sie ein. Dabei wird aus offenem Land zuerst Gebüsch, dann Wald. Eine solche Entwicklung kann man begrüßen, durch sie geht aber verloren, was durch lang einwirkende Kultur geschaffen wurde, nämlich die Vielfalt der Landschaften – und damit auch die Vielfalt an Lebewesen. Pflanzen und Tiere des Waldes breiten sich aus, aber Pflanzen verschwinden, die für beweidete Flächen, Waldränder und Gebüsche typisch sind – und mit ihnen auch viele Tiere, die an und von Pflanzen des Offenlandes leben.

Es gibt Bestrebungen im Naturschutz, diese Entwicklungen zu unterstützen: Bei der Gründung neuer Nationalparke setzen sich nicht nur Naturschützer, sondern auch immer mehr Politiker dafür ein, die neuen Schutzgebiete überwiegend zu Wildnissen werden zu lassen. Auch ältere Nationalparke sollen zu Wildnissen entwickelt werden, in die der Mensch nicht mehr eingreift. Dabei werden Landschaften zerstört, die nicht allein durch Natur geprägt waren, sondern auch durch Kultur – und mit denen Ideen verbunden waren. Es gibt einige Tierarten, beispielsweise den Wolf, die sich in Wildnissen ansiedeln, da also, wo sich ehemals offenes Land derzeit durch allein vorherrschende natürliche Einflüsse zu Buschland und Wald entwickelt. Ehemalige Grünlandflächen an den Bächen, die nicht mehr genutzt werden, sind nun zu Revieren des Bibers geworden. Das verbuchen Naturschützer als Erfolge, vor allem die Zoologen unter ihnen. Dabei müsste eigentlich stärker beachtet werden, dass die Struktur einer Landschaft in erster Linie durch Vegetation und nicht durch die Tierwelt bestimmt wird. Die Vegetation verändert sich in Wildnissen, sie unterliegt den Gesetzen der Sukzession, der Entwicklung eines offenen Landes zum Wald. Das Leben der Tiere muss als eingepasst in diese Sukzessionen gesehen werden. Dann würde klar werden, dass Wölfe in der Wildnis vor allem dann vorkommen, wenn sich im Lauf von Jahren und Jahrzehnten Wälder entwickeln; im geschlossenen Wald dagegen werden nur noch wenige Wölfe leben können, weil es dort weniger Beutetiere gibt als in der Phase der Entwicklung des Waldes. Die Biber haben in den letzten Jahrzehnten sehr viele Orte verändert, an denen sie idealerweise existieren können. Nun brauchen sie neue Reviere: Aber wo werden die sein?

Alle diese Probleme würden wir nicht bekommen, wenn stärker darauf geachtet würde, Landschaften mit allen ihren natürlichen und kulturellen Einflüssen zu bewahren. In ihnen hat eine begrenzte Zahl an Wölfen oder Bibern durchaus Platz. Aber das Ziel, Tierarten wieder anzusiedeln, muss immer wieder mit dem anderen Ziel, die Strukturen und Ideen von Landschaften zu bewahren, in Einklang gebracht werden. Dabei brauchen wir viel mehr Bereitschaft, Konsens zu erzielen, als die Konfrontation zwischen denjenigen, die nur die Wildnis im Sinne haben, und den anderen, die nur Nutzung intensivieren wollen, vermuten lässt. Beide dieser Parteien wenden sich gegen das kulturelle Verständnis von Landschaft, das immer auf Kompromissen beruht. Eigentlich ist jede Landschaft selbst ein Kompromiss, bei dem Nutzung, Schönheit, Tier- und Pflanzenarten, Vielfalt und noch viele weitere Dinge zu bedenken sind.

Die Schaffung neuer Wildnisse steht derzeit hoch im Kurs, viele Menschen sind so fasziniert von dieser Idee, dass sie kein anderes Ziel daneben dulden und keineswegs kompromissbereit sind. Dabei ist es mindestens genauso faszinierend, die Komplexität und Schönheit, die lange Kultur und die Vielfalt der Landschaften zu entdecken und sich für sie einzusetzen.

Die Idee, dieses Buch zu schreiben, entstand in zahlreichen Gesprächen mit den Verlegern Wolfgang und Jonathan Beck, mit den Lektoren Stefan Bollmann und Detlef Felken, mit Verwandten und Freunden, wobei ich mich vor allem an zahlreiche Gespräche mit Ansgar Hoppe dankbar erinnere. Meine Mutter, Ulla Küster, war die Erste, die die Texte gelesen und kommentiert hat. Bei der Fertigstellung des Buches haben vor allem Stefan Bollmann, Simone Decker und Angelika von der Lahr geholfen. Sie haben mir häufig Mut gemacht, dieses Buch endlich fertig zu schreiben. Dafür gebührt allen Genannten und vielen weiteren Gesprächspartnern sehr herzlicher Dank.

Hannover, im Mai 2017
Hansjörg Küster

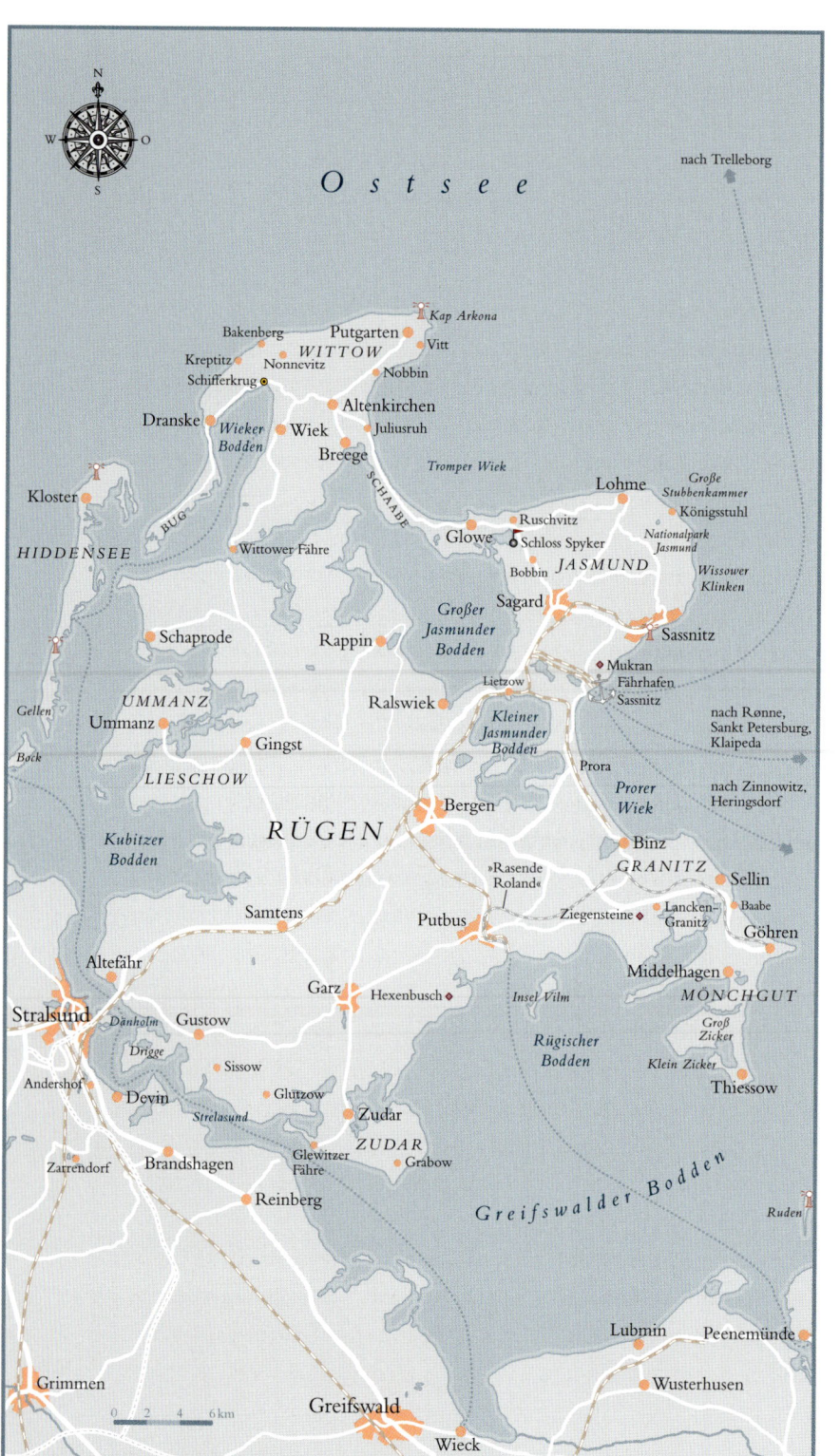

Ein Vogel mit Kurs auf Schweden
RÜGEN

Rügen ist die größte deutsche Insel: Die Luftlinie von einem Ende der Insel zum anderen beträgt etwa 40 Kilometer, aber die Küstenlinie der Insel ist über zehn Mal so lang, etwa 570 Kilometer, ebenso groß wie die Entfernung von Lübeck nach Königsberg, dem heutigen Kaliningrad.

Auf dem Kartenbild ist Rügen ein seltsam zerfetztes Gebilde, dessen Form man sich nur schwer einprägen kann. Mit etwas Phantasie erkennt man darin einen nach Nordosten fliegenden Vogel, den die einzelnen Teile der Insel bilden: Der auf der Landkarte nach links gewandte «Kopf» ist die Halbinsel Jasmund mit Sassnitz, der «Hals» bei Lietzow und der Schmalen Heide wird beinahe vollständig von den flachen Meeresbuchten des Großen und Kleinen Jasmunder Boddens durchtrennt. Die «Flügel» reichen im Westen bis Schaprode und Ummanz, im Osten zur Halbinsel Mönchgut; der «Rücken» des Vogels ist Zentralrügen rings um den Hauptort der Insel, Bergen. Die «aufgeplusterten Schwanzfedern» reichen bis Altefähr (Rügendamm) und Zudar. Der Vogel hat auch einen langen gebogenen «Schnabel», die Schaabe, mit einem «Fisch» darin, die Halbinsel Wittow. Der gebogene «Schwanz» des «Fisches» ist der Teil der Insel, der Bug genannt wird. Der Vogel scheint sich von der pommerschen Küste zu erheben, er nimmt nordöstlichen Kurs auf die Südküste Schwedens. Ein «Seepferdchen» scheint dem Vogel entkommen zu sein: Hiddensee – eine Insel für sich.

An der dermaßen zerfetzten und unregelmäßigen Form des Inselgebildes wird deutlich, dass es erst seit etwa 8000 Jahren von der Ostsee umgeben ist. Diese Zeit reichte für eine Glättung der Küstenlinien durch die Brandung noch nicht aus. Dennoch wurden

Kreidefelsen der Stubbenkammer.

Blick vom Jagdschloss Granitz auf den Südosten Rügens: Ostseewasser überschwemmte die Niederungen zwischen eiszeitlichen Moränen.

schon etliche Landvorsprünge abgetragen, Steine zerkleinert und sandige Nehrungen aufgebaut.

Die Ostsee ist nicht das erste Meer, das das Gebiet von Rügen überflutete. Die etwa 70 Millionen Jahre alten Ablagerungen, aus denen die strahlend weißen Felsen der Stubbenkammer bestehen, bildeten sich im flachen Meer der Kreidezeit aus den mikroskopisch kleinen Panzern von Tieren, den Foraminiferen, und Algen, den Coccolithen. In den Kreidekalk wurden die harten silikatischen Teile von Schwämmen eingelagert, die zu Feuerstein wurden, dazu Überreste weiterer Meerestiere, beispielsweise «Donnerkeile», die zu tintenfischähnlichen Belemniten gehörten. Vor etwa 50 Millionen Jahren lag nördlich von Rügen das Land, auf dem die sogenannten Bernsteinkiefern wuchsen. Bei diesen Gehölzpflanzen handelte es sich wahrscheinlich aber nicht um Kiefern, sondern um andere Nadelbäume, von denen Harz auf den Boden tropfte. Das Harz wurde im Lauf der Zeit zu hartem Bernstein. Das Land im Norden Mitteleuropas versank später erneut in einem flachen Meer. Die

Nadelwälder gingen unter, und das Wasser spülte den größten Teil des Bernsteins, der auf den Waldboden gefallen war, nach Osten, an die Samlandküste, wo sie schließlich lange Zeit nach ihrer Entstehung in der sogenannten Blauen Erde eingeschlossen wurden. Aber man findet Bernstein auch an allen anderen Küsten des damaligen Meeres, nicht nur an der Ostsee, sondern auch an der Nordsee: Das ist ein Beweis dafür, dass damals Nord- und Ostsee noch nicht voneinander getrennt waren: Überallhin konnten die Bernsteinbrocken verdriftet werden.

In erdgeschichtlich jüngerer Zeit wurden die Kreideschichten bei Rügen angehoben, und zwar entweder von Kräften aus dem Erdinneren, oder eiszeitliche Gletscher aus Skandinavien stießen gegen sie wie gegen einen gigantischen Prellbock und stellten sie schräg oder aufrecht. Das Eis riss viel Kreide und Feuerstein von den Felsen und schob die Gesteinsbruchstücke nach Süden und Westen. Dabei wurde die Kreide zermahlen, nicht aber der Feuerstein: Ihn kann man, gewissermaßen als «Gruß von Rügen», in vielen eiszeitlichen Ablagerungen in Norddeutschland finden. Eigentlich ist es sehr erstaunlich, dass ein beträchtlicher Anteil der relativ weichen und brüchigen Kreidefelsen dem Gletschereis trotzte. Hinter den Felsen lagerten die Gletscher erhebliche Mengen an Schutt ab. Der größte Teil Rügens besteht aus solchen Ablagerungen, die im Eiszeitalter deponiert wurden.

In der letzten Eiszeit, in der Weichseleiszeit, bedeckten die äußersten Ausläufer der Gletscher nur einen Teil des norddeutschen Tieflandes. Das Eis stieß bis in den Süden Mecklenburgs und Pommerns vor und bedeckte auch Rügen. Es brachte, genauso wie die Gletscher in früheren Kaltzeiten, große Mengen an Mineralstoffen aus Skandinavien mit sich. Steine und feiner Gesteinsgrus blieben liegen, als die Gletscher tauten. Wurde es noch einmal kälter, bekamen die Gletscher erneut «Nahrung» durch nachrückendes Eis aus dem Norden; dann schoben sie wie Bulldozer den lockeren Boden zu Endmoränen zusammen. An den Formen ihrer Wälle lässt sich erkennen, bis zu welchen Grenzen die Gletscher maximal vorrückten.

Im Vorfeld dieser Moränen war der Schutt aus den vorigen Eiszeiten der Erosion durch eisige Winde und Schmelzwasser ausgesetzt. Feine, tonige Bestandteile wurden ausgespült oder ausgeblasen, Steine und unfruchtbarer, grober Sand blieben liegen. In den ehemaligen Gletschervorfeldern entwickelten sich später unfruchtbare, arme Böden. Die wenigen Jahrtausende nach dem Abschmelzen des Gletschers aus der letzten Eiszeit reichten aber nicht aus, um die fruchtbaren Bodenbestandteile aus den Böden der jungen Moränen Rügens und anderer Gegenden im Norden Mecklenburgs und Vorpommerns auszublasen oder auszuspülen. Bald bedeckte üppige Vegetation das von den Mineralstoffen der Gletscher reichlich gedüngte Land; Gräser, Kräuter, später auch Gehölze schützten die Landoberflächen vor dem erodierenden Zugriff von Wasser und Wind.

In einigen Senken des vereisten Gebietes blieben Eismassen länger liegen als in deren Umgebung. Die Verbindung zwischen dem Eis in der Senke und dem Gletscher ging dabei verloren; es wurde zu «Toteis», das man so nennt, weil es nicht mehr bewegt wurde. Wenn der Gletscher in einer anschließenden kälteren Phase wieder vorrückte, schob er Schuttmassen über den Toteisbrocken, der sich, auf diese Weise gut gegenüber der Sonne isoliert, dann besonders lange hielt, wenn der Gletscher endgültig abgeschmolzen war. Erst viel später als der Gletscher taute das «tote» Eis. Sehr feine Schuttbestandteile sammelten sich unter dem Eisbrocken und bildeten eine Tonschicht, die wasserundurchlässig war und verhinderte, dass das Schmelzwasser in den Untergrund ablief, und also bildete sich in dem zurückbleibenden Toteisloch ein See. Ein solches Toteisloch wird an der Ostsee namentlich dann, wenn es klein ist, auch «Soll» genannt. Viele Toteislöcher und Sölle verlandeten; seitdem befinden sich Moore in den Senken. Manchenorts baute man den Torf ab und verwendete ihn zum Heizen. Ton – auch aus Ablagerungen früherer Eiszeiten – war ein weiterer wichtiger Rohstoff, denn man konnte ihn zu Ziegeln oder Backstein brennen.

Kaum irgendwo sonst liegen derart viele verschiedene Gewässer so dicht beieinander wie auf Rügen. Da sind die von Süßwasser gefüllten Toteislöcher und die Bäche, die von ihnen aus zur Ostsee fließen. Da ist die Ostsee mit ihrem Brackwasser; der Salzgehalt ist an der Nordseite von Rügen größer als an der Südseite. Und dann sind da die flachen Boddengewässer, in denen sich das Brackwasser der Ostsee und Süßwasser mischen. Der Name Bodden rührt daher, dass man dort schnell an den Boden des Gewässers stößt. Ist ihr Salzgehalt sehr gering, wachsen Schilfröhrichte an ihren Ufern. Etwas mehr Salz im Wasser kann die Strandsimse ertragen. Die Bodden sind wichtige Rastplätze für Zugvögel, beispielsweise Gänse und Kraniche. Sie finden dort zeitweise im Jahr viel Nahrung und nächtliche Rastplätze, an denen sie vor dem Fuchs sicher sind. Der Sand am Grund der Bodden verlagert sich unaufhörlich; daher ist es sehr kompliziert, die richtigen Schifffahrtswege durch das flache Meer zu finden. Für größere Schiffe gibt es keinen natürlichen Hafen auf Rügen; die Insel war daher lange Zeit für Handelsschiffe nur schwer zu erreichen. Erst im 20. Jahrhundert entstanden Häfen für hochseegängige Schiffe auf der Insel, und zwar in Sassnitz und Mukran.

Überall sind die Salzkonzentrationen des Wassers gering. Das bedeutet, dass auch die Gischt und die Luft am Meer nur wenig Salz enthalten. Bäume können daher auf Rügen und an anderen Ostseeküsten direkt an der Küste wachsen. Wo Wald wächst, kann auch Getreide angebaut werden. Nur an der Ostsee kann man Buchenwälder oder gelbe Getreidefelder und das wunderbare Blau des Meerwassers zur gleichen Zeit erblicken. Dies ist einmalig auf der Welt.

Die Küstenbereiche mit den Wäldern und Kornfeldern, darunter auch Siedlungsgebiete, werden aber unaufhörlich zerstört. Denn das Meer nagt an den Steilküsten, an den Kreidefelsen der Stubbenkammer auf Jasmund genauso wie an den Moränen, die zum Beispiel an Kap Arkona auf Wittow oder am Nordperd und Südperd auf der Halbinsel Mönchgut bis unmittelbar an die Küste reichen. Der Kreidefelsen ist stabiler als die Moränen; deshalb ragen die Felsen steil auf, die Moränenküsten sind dagegen allenfalls um etwa 45° geneigt. Von unten her werden die Steilhänge von den Wellen unterhöhlt. Die darüber liegenden Hänge brechen unter der Wirkung von Wind und Wetter nach: Wasser dringt in Felsspalten und den Boden ein. Wenn es im Winter gefriert, dehnt es sich aus und sprengt ein Stück Stein oder Boden ab, das bei Tauwetter den Hang hinabrutscht. Auch Wurzeln und Tiergänge lassen Gestein und Moränen zerbröseln. Immer wieder kommt es zu spektakulären Felsabbrüchen. Im Februar 2005 stürzten über 50 000 Kubikmeter Kreide von den Wissower Klinken bei Sassnitz in die Ostsee.

Kreide löst sich im Meerwasser und führt zu einer eigentümlich grünen Färbung des Wassers unterhalb der Kreidefelsen. Was aus den Steilküsten an den Moränenküsten auf den Strand fällt, wird vom Wasser nach seinem Gewicht sortiert. Große Steine bleiben unmittelbar vor dem Steilabbruch an der Küste liegen, vom Meer umspült, beispielsweise der Siebenschneiderstein (oder, auf Niederdeutsch, Söbensniedersteen) und der Kosegartenstein vor Kap Arkona und der Schwanenstein vor Lohme. Auch die Bäume, die oben an den Steilhängen gewachsen waren, purzeln auf den Strand oder ins Meer und bleiben dort lange Zeit liegen.

Aus den Steinstränden unter den Steilküsten wird das feinere Material vom Meerwasser ausgespült und nach den Seiten verfrachtet. Die Wellen, die mit Sand und Ton spielen, bewegen sich schräg auf das Land zu und weichen auch schräg wieder zurück. Daher wird der Sand nach den Seiten hin, parallel zum Ufer verlagert. Der Sand setzt sich dort ab, wo die zurücklaufende Welle von der nächsten Woge erreicht wird, die auf den Strand zurollt. Wenn sich Wellen über längere Zeit an der gleichen Linie treffen, entsteht ein Strandwall oder Riff. Man kennt Riffe vom Baden: Geht man vom Strand aus ins Meer, wird der Wasserstand nicht gleichmäßig tiefer. Man muss erst einen oder zwei Strandwälle überqueren, bis man ins freie Wasser gelangt und schwimmen kann.

Vom Sand, der in Sandriffen nach den Seiten bewegt wird, können ganze Buchten abgeschnitten werden. Aus küstenparallel transportiertem Sand entsteht zunächst eine untermeerische Schaar, dann ein Haken, der immer weiter in die Bucht vorragt, schließlich eine Nehrung, die bei hohem Wasserstand noch vom Wasser bedeckt ist, bei niedrigem Wasserstand aber über den Meeresspiegel aufragt. Sie kann, wenn sie voll entwickelt ist, eine ganze Bucht vom Meer trennen. Nehrungen sind die Schaabe zwischen Jasmund und Wittow, die Schmale Heide zwischen Jasmund und Granitz, der Bug sowie die sandigen Verbindungen zwischen Nordperd und Südperd an der Ostküste der Halbinsel Mönchgut. Hinter manchen dieser Nehrungen wurden Boddenbereiche als Haffs oder Strandseen vom Meer abgetrennt: Das Wasser im Großen Jasmunder Bodden ist nur über eine sehr schmale Wasserstraße an der Wittower Fähre mit der Ostsee verbunden.

Der Norden von Rügen wurde in den letzten Jahrtausenden von Kräften aus dem Erdinneren um einige Meter nach oben gedrückt. Die zuvor gebildeten Strandwälle blieben erhalten: als schmale Hügelrücken liegen sie nebeneinander auf dem aus dem Wasser gehobenen Strand, auf der Schaabe und an den Feuersteinfeldern an der Schmalen Heide bei Prora. Sie sind heute sehr trockene Orte, auf denen Besenheide, Sanddorn und Kiefern wachsen.

Außen an der Schmalen Heide und der Schaabe sowie an allen anderen Nehrungen Rügens wird immer weiter Sand angelagert. Die berühmten Sandstrände bilden sich dort nur dann, wenn in der Nähe Moränen an Steilküsten vom Meer abgebaut wurden und ein küstenparalleler Sandtransport in der oben beschriebenen Weise stattfand; weite Strände gibt es an der Ostsee also nur dort, wo Land langsam, aber sicher in den Fluten versinkt.

Weiter als Sand kann feiner Schluff und Ton vom Wasser transportiert werden. Selbst ganz geringe Strömungen können diese Schwebstoffe tragen. Sie gelangen unter anderem in die Bodden. Dort endlich sinken die feinen Gesteinspartikel zu Boden oder werden in den Röhrichten festgehalten. Auf diese Weise verlanden die Bodden allmählich.

Rügen ist ein von natürlichen Faktoren begünstigtes Landstück: Sein Reichtum beruht auf fruchtbaren Böden, die die Insel zur Kornkammer werden ließen, und ebenfalls der großen Menge an Fischen, die in den Bodden gefangen werden. Die besten Fischgründe liegen dort, wo verschiedene Meeresströmungen aufeinander stoßen, etwa zwischen Rügen und Hiddensee oder an der Südspitze der Halbinsel Mönchgut. Schwieriger war es, etwas von diesen Gütern von der Insel zu exportieren, denn es gibt keine natürlichen Häfen für größere Wasserfahrzeuge. Slawische Schiffer, die im frühen Mittelalter auf Rügen lebten, hatten dieses Problem noch nicht. Sie legten mit ihren kleinen Booten in Ralswiek am Großen Jasmunder Bodden an. Sie trieben Handel mit den Wikingern, die ihre Häfen in Haithabu bei Schleswig und anderen Küstenorten besaßen. Die Slawen brachten Bernstein und Fisch in den Westen, auch den aus Kiefernholz hergestellten Teer, den man zum Verpichen der Schiffe brauchte. Kiefern wuchsen an den sandigen Küsten Rügens, aber nicht an weiter westlich gelegenen Küsten. Wikinger hatten Wein aus dem Süden nach Haithabu geholt, er wurde im Ostseeraum weiter gehandelt. Für den Transport dieser Güter reichten kleine Boote aus, die man in den Häfen einfach aufs Gestade zog. Doch Holz und Korn, die Massengüter der Insel, ließen sich mit diesen Booten nicht transportieren, und mit den größeren Schiffen der späteren Zeit kam man nicht nach Ralswiek, in den Bodden hinein. Übrigens: Die slawischen Bewohner von Rügen und Umgebung nannte man Pommern, weil sie im Land am Meer lebten, das auf Slawisch «po-morje» hieß.

Häfen für kleine Fischerboote konnten weder vor den steinigen Steilküsten noch dort entstehen, wo sich gefährliche Sandriffe ausbildeten, also vor den Nehrungen. Die günstigsten Plätze, wo man Boote auf das Ufer ziehen konnte, fanden die Fischer dort, wo Steilküste und Nehrung aneinander grenzten. Dort entwickelten sich viele Fischerdörfer, von denen einige später wichtige Kurorte wurden: Glowe, Sassnitz, Binz, Göhren, Thiessow.

Zwischen Rügen und dem Festland wird ein Boddenbereich von der Strömung einigermaßen tief gehalten. Die Insel schirmt dieses Gebiet, das einfach «Sund» oder auch Strelasund genannt wird, hervorragend gegen das freie Meer ab, so dass man dort einen sicheren Ort zum Be- und Entladen größerer Schiffe fand: Stralsund, den Hafen Rügens, der aber nicht auf der Insel, sondern auf dem Festland gelegen ist. Dort konnte man schon im Mittelalter Kais errichten, an denen die größeren und hochseetüchtigen Schiffe der Hanse be- und entladen wurden.

Wenn man durch Stralsund geht, erkennt man den früheren Reichtum Rügens. Man handelte hier mit dem Holz von der Insel, zum Beispiel mit dem wertvollen Buchenholz. Es liefert, zu Holzkohle verarbeitet, sehr hohe Temperaturen, die man zur Schmelze von Glas braucht. In Schweden gibt es Buchen nur ganz im Süden, in Schonen; wollte man in den zahlreichen Glashütten Smålands Glas schmelzen, musste man Buchenholz importieren. Sicher war dies ein Grund dafür, warum die Schweden lange Zeit sehr scharf auf die Wälder Rügens waren und das Land lange beherrschten. Ein weiteres sehr wichtiges Exportgut Stralsunds, das eigentlich aus Rügen kam, war Roggen. Er war das Brotgetreide für die Menschen im Norden, wo es zu wenige Ackerflächen gab. Dort hatten die eiszeitlichen Gletscher nämlich vielerorts nackten Fels hinterlassen. Feine, fruchtbare Bodenbestandteile hatten sie in den Süden verfrachtet.

Die Menschen im Norden Europas waren aber keineswegs arm und konnten daher Buchenholz und Korn kaufen. Sie förderten aus den schwedischen Erzbergwerken große Reichtümer zu Tage. Die Städte an der Südküste der Ostsee verdienten am Verkauf von Korn, die Städte im Norden am Verkauf von Erz. Und auf der Ostsee bestanden sehr günstige Voraussetzungen für die Etablierung eines Handels zur See, denn in dem brackigen Wasser gab es keine Bohrmuscheln, die Schiffsrümpfe aus Eichenholz zerstörten. Aus dem Norden kamen auch Fichtenstämme in den Süden, aus denen Schiffsmasten wurden und die mächtigen Balken vieler Speicherbauten im Süden des Meeres.

Der Handel brachte Profit, und dies fand auch seinen Niederschlag in den Bauten von Stralsund. Man wetteiferte mit den Lübeckern um das schönste und größte Rathaus, baute prächtige Kirchen, die mit immer neuen und noch niemals vorher so geformten Türmen versehen wurden. Sie mussten ein unverwechselbares Aussehen haben, denn sie dienten als Seezeichen, die den Weg in den Hafen wiesen. Vor allem in der Mitte des 13. Jahrhunderts, als Stockholm gegründet wurde und damit ein exzellenter Ausfuhrhafen für schwedisches Erz entstand, kam es zu einem regelrechten Bauboom an der südlichen Ostsee.

Die Hauptzufahrt zum Hafen von Stralsund bestand von Osten her. Später hielt man auch eine westliche Hafenzufahrt frei. Zwischen Zingst und Hiddensee würde, wenn man dort nicht künstlich für freie Schifffahrt sorgen würde, wohl zumindest zeitweilig eine durchgehende Nehrungsverbindung entstehen. Für die Stralsunder

war es daher wichtig, dieses Seegebiet mit den daran grenzenden Ländereien zu kontrollieren: Sie besaßen Land am Ostende von Zingst, die Sundischen Wiesen.

Zu den natürlichen Reichtümern, die die Bewohner Rügens begünstigten, gehörten zweifelsohne auch die Kreide, die hinter den Felsen der Stubbenkammer abgebaut wird, und die von den Gletschern abgerundeten und abgeschliffenen Steine aus den Moränen. Sie sind hart und daher ein vorzügliches Baumaterial. Aber aus Getreidefeldern musste man sie entfernen, denn sie behinderten die Bodenbearbeitung, und Ackergerät wurde zerstört, wenn es an Steine im Boden stieß. Die ersten Ackerbauern, die vor mehr als 5000 Jahren auf der Insel lebten, wuchteten große Findlinge aus dem Boden, und zwar auf nie völlig geklärte, aber auf jeden Fall Staunen erregende Weise. Aus ihnen errichteten sie monumentale Großsteingräber, die an mehreren Orten der Insel die Jahrtausende überdauerten. Bis zum Beginn des Mittelalters siedelten Bauern nur für jeweils einige Jahrzehnte am gleichen Ort und bewirtschafteten von dort aus ihre Felder. Dann verließen sie die bisher bewohnten

Jungsteinzeitliches Großsteingrab von Nobbin bei Putgarten auf Rügen.

Orte und gründeten neue Siedlungen. Die Großstein- oder Megalithgräber blieben aber als steinerne Zeugen aus alter Zeit bestehen.

Im Mittelalter wurde die Art und Weise der Besiedlung und Bewirtschaftung des Landes von Grund auf umgestellt. Die Siedlungen, in denen es nun auch Kirchen gab, wurden nicht mehr verlagert. Die Tatsache, dass eine Kirche zur Siedlung gehörte, mag zu deren Stabilisierung entscheidend beigetragen haben. Denn die Kirche war immer einem Heiligen geweiht, dessen Verehrung auf Ewigkeit Bestand haben sollte. Das Land, das nun auf Dauer besiedelt wurde, teilte man in drei große Felder ein, auf denen von Lokatoren schmale Ackerstreifen abgemessen wurden – jeder Bauer der Siedlung kam so zu seinem Besitz. Die Felder wurden eingeebnet, damit man sie besser bearbeiten konnte, und dabei sammelte man Steine aus dem Erdreich. Sie wurden zum Baumaterial für zahlreiche Feldsteinkirchen in den Dörfern, die ältere, aus Holz gebaute Bauwerke ersetzten. Die Steine aus allen Teilen Skandinaviens wurden auf diese Weise zu bunten Fassaden der Feldsteinkirchen.

Die gesamte Feldflur des Landes wurde einige Jahrhunderte später noch einmal von Grund auf umgestaltet, und zwar im 18. und 19. Jahrhundert. Damals verband man die schmalen Ackerstreifen aus dem Mittelalter zu großen Äckern, man koppelte also kleine Äcker zu großen Feldern zusammen. Die Felder bezeichnete man daher als Koppeln, und der gesamte Prozess wurde Verkoppelung genannt. Auch damals ebnete man Felder ein und sammelte Steine aus dem Boden. Nun baute man allerdings keine Kirchen mehr aus den Steinen, sondern fand eine ganz andere Verwendung für sie: Man pflasterte Straßen und Wege. So wurde das Land besser erschlossen.

Nach dem Dreißigjährigen Krieg hatten Rügen und das vorpommersche Festland lange Zeit zu Schweden gehört, das seinerzeit fast alle Küsten der Ostsee beherrschte; damals wurden beinahe alle Küstenländer an der Ostsee von Protestanten bewohnt, und die Ostsee war fast zu einem «Meer der Protestanten» geworden. Nach dem Wiener Kongress, am Beginn des 19. Jahrhunderts, kam Vorpommern zu Preußen, Rügen wurde deutsch. Zu dieser Zeit bekam die Insel eine große kulturelle Bedeutung. Dafür sorgte anfangs wohl vor allem Ludwig Gotthard Kosegarten, der 1792 die Pastorenstelle von Altenkirchen auf Rügen erhielt. Über das nahe Kap Arkona, eine der vom Meer ständig abgebauten Steilküsten im Norden der Insel, dichtete er:

Dort, wo umschäumt Arkona
Die Brust den Wogen beut,
Schaut glanzberauscht das Auge
In die Unendlichkeit.

Es spült in Ost und Westen,
In Süd und Nord der Blick,
Und späht umsonst. Nicht draußen,
Nur drinnen wohnt das Glück.

Wenn die Altenkirchener Fischer viele Wochen lang nicht die Kirche besuchen konnten, weil sie am Strand von Vitt in der Nähe vom Kap Arkona Heringe fingen, kam Kosegarten zu ihnen und predigte ihnen am Strand. Für seine berühmten Strandpredigten wurde nach 1806 eine achteckige Kapelle gebaut, und zwar nach Entwürfen von Karl Friedrich Schinkel. Schinkel baute später auf Kap Arkona den ersten modernen Leuchtturm Rügens und auch den Mittelturm des bekannten Jagdschlosses Granitz im Südosten der Insel. 1835 wurde nach Schinkels Entwürfen ein Schweizer Haus an der Stubbenkammer errichtet.

Ein solches Bauwerk symbolisierte Natur und Freiheit, vielleicht auch die «Befreiung» Rügens aus schwedischer Herrschaft. Kosegarten war sehr gut mit Caspar David Friedrich bekannt, der immer wieder nach Rügen kam und dort unter anderem die Kreidefelsen malte. Karl Schildener bemerkte dazu 1828: «... wenn man Kosegarten den Sänger Rügens nennt, könnte Friedrich mit Recht der Maler Rügens heißen.» Rügen, Kap Arkona und vor allem die Kreidefelsen an der Stubbenkammer waren damit zu fast mythischen Orten geworden. Heute sind die Felsen Teil eines Nationalparks, in dem es zahlreiche Naturschönheiten zu bewundern gibt, nicht nur die Kreidefelsen, sondern auch artenreiche Orchide-

en-Buchenwälder. Besonders bekannt sind aber die Kreidefelsen als nationales Symbol, als Idee der Freiheit an der Ostsee, als Inbegriff schöner Natur.

In der Folgezeit kamen immer mehr Feriengäste nach Rügen,

Caspar David Friedrich, «Kreidefelsen auf Rügen». Aquarell, um 1826.

zuerst nur per Schiff. 1936 wurde die Eisenbahnbrücke über den Strelasund fertiggestellt. Schnellzüge fuhren von Berlin aus auf der sogenannten «Königslinie» nach Sassnitz; von dort aus wurden die Wagen auf einer Eisenbahnfähre nach Trelleborg an der Südspitze Schwedens gebracht. Im gleichen Jahr begann der Bau einer gigantischen Ferienanlage in Prora bei Binz, in der 20 000 Urlauber zur gleichen Zeit ihre Ferien verbringen sollten. Große Teile des Bauwerks wurden bis zum Beginn des Zweiten Weltkriegs im Rohbau fertiggestellt; sie können als Symbol für den Größenwahn der Nationalsozialisten gelten. Zu Zeiten der DDR wurden Teile fertig gebaut und als Kaserne genutzt.

Feriengäste finden nicht nur moderne Hotels, sondern auch viele der im Stil der sogenannten Bäderarchitektur errichteten Bauten aus dem 19. und frühen 20. Jahrhundert haben die Jahrzehnte überdauert und wurden in den letzten Jahren prachtvoll renoviert: in Putbus-Lauterbach, Binz, Sassnitz, Sellin oder Göhren.

Aber Rügen ist nicht nur die Touristeninsel: Noch immer wird dort intensive Landwirtschaft betrieben. Und inzwischen liegt auch ein bedeutender Hafen auf Rügen: der Fährhafen Sassnitz. Er ersetzte den alten Sassnitzer Hafen und liegt auf einem Gelände bei Mukran, wo in den 1980er Jahren ein zweiter Rügener Hafen gebaut worden war. Vom Fährhafen Sassnitz aus verkehren zahlreiche Fähren nach Skandinavien, nach Bornholm, ins Baltikum und nach Russland. Und man baute eine weitere Straßenbrücke über den Strelasund.

Aber die Symbole der Vergangenheit blieben erhalten und sind weiterhin Inbegriff von Rügen: die Kreidefelsen, Kap Arkona mit seinem Leuchtturm, das Jagdschloss Granitz, die Bäder des 19. Jahrhunderts und Stralsund, die alte Hafenstadt der Insel, die ja nicht auf der Insel liegt und in der schon vor Jahrhunderten wirtschaftlicher zu kulturellem Reichtum wurde. Rügen als Ferienziel ist nicht zuletzt deswegen so beliebt, weil man Sonnentage am Meer verbringen, Regentage aber für Ausflüge zu den Kulturstätten der Insel und auf dem Festland nutzen kann.

Auf Sand gebaut
BERLIN

Berlin liegt in der Mitte des Landes Brandenburg. In dieser Gegend hinterließen die Gletscher des Eiszeitalters Moränen und trockene Sanderflächen. Ablagerungen aus älteren Phasen des Eiszeitalters wurden von jüngeren Schmelzwasser-Abflussbahnen zu Inseln geteilt: die größeren von ihnen heißen Länder (Land Schollene), die kleineren Ländchen (Ländchen Glien). Sehr breit sind die Senken, durch die in der Eiszeit das Schmelzwasser in Richtung Nordsee floss: südlich von Berlin das Glogau-Baruther, in der Mitte das Warschau-Berliner und im Norden das Thorn-Eberswalder Urstromtal. Zwischen den Urströmen entstanden weitere schmalere Schmelzwasserbahnen.

Die Böden der Moränen sind zum Teil fruchtbar und eignen sich gut für den Ackerbau. Die Sanderflächen dagegen sind sämtlich unfruchtbar, denn im Sand sind keine düngenden Mineralstoffe enthalten. Dort findet man den legendären märkischen Sand; man spricht von der «märkischen Streusandbüchse». Auf dem Sand wachsen vielerorts nur Kiefern, märkische Kiefern. Überschwemmte und trockene Orte liegen in Berlin und seiner Umgebung dicht nebeneinander. Walter Leistikow hat dies immer wieder gemalt: die für die Gegend so charakteristische Kombination aus Seen und Kiefern.

Fruchtbare Böden gibt es in den Niederungen, aber viele von ihnen sind so feucht, dass sie bis heute nicht für den Ackerbau genutzt werden können. Einige sind von Flüssen und Bächen durchzogen, in anderen gibt es kein nennenswertes Gefälle und daher auch keine Fließgewässer. Wo sich das Wasser staut, sind weiträumige Moore mit Erlenbruchwäldern entstanden. Solche Niederungen nennt man in Brandenburg «Luch».

Die Museumsinsel in Berlin liegt in der Mitte der Stadt, dort, wo sich früher Mühlen an der Spree befunden haben.

Walter Leistikow, «Landschaft im Grunewald». Öl auf Leinwand, um 1905.

Es regnet im gesamten Berliner Umland zwar nicht viel, aber dennoch ist die Gegend wasserreich. Das Terrain ist so flach, dass Wasser entweder überhaupt nicht oder nur ganz langsam abfließt: Im Land Brandenburg gibt es nicht nur weite Moore, sondern es ist auch das Land der tausend Seen. Etliche Seen liegen im Land Berlin, man denke nur an Müggelsee und Wannsee. Die Flüsse, von denen Havel und Spree die wichtigsten sind, haben ein sehr geringes Gefälle. Sie hatten nie die Kraft, Moränen oder Dünen beiseitezuräumen. Daher wählten sie für ihren gemächlichen Lauf diejenigen Senken, die ihnen den geringsten Widerstand boten. So bekamen die Täler keineswegs immer den Verlauf, der dem direkten Weg von der Quelle zur Mündung entspricht. Das Wasser in Brandenburg geht oft seltsam gewundene Wege.

Die Havel (ihr Name soll von «habula», der «Seenreichen», herrühren) kommt aus dem Grenzgebiet zwischen Mecklenburg und Brandenburg, fließt zuerst nach Süden, durch Spandau und andere

Stadtteile von Berlin nach Potsdam, wendet sich nach Westen, der Elbe zu, erreicht sie aber von der Stadt Brandenburg aus erst nach einer längeren Fließstrecke, die zuerst nach Norden, dann erneut nach Westen oder Nordwesten verläuft. Ihr wichtigster Nebenfluss, die Spree, entspringt in der Oberlausitz, am Rand des Mittelgebirges. Der Name Spree soll «die sich Ausbreitende» bedeuten. Das leuchtet ein, denn unter anderem im Spreewald teilt sich der Fluss in zahlreiche Arme auf. Die Spree nimmt von Cottbus an einen eigenartig bogenreichen Verlauf, zunächst ein Stück weit nach Westen, dann nach Osten, schließlich quer durch Berlin. Auch dort teilt sich der Fluss in mehrere Arme. Bei Spandau mündet die Spree in die Havel.

Die beiden Flüsse weiten sich an mehreren Stellen zu großen Seen. Diese Stillgewässer erwärmen sich im Sommer recht stark, und im Winter frieren sie bald zu, weil ihr Wasser kaum bewegt wird. Einige sind so tief, dass es in ihnen sommers und winters zu einer stabilen Schichtung des Wassers kommt. Das bedeutet: Im Sommer wird nur die obere Hälfte des Wasserkörpers warm, die Wasserschichten, die unter einer sogenannten Sprungschicht der Temperatur liegen, behalten ihre niedrige Temperatur von vier Grad Celsius. Bei dieser Temperatur hat Wasser seine größte Dichte. Die warmen Wassermoleküle in der oberen Hälfte des Wasserkörpers mischen sich mit denen in der Tiefe kaum. Im Winter, wenn der See oberflächlich zufriert, bleibt ebenfalls eine Temperatur von vier Grad am Grund des Sees erhalten. Würde sich das Wasser dort weiter abkühlen, müsste es sich ausdehnen – und das verhindert die Eisdecke. Nur im Frühjahr und im Herbst, wenn sowohl die oberen Wasserschichten als auch das Wasser am Grund der Seen eine Temperatur von etwa vier Grad haben, wird der gesamte Wasserkörper durchmischt.

Im Winter überleben zahlreiche Organismen im nicht gefrorenen Wasser unter der Eisdecke, und im Sommer vermehren sie sich im warmen Wasser besonders gut. Algen breiten sich aus. Einige von ihnen binden Stickstoff aus der Luft und bauen ihn in Nitrat ein. Nitrat ist ein wichtiger Mineralstoff, den jedes Lebewesen unbedingt benötigt. Sie alle können sich in den nitratreichen Seen

Brandenburgs stark vermehren. Problematisch kann dies allerdings dann werden, wenn viele Pflanzen und Tiere absterben und ihre Überreste auf den Grund von geschichteten Gewässern sinken. Werden sie zersetzt, wird eine große Menge an Sauerstoff verbraucht. Weil der Wasserkörper nicht durchmischt wird, mangelt es den unteren Wasserschichten dann bald an Sauerstoff. Es bildet sich dort ein lebensfeindliches Milieu. Schwefelwasserstoff kann sich ansammeln, eine giftige Substanz, die auch das Leben in den oberen Wasserschichten schädigt oder abtötet.

In flachen Gewässern vermehren sich Algen ebenfalls. Sie rufen die sommerliche Grünfärbung des Wassers hervor, die für viele Seen in Brandenburg typisch ist. Nur wenig Licht dringt in die tieferen Wasserschichten ein, so dass Pflanzen, die auf Licht angewiesen sind, um Fotosynthese zu betreiben, nur an der Oberfläche der Gewässer gedeihen. Auch am Boden flacherer Gewässer kann es zeitweilig zum Sauerstoffmangel und damit zur Ausbildung eines für viele Organismen lebensfeindlichen Milieus kommen.

Es gibt andere Bakterien, die ebenfalls aus Luftstickstoff Nitrat herstellen. Sie sitzen an den Wurzeln von Erlen. In den Luchlandschaften gibt es daher stickstoffreiche Böden. Auf ihnen wachsen Pflanzen, die viele Mineralstoffe zum Wachstum benötigen: Brennnesseln, Disteln, Wilder Hopfen und Klettenlabkraut. In vielen Erlenbrüchern sieht es ähnlich aus wie auf von Unkraut bewachsenen Schutthalden. Das stimmt zwar, sollte aber anders ausgedrückt werden: An Unkrautstandorten fanden Gewächse aus Erlenbruchwäldern weitere Wuchsorte. Denn die Erlenbruchwälder waren zuerst da, und dort wuchsen viele Unkrautarten auch ohne den Einfluss des Menschen. Erst später gab es Abfall-, Mist- und Komposthaufen sowie die Wände von Ställen und Scheunen, wo die Böden ähnlich gut mit Stickstoffverbindungen versorgt sind wie im Erlenbruchwald, so dass viele Unkrautarten dort weitere Wuchsorte mit ähnlichen Eigenschaften besiedelten.

Aus dem Luch gelangt Nitrat in die Seen. Oder der düngende Mineralstoff wird freigesetzt, wenn Erlen ihre Blätter verlieren und diese von Mikroorganismen abgebaut werden. Dadurch kommt weiteres Nitrat in die Gewässer. Man erkennt, dass der Nitratreichtum nicht nur auf die Einleitung von Abwasser oder Abfällen zurückzuführen ist, sondern dass er durchaus auch ein natürliches Merkmal vieler Gewässer sein kann. Allerdings wird die Belastung der Gewässer mit Mineralstoffen, die sogenannte Eutrophierung, durch die Einleitung von ungeklärten Abwässern sowie von Nitrat und Phosphat aus landwirtschaftlichem Dünger verstärkt.

Nicht nur Unmengen von winzigen Algen leben in den Gewässern, sondern es wachsen auch ausgesprochen kräftige und große Pflanzen an ihren Ufern. Sie brauchen große Mineralstoffmengen, um alljährlich einen Meter oder mehr in die Höhe zu kommen: das Rohrglanzgras, das eigentümlich knistert, wenn man durch seine Bestände geht, die Schwanenblume, Schilf, der Froschlöffel, der seine löffelförmigen Blätter aus den Gewässern in die Höhe treibt. Wo viele verschiedene Pflanzen vorkommen, finden viele Tiere Nahrung: Fische, Amphibien, Vögel, der Biber.

«Dies alles war Froschland, Sumpfland, Fischland, Wasserland,» wird am Beginn von Werner Bergengruens Roman «Am Himmel wie auf Erden» festgestellt. «Hier wuchs kein Gestein von der Tiefe zur Höhe, das den Grund hätte festigen können; darum mußte aus Holz, Lehmpatzen und Ziegeln gebaut werden. Selbst in der Stadt waren viele Häuser mit Schilf gedeckt, als müßten sie die Erinnerung an den wasserlichen Ursprung der Niederlassung festhalten. (…) Und wo dies Land fest wurde, da war es Sand, mehliger Sand zum Einsinken für Schuhe, Pferdehufe und Räder. Man könnte sich vorstellen, (…) daß ein Riesensturm, ein Sturm des Unterganges, am oberdeutschen Gestein vergebens zausen würde; hier aber vermöchte er wohl die Kiefern aus dem leichten Boden zu reißen und dann den lockeren, von keinem Wurzelgeflecht mehr zusammengehaltenen Sand in gewaltigen Schüben davonzutragen.»

Seit Jahrtausenden leben Menschen in dieser Gegend; sie schufen eine Siedlungs-, Stadt-, schließlich Großstadtlandschaft, in der dennoch sandige Hügel, langsam fließende Flüsse, Moore und Seen noch immer prägend sind. Ursprünglich kamen Menschen aus den gleichen Gründen hierher wie viele Tiere: An mineralstoffreichen Gewässern kann man sich gut dauerhaft ernähren. Die ersten Menschen, die sich bald nach dem Ende der letzten Eiszeit im Berliner

Umland niederließen, betrieben Fischfang und machten Jagd auf wildes Geflügel, das sich an den Seen einfand. Fisch und Geflügel lieferten jahrtausendelang eine sichere Nahrungsgrundlage für eine begrenzte Zahl von Menschen. Die Fischer konnten den im Sommer immer wieder drohenden Sauerstoffmangel in den nährstoffreichen Gewässern sicher nicht wissenschaftlich erklären, aber sie wussten, dass es immer wieder zu einem Fischsterben kam. Sie fanden heraus, wie man Sauerstoff in langsam fließendes Wasser einleitete: Man staute das Wasser auf und ließ es über ein Fischwehr laufen. Unterhalb des Wehres bildete sich ein Strudel, wo Sauerstoff in tiefere Wasserschichten gezogen wurde. Dort sammelten sich die Fische – und dort konnte man sie besonders gut fangen. Die Fischer bekamen oft Konkurrenz, von Fischreiher, Kormoran, Fischadler und anderen Vögeln, die sich am Wehr oder auf einer benachbarten Brücke niederließen. Dort standen auch die Angler, oder es wurden Netze ausgeworfen. Fischwehre ermöglichten eine krisenfreie Ernährung für eine nur wenig größere Anzahl von Menschen; Siedlungsplätze an Fischwehren waren begehrt. Der Bau eines Fischwehres war derart aufwendig, dass man die Plätze nicht mehr verließ, an denen man sie errichtet hatte.

Im Land Brandenburg entstanden im frühen Mittelalter zahlreiche Fischersiedlungen. Eine nahe am Wasser und oberhalb von Fischwehren liegende Siedlung wird in dieser Gegend Kietz genannt. Neben vielen Kietzen oder gegenüber von ihnen wurden im Mittelalter städtische Siedlungen gegründet. Auch für die Ernährung der Stadtbewohner spielte Fisch eine bedeutende Rolle. Außerdem konnte man an den schon bestehenden Wehren auch Wasser für Mühlen ableiten, in denen das Getreide für das tägliche Brot gemahlen wurde.

Auch die Entstehung von Berlin hatte etwas mit Fischerei zu tun. Aus dem Dunkel der Vorzeit tauchte im 12. Jahrhundert allmählich eine Doppelsiedlung auf; ihre beiden Teile lagen an den Ufern der Spree. Urkundlich erwähnt wurde diese Ansiedlung erstmals im Jahr 1237. Berlin lag auf der rechten Seite des Flusses, Cölln auf einer Spreeinsel südwestlich davon. Über die Namen der beiden Siedlungen ist viel gerätselt worden; man mutmaßte, bei der Benennung von Cölln könnte man den Namen Köln vom Rhein an die Spree übertragen haben. Doch etwas anderes ist plausibler: Cölln könnte sich auf eine «kella» beziehen, eine tiefe Wasserstelle zum Fischefangen – wie sie sich unterhalb eines Fischwehres ausbildet. Cölln ist jedenfalls eine alte Fischersiedlung: Davon künden nicht nur Straßennamen, sondern auch die Kirche Sankt Petri, die dem Patron der Fischer geweiht wurde. Ursprünglich lag das Fischwehr an einem Knüppeldamm, der über die Spree führte. Aus ihm entwickelte sich der Mühlendamm, der nur noch daran zu erkennen ist, dass eine über die Spree führende Straße diesen Namen trägt. Am rechten Spreeufer, in dem schon ursprünglich Berlin genannten Ort, errichtete man die Nikolaikirche. «Ihr» Heiliger, Sankt Nikolaus, passt zum nahen Fluss, denn er war unter anderem der Patron der Binnenschiffer.

Während die seit dem Mittelalter immer wieder neu gebaute Petrikirche nach schweren Zerstörungen im Zweiten Weltkrieg abgerissen wurde, blieben die Nikolaikirche und die nahe Marienkirche bestehen. An ihrer Ausrichtung – wie im Mittelalter üblich, exakt von West nach Ost – ist zu erkennen, dass Berlin zuerst ohne Kirchen gebaut wurde: Die Grundrichtung der alten Stadt geben die Arme der Spree vor und nicht die Kirchen, die deswegen schräg im Straßenraster der Stadt stehen.

Die Stadt wuchs schneller als die nahen Orte Köpenick und Spandau, deren Entwicklung ursprünglich ganz ähnlich verlaufen sein mag: Aus Fischwehren an Kietzen machte man Mühlwehre, die zu gewerblichen Zentren der Städte wurden. Seit 1486 war Berlin Residenz der Brandenburger. Bis zum 18. Jahrhundert entstand dort ein Mühlenimperium: 14 Mühlenbetriebe besaßen 29 Wasserräder und 53 Gänge, mit denen nicht nur Korn gemahlen wurde, sondern es gab auch eine Säge-, eine Walk- und eine Lohmühle. Weitere Mühlen lagen am südwestlichen Spreearm, der die Insel umschloss: die Werderschen Mühlen am Ort des heutigen Werderschen Marktes.

In etlichen Havel- und Spreestädten wurde das Wasser ebenso gestaut wie in Berlin: in Spremberg, Cottbus, Lübben, Beeskow, Fürstenwalde, in der Stadt Brandenburg, in Rathenow und Havelberg. Oberhalb der Wehre wurden die Seen und Moore durch den Stau von Wasser größer; neue Feuchtgebiete entstanden. Besonders stark wirkte sich der Mühlenstau der Stadt Brandenburg aus: Der Schwielowsee südlich von Werder wurde erheblich vergrößert. Bei hohen Wasserständen stauen die Wehranlagen der Stadt Brandenburg das Wasser bis Spandau zurück, etwa 50 Kilometer weit.

Nach dem Dreißigjährigen Krieg wurden, vor allem unter dem sogenannten Großen Kurfürsten Friedrich Wilhelm, Glaubensflüchtlinge angesiedelt. Besonders viele von ihnen waren Hugenotten, die aus Frankreich kamen. Sie brachten ein Know-how mit, mit dem sich die Gewerbestruktur in Berlin tiefgreifend veränderte. An Stelle der alten Mühlenbetriebe wurden Manufakturen zu Zentren der Wirtschaft, in denen viele Menschen arbeiteten und Güter für den Export herstellten: zunächst vor allem Textilien, daneben Porzellan, Gold- und Silberwaren. Durch den Export sollte Kapital ins Land kommen. An die alte Stadt wurde eine Neustadt angebaut, die Dorotheenstadt, die Friedrichstadt. Die Straßenzüge der Stadterweiterungen wurden im Gegensatz zur mittelalterlichen Stadt an den vier Himmelsrichtungen orientiert. Dort hätten mittelalterliche Kirchen gut in den Straßengrundriss integriert werden können, aber das spielte nicht mehr unbedingt eine Rolle, denn die Kirchen wurden nun nicht mehr strikt nach Osten orientiert, was sich auch an den Kirchen der Berliner Neustadt gut erkennen lässt. Das später, zwischen 1789 und 1793, errichtete Brandenburger Tor schließt das alte Berlin nach Westen hin ab. Im Unterschied zu mittelalterlichen Stadttoren hatte dieses Bauwerk keinerlei wehrhaften Charakter: Hier sollte sich die Stadt zu den weitläufigen Anlagen des Tiergartens öffnen.

Damit der Handel richtig florieren konnte, mussten in Berlin größere Anstrengungen als anderswo unternommen werden. Es gab dort keine Rohstoffe, nicht einmal genug Nahrung für alle Menschen. Ferner waren die Verkehrswege für die Versorgung mit Rohstoffen und den Abtransport produzierter Güter unzureichend. Aber es ließ sich Abhilfe schaffen: In den Senken Brandenburgs konnten Kanäle gegraben werden, unter anderem zur Elbe und zur Oder. Vor allem über Hamburg wurde Berlin mit Gütern aus aller

Welt versorgt, die auf der Elbe und der Havel in die wachsende Stadt an der Spree kamen. Auf dem Rückweg wurden Berlins Exportgüter transportiert. Schon zwischen 1662 und 1669 entstand ein künstlicher Wasserweg zwischen der Spree und der Oder bei Frankfurt. Mit dem Bau des Finowkanals war noch früher, bereits vor dem Dreißigjährigen Krieg, begonnen worden, aber er wurde erst in der Mitte des 18. Jahrhunderts fertiggestellt. 1791 war der Ruppiner Kanal, 1796 der Rhinkanal fertig. So entstand ein ganzes Netz künstlicher Wasserstraßen, in dessen Mitte Berlin als aufstrebende Stadt der Manufakturen lag. Weitere Kanäle im Flussgebiet von Havel und Spree waren kürzere Stichstrecken für den Holztransport aus den Waldgebieten.

Als die Stadt immer reicher wurde, sollte sie ein repräsentativeres Aussehen erhalten. Die Mühlen an der innerstädtischen Insel verschwanden. Neben dem weitläufigen Berliner Schloss sollten keine klappernden Wassermühlen oder gar Sägewerke mit kreischenden Sägen stehen. Man gewann Platz, um die repräsentativen Anlagen rings um Schloss und Hofgarten zu erweitern. Der nordwestliche Teil der Stadtinsel, auf dem ehemals Cölln gegründet worden war, wurde zur heute weltberühmten Museumsinsel.

Im 19. Jahrhundert verschwanden auch die Manufakturen. Nun gründete und betrieb man Fabriken. Berlin, das inzwischen mit Rohstoffen von allen Seiten versorgt werden konnte und das auch seine Absatzmärkte über die Oder, vor allem aber die Elbe gut erreichte, wurde in der ersten Hälfte des 19. Jahrhunderts zu einem Zentrum der Industrialisierung. Kohle kam per Schiff aus Oberschlesien oder später aus England über Hamburg, die Exporte von Berlin aus liefen weiterhin vor allem über Hamburg – zwischen beiden aufstrebenden Städten entwickelte sich ein lebhafter Verkehr mit Dampfschiffen und Schleppschiffverbänden. Die erste preußische Werft für Dampfschiffe wurde 1816 in Pichelsdorf bei Spandau, westlich von Berlin, gegründet. Hindernisse für die Schifffahrt waren allerdings die Wehre. An vielen alten Stauanlagen befanden sich schon längst keine Mühlen mehr. Aber der Stau musste beibehalten werden: Die hölzernen Fundamente in den flussaufwärts liegenden Städten wären zusammengebrochen, hätte man dort den Wasserstand abgesenkt. Neben den Mühlenstauen musste man Schleusen bauen, in denen die Schiffe die Höhenunterschiede überwinden: am Berliner Mühlendamm genauso wie in Brandenburg und Rathenow.

Berlin in der Mitte eines ganzen Netzes von gut befahrbaren Flüssen und Kanälen, bald auch eines Netzes von Eisenbahnlinien, wurde zu einem Zentrum der Eisen-, Metall- und Elektroindustrie sowie des Maschinenbaus. Auch die chemische Industrie wurde bedeutend. Seit 1867 gab es eine Anilinfabrik; Anilin war ein wichtiger Rohstoff für die Farbenherstellung. Unter anderem produzierte man einen tiefblauen Farbstoff, der als «Berliner Blau» weltbekannt wurde.

Die erheblich wachsende Bevölkerung wurde von allen Seiten mit Lebensmitteln versorgt, zum Teil über erstaunlich große Distanzen. Berlins Umland musste also von Anfang an viel größer gedacht werden als die Umgebung anderer Städte. Getreide und Zuckerrüben wurden aus der Börde über Magdeburg geliefert; Salz kam aus Schönebeck. Gemüse gelangte seit langer Zeit aus dem Spreewald nach Berlin. Es wird dort seit dem 15. Jahrhundert angebaut, und seit 1714 ist der Absatz von Gemüse nach Berlin belegt. Die Spreewälder Bauern konnten stets nur kleine Ackerstücke bewirtschaften, die auf Anhöhen inmitten des Feuchtgebietes lagen. Es gibt dort ein mineralreiches und humoses Sediment, das Klock genannt wird. Auf ihm wachsen Zwiebeln, Kohl und Kohlrüben, Meerrettich und Gurken so gut wie auf einem Komposthaufen. Das Gelände war dort hervorragend mit Mineralstoffen versorgt, dank der vielen Erlen und der Bakterien, die an ihren Wurzeln Luftstickstoff fixierten. Das Gemüse, das vom Spreewald nach Berlin gebracht wurde, konnte man haltbar machen, so dass es den Transport gut überstand. Die Arten von Gemüse waren auch das ganze Jahr über verfügbar: Zwiebeln, Kohlrüben und Meerrettich ließen sich trocken aufbewahren, Kohl und Gurken wurden sauer oder salzig eingelegt. Dies war auch mit Zwiebeln möglich.

An den Havelseen westlich von Potsdam entwickelten sich landwirtschaftliche Spezialkulturen. Die Wasserflächen waren durch den mittelalterlichen Mühlenstau größer geworden, und sie hielten die Temperaturen im Herbst lange auf einem recht hohen Niveau. Da-

durch wurde die Zeit verlängert, in der Obst reifen konnte. Im Gebiet um Potsdam und Werder versuchte man eine Zeitlang sogar, Wein und Maulbeerbäume für die Seidenraupenzucht anzubauen, aber im 18. und 19. Jahrhundert verlegte man sich mehr auf den Obstbau. Als es eine Eisenbahnverbindung von Werder nach Berlin gab, wurde das Gebiet um die Havelseen zu einem der wichtigsten Obstbaugebiete Mitteleuropas.

Die Strömung der Gewässer rings um die Havel reichte vielerorts nicht einmal aus, um Sand zu verlagern. Im Lauf vieler Jahrtausende hatte sich nur feines, toniges Material abgesetzt. Es bekam wirtschaftliche Bedeutung, denn man benötigte Ton als Rohmaterial für die Ziegelproduktion. Zu den vielen Ziegeleien des Havellandes musste allerdings viel Holz oder viel Kohle zum «Backen» der Steine gebracht werden. Um Energie zu sparen, baute man Ringöfen. Am Ende des 19. Jahrhunderts gab es etwa fünfzig dieser Anlagen; eine von ihnen blieb als technisches Denkmal bis heute erhalten, in Glindow westlich von Potsdam. Glindow hat einen slawischen Ortsnamen, der wohl auf «glina» (für «Lehm») zurückgeht.

Blick über den zugefrorenen Wannsee auf die Pfaueninsel mit dem königlichen Lustschloss (Ende des 18. Jahrhunderts).

Die Backsteine wurden auf dem Wasser nach Berlin transportiert. In Glindow werden heute noch vor allem Formsteine produziert, die man bei der Rekonstruktion von Ziegelbauten benötigt.

Die durch den mittelalterlichen Mühlenstau ausgedehnte Havel wirkt wie ein breiter Strom. Dies ist ein Trugbild, weil sich das Wasser fast nicht bewegt. Man könnte die Wasserfläche zwischen dem Wannsee am Stadtrand von Berlin und der Stadt Brandenburg auch als einen lang gestreckten Stausee charakterisieren. Doch im 18. und 19. Jahrhundert regte die Stromgestalt des Flusses die Phantasie der Regenten Preußens an, zahlreiche Parkanlagen an der Havel zu schaffen. Dort entstand Preußens Arkadien: eine Traumlandschaft mit breitem Strom zwischen sanften Hügeln, mit Obstgärten und grasigen Hängen. Das milde Klima am Wasser erlaubte die Pflanzung zahlreicher exotischer Gewächse.

Ein dekorativer Baum war nicht nur in den Parkanlagen zu finden, er gedieh auch auf den armen Sandböden Brandenburgs: die Robinie aus Nordamerika, die auch als Akazie oder Falsche Akazie bezeichnet wird. Dieser Baum verfügt ähnlich wie die Erle über Bakterien, die an ihren Wurzeln Stickstoff aus der Luft zu Nitrat binden, auf diese Weise den Boden düngen und die Pflanze mit einem wichtigen Mineralstoff versorgen. Theodor Fontane schrieb über die besondere Bedeutung dieses Baumes im Abschnitt über Petzow bei Potsdam seiner «Wanderungen durch die Mark Brandenburg»: «Der Weg dahin führt durch eine Akazienallee und demnächst an einer ganzen Plantage von Akazien vorbei. Schon vorher war mir der besondere Reichtum des Dorfes an dieser Baumart aufgefallen. Man begegnet der Akazie überhaupt häufig in den Havelgegenden, aber vielleicht nirgends häufiger als hier. (…) Alle Akazien in Spree- und Havelland rühren mittelbar von Sanssouci her, wo der Ur-Akazienbaum, der Stammvater vieler tausend Enkel und Urenkel, an der Bornstedter Straße, gegenüber dem Triumphbogen, steht. Die Akazie, ursprünglich als Zier- und Parkbaum gehegt, hat übrigens längst aufgehört, eine exzeptionelle Stelle einzunehmen; sie ist, wie das ihrer anspruchslosen Natur entspricht, Nutzholz geworden und bildet einen nicht unerheblichen Handelsartikel dieser Gegenden. Ich erfuhr darüber folgendes:

Zu bestimmten Zeiten kommen Händler aus den Nordseehäfen, aus Hamburg, Stade, Bremerhaven, auch von der Jade her, bereisen die Akaziengegenden, kaufen an und markieren die Bäume, die zunächst gefällt werden sollen. Ein Hauptpunkt für diese Händler ist Petzow. Einige Wochen später erscheint ein Elbkahn von Hamburg oder den andern genannten Plätzen und hat eine kleine Armee von Holzfällern und Holzspaltern an Bord. Es sind Geschwisterkinder der Schindelmacher. Wie diese haben sie es zu einer Virtuosität gebracht; sie fällen, zersägen, spalten; während der Schindler aber ein Flachholz herstellt, stellt dieser nordische Holzspalter ein zylinderförmiges Langstück her, das später, als beste Sorte Schiffsnägel, auf den Werften der Seestädte eine Rolle spielt. Wenn der Kahn mit diesen Schiffsnägeln gefüllt ist wird die Rückfahrt angetreten, und die Petzower Akazien schwimmen ein Jahr später auf allen Meeren und halten die Planken der deutschen Flotte zusammen.»

1787 wurde in Potsdam die älteste deutsche Gartendirektion gegründet. Die Gartenlandschaft um die zahlreichen Schlösser von Berlin und Potsdam ist weltberühmt und zählt zum Weltkulturerbe der UNESCO. Die Anlagen an der Havel haben in jüngster Zeit gelitten, als quer hindurch die Grenze zwischen Westberlin und der DDR verlief, ein besonders strikt gesicherter Teil des Eisernen Vorhangs zwischen Ost und West. Viele Kriegsschäden konnten erst in den letzten Jahren, nach der Öffnung der Grenze, repariert werden.

Entsprechendes galt vor allem für Berlin selbst, die jahrzehntelang geteilte Stadt, die aber auch zuvor nur seit 1920 geeint gewesen war. Berlin und sein Umland hatten im 19. Jahrhundert, als Preußen immer mächtiger wurde, und vor allem nach Gründung des Zweiten Deutschen Kaiserreichs erhebliche Wirtschaftskraft gewonnen. Große Bevölkerungsmassen siedelten sich in der deutschen Hauptstadt und in ihrer Umgebung an. Auch damals noch selbständige Städte wie Charlottenburg, Spandau oder Köpenick wuchsen enorm. Durch vorher schon dicht bebautes Stadtgebiet wurde bald nach 1871 begonnen, eine Stadtbahn zu bauen, um die einzelnen Stadtbezirke miteinander zu verbinden. Dies war ein kompliziertes Unterfangen, denn man musste Schneisen durch Mietskasernen schlagen. Zum Teil konnte man die Gleise in alten Festungsanlagen verlegen. Die Bahn

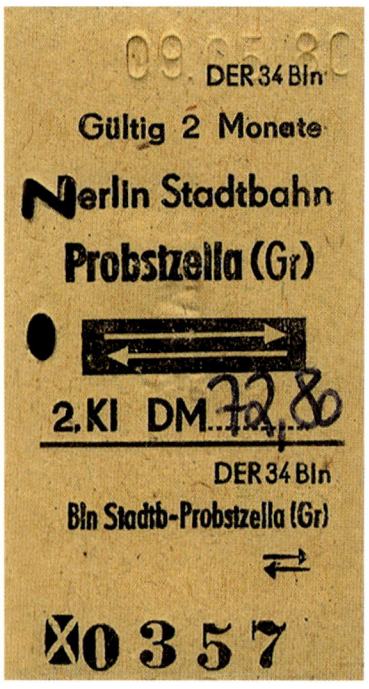

Auf Bahnfahrkarten nach Berlin war kein Bahnhof, sondern die Bahnlinie aufgedruckt, die quer durch Berlin führende Stadtbahn.

bekam dadurch in diesem Abschnitt einen sehr kurvigen Verlauf; 1882 wurde sie eröffnet. Mit ihr war ein Kuriosum verbunden: Wer zu einem der Bahnhöfe an der Strecke reiste, löste eine Fahrkarte mit der Zielbezeichnung «Berlin Stadtbahn». Dieses Reiseziel war also kein Ort, sondern eine Eisenbahnstrecke.

Immer wieder versuchte man zur Zeit des Zweiten Deutschen Kaiserreiches, eine Berliner Großgemeinde zu schaffen, doch das gelang erst 1920. Die damals 1,9 Millionen Menschen umfassende Einwohnerschaft der deutschen Hauptstadt wurde dadurch ziemlich genau verdoppelt, und Berlin wurde (nach London und New York) zur drittgrößten Stadt der Welt. Sie wirkte auf viele wie ein Moloch, in dem es erst allmählich gelang, allgemeine Grundsätze einer Stadtplanung umzusetzen; dies bringt Alfred Döblin in seinem 1929 veröffentlichten Roman «Berlin Alexanderplatz» zum Ausdruck: «Mitten auf dem Rosenthaler Platz springt ein Mann mit zwei gelben Paketen von der 41 ab, eine leere Autodroschke rutscht noch grade an ihm vorbei, der Schupo sieht ihm nach, ein Straßenbahnkontrolleur taucht auf, Schupo und Kontrolleur geben sich die Hand: Der hat aber mal Schwein gehabt mit seine Pakete. (…) Vom Platz gehen ab die große Brunnenstraße, die führt nördlich, die AEG. liegt an ihr auf der linken Seite vor dem Humboldthain. Die AEG. ist ein ungeheures Unternehmen (…). Die Invalidenstraße wälzt sich linksherum ab. Es geht nach dem Stettiner Bahnhof, wo die Züge von der Ostsee ankommen: Sie sind ja so berußt – ja hier staubts. – Guten Tag, auf Wiedersehn. – Hat der Herr was zu tragen, 50 Pfennig. – Sie haben sich aber gut erholt. – Ach die braune Farbe vergeht bald. Woher die Leute bloß das viele Geld zu verreisen haben. In einem kleinen Hotel da in einer finstern Straße hat sich gestern früh ein Liebespaar erschossen, ein Kellner aus Dresden und eine verheiratete Frau, die sich aber anders eingeschrieben haben.»

Als die Stadt zwanzig Jahre vereinigt war, herrschte schon der Zweite Weltkrieg. An dessen Ende gab es Straßenschlachten und Häuserkämpfe in der deutschen Hauptstadt, und danach war Berlin jahrzehntelang geteilt. Das Brandenburger Tor, an dem die hermetisch abgeschlossene Grenze zwischen Ost- und Westberlin verlief, wurde zum Symbol der geteilten Stadt, des geteilten Deutschlands und der in «West» und «Ost» geteilten Welt.

Vieles in Berlin wächst seit 1989/90 erstmals in seiner Geschichte zusammen; die Zeit zwischen 1920 und dem Zweiten Weltkrieg hatte dafür nicht ausgereicht. Nun erst wurde ein Hauptbahnhof gebaut, ganz in der Nachbarschaft der neuen Regierungsgebäude: Das sogenannte «Band des Bundes», ein 900 Meter langer Gebäudekomplex, wurde dabei quer über die Trasse der ehemaligen Berliner Mauer gelegt, um die Wiedervereinigung der beiden deutschen Staaten in der Landschaft der Stadt deutlich zu machen. Das «Band des Bundes» kreuzt aber auch den Spreebogen des gewundenen Berliner Flusses. Wie das Gelände von Berlin ohne den Menschen ausgesehen haben könnte, lässt sich also immer noch ganz gut erraten.

Der Berliner Hauptbahnhof an der Spree.

«Das Wunder von Wörlitz»
GARTENREICH DESSAU-WÖRLITZ

Bei Dessau fließt die Elbe durch das sogenannte Breslau-Magdeburg-Bremer Urstromtal. Diese Abflussbahn von Schmelzwasser entstand in der vorletzten Eiszeit; damals nahm dieses Tal auch das Wasser der Oder, der Elbe und vieler weiterer Flüsse auf. Verglichen mit dem damaligen mächtigen Strom ist die heutige Elbe nur ein schmales Rinnsal, das viel zu schwach ist, um eine derart breite Senke zu formen. Sie verlief lange Zeit in der Mitte des Tales. Ihre Strömung war so gering, dass fast nur noch feiner Schluff und Ton transportiert wurden. Sand blieb liegen: Es entstanden lang gestreckte Talsandinseln. Wenn der Fluss ein wenig mehr Wasser führte, breitete er sich nach den Seiten aus, erreichte aber die Ränder des Urstromtals nicht. Sedimente, die das Wasser nicht weitertragen konnte, blieben schon neben dem Stromstrich liegen, und daraus entstanden kleine Wälle, nur einige Dezimeter hoch, den Fluss begrenzend. Mit der Zeit wurde er zum Dammfluss, der nicht nur rechts und links von Sandwällen gesäumt wurde, sondern der auch auf einem etwas höheren Niveau dahinströmte, weil Sand auch an seinem Grund liegen blieb. Aus den Randbereichen des Urstromtals floss das Wasser nicht mehr ab: In den vermoorten Randsenken setzte sich Eisen ab, sogenanntes Raseneisenerz.

Nördlich von Dessau nimmt die Elbe die Mulde auf. Die Fließgeschwindigkeit des einmündenden Gewässers sinkt, und weiterer Sand lagert sich ab; daraus wurde im Lauf der Zeit ein Schwemmfächer. Diesem Fachausdruck liegt eine sehr zutreffende bildliche Vorstellung zugrunde: Ausgehend vom Unterlauf des Flusses erstrecken sich fächerförmig sandige Zungen in das Urstromtal hinein. Zwischen ihnen bilden mehrere Mündungsarme der Mulde ein

Der «Toleranzblick» im Wörlitzer Park über die goldene Urne hinweg auf die Kirche und die Synagoge.

Die Mündung der Mulde bei Dessau.

Binnendelta. Die Sandablagerungen veränderten den Lauf der Elbe: Sie wurde aus der Talmitte in dessen nördliche Randsenke gedrückt. Die sandigen Ablagerungen in der Mitte des Urstromtals fielen dadurch trocken.

In Vorzeit und Mittelalter wurden dörfliche Siedlungen einerseits an den Rändern der Täler von Elbe und Mulde gegründet: Von ihnen aus konnte man trockene Böden außerhalb der Täler beackern, und das Vieh trieb man in die weiten Talsenken. Andererseits eigneten sich auch die trockenen Sandrücken in der Mitte des Urstromtals zum Siedeln und zur Landwirtschaft. Auf den Sandablagerungen wurden weitere Dörfer gegründet, neben ihnen baute man Getreide an, und die Weidegründe der Talniederung waren auch von diesen Siedlungen aus gut zu erreichen. Die Talniederung war ursprünglich von mehr oder weniger dichtem Auwald bedeckt, auf den Mooren wuchsen Erlen. Das Weidevieh früher Siedler biss junge Bäumchen des Auwaldes ab, so dass sie nicht emporwuchsen. Alte Bäume starben ab, aber einige mehrhundertjährige Eichen konnten sich mächtig in die Breite entwickeln. Unter solchen Hudeeichen lagerten Rinder und Schafe zum Wiederkäuen. Im Herbst trieben Hirten Schweine zur Eichelmast unter diese Bäume.

Eine sandige Zunge des Mulde-Schwemmfächers fiel allmählich trocken, so dass man sie gut als Verkehrsweg nutzen konnte. Man versank, wenn man auf dem Fernweg der Hohen Straße zwischen Halle und Brandenburg oder Berlin unterwegs war, nicht in den Mooren der Talrandsenken und musste nur über eine schmale Furt oder Fährstrecke die Elbe queren. Auf dem Sandboden des Mulde-Schwemmfächers wurde im Mittelalter Dessau gegründet, am Nordufer der Elbe Rosslau.

Die landschaftliche Einbettung von Dessau ist besonders günstig, denn die Stadt liegt nicht nur an einem, sondern gleich an zwei Flüssen. Die Mulde ließ sich weiter stauen und zum Betrieb von Mühlen nutzen; vielleicht erhielt sie ihren Namen, weil sie der «Mühlenfluss» vieler Städte ist. Die Elbe dagegen wurde als Handelsweg offen gehalten. Dessau entstand parallel zur Mulde, von Süd nach Nord ausgerichtet. Die Kirchen wurden im rechten Winkel zur Hauptachse der Stadt gebaut. 1603 machten die Herren von Anhalt Dessau zu ihrer wichtigsten Residenz.

Die Stadt und ihr Umland litten unter den Zerstörungen des Dreißigjährigen Krieges (1618–1648). Danach machten sich die Fürsten von Anhalt-Dessau besonders energisch daran, Land und Siedlungen wieder aufzubauen. Ihnen wurde bewusst, dass die bisher betriebene Hut- und Triftweide nur wenig Profit abwarf. Die Landesherren beschlossen, die Wirtschaft ihres kleinen Landes gründlich zu reformieren. Damit machten sie nicht nur damals, sondern bis heute weltweit von sich reden.

Die Innovationen im Lande Anhalt-Dessau begannen, als Fürst Johann Georg II. 1659 Henriette Catharina von Nassau-Oranien heiratete. Mit ihr kamen nicht nur zahlreiche niederländische Kunstwerke ins Land, die man heute in Dessaus Gemäldegalerie bestaunt, sondern auch Einflüsse auf die Landeskultur. In der Zeit, in der Mitteleuropa nach dem Dreißigjährigen Krieg Not litt, herrschte in den Niederlanden das «Goldene Zeitalter». Fürstin Henriette Catharina nahm ihren Sommersitz im kleinen Ort Nischwitz, den man ihr zu Ehren seit 1673 Oranienbaum nannte.

1683 wurde der Baumeister Cornelis Ryckwaert aus den Niederlanden geholt, um in Oranienbaum ein Schloss zu errichten. Wie in den Niederlanden damals üblich baute er das Gebäude so, dass es sowohl das Haus eines Fürsten als auch eines reichen Bürgers sein konnte. Nicht im Entferntesten wäre es möglich gewesen, diese Anlage gegen Angreifer zu verteidigen. Am Ende des 17. Jahrhunderts war die Errichtung eines solchen ausschließlich repräsentativen Schlosses etwas ganz Ungewöhnliches in Deutschland. Der barocke Schlosspark wurde nach Vorbildern in Frankreich und den Niederlanden angelegt. Seine nachhaltig wirkende Ordnung bildete einen Kontrast zu chaotisch wirkenden Gegenden, die durch Übernutzung und Kriegsfolgen verwüstet waren.

Im Garten von Oranienbaum begann man bald, Orangenbäume zu ziehen. Das war im kühlen mitteleuropäischen Klima nur möglich, wenn man die frostempfindlichen Pflanzen im Winter in einer Orangerie schützte. Der Raum für die kälteempfindlichen Gewächse musste immer wieder erweitert werden, der heutige Bau (aus dem frühen 19. Jahrhundert) ist die zweitgrößte Orangerie in Europa. Die schmiedeeiserne Skulptur eines Orangenbäumchens auf dem Marktplatz vor dem Schloss ist seit 1690 das Wahrzeichen des Ortes. Seltsame Assoziationen nahmen also Einfluss auf die Entwicklung der Landschaft. Der Name des niederländischen Herrschergeschlechtes wurde mit chinesischen Früchten in Verbindung gebracht, daher baute man sie an (und kochte später Marmelade, die auch verkauft wurde!), daher brauchte man eine Orangerie und daher setzte man ein Orangendenkmal auf den Marktplatz. Ein Jahrhundert später kamen durch chinesische Vorbilder inspirierte Bauwerke hinzu, eine hohe Pagode, ein Teehaus und chinesische Brücken.

Der Sohn von Johann Georg II. und Henriette Catharina, Fürst Leopold I. von Anhalt-Dessau, der in Preußen als General diente und dort «Alter Dessauer» genannt wurde, enteignete den Landadel und bewirtschaftete anschließend sein Land wie ein einziges großes Staatsgut. 1706 ließ er in der südlichen Randsenke des Urstromtals einen Hochwasserkanal zur Entwässerung des Sumpflandes anlegen. Elbdeiche wurden gebaut, und in Dessau schuf er die repräsentative Kavalierstraße als Hauptverkehrsader.

Leopold I. schenkte seiner Lieblingstochter Anna Wilhelmine einen Gutshof in Mosigkau, ganz im Südwesten des kleinen Fürstentums Anhalt-Dessau gelegen. Anna Wilhelmine ließ dort in den Jahren 1752 bis 1756 ein Schloss mit Garten errichten, ganz im Barock- oder Rokokostil: Regelmäßig geführte Wege begrenzen die Gartenbeete nach dem Vorbild französischer Gärten. Die Anlage war zu Beginn des Siebenjährigen Krieges (1756–1763) in ihren wesentlichen Zügen fertiggestellt.

Nach dem Krieg übernahm Leopold III. Friedrich Franz, der Enkel Leopolds I., die Regierungsgeschäfte, und damit begann in Anhalt-Dessau eine neue Zeit, in der Leopold III. Friedrich Franz – oft nur «Fürst Franz» genannt – sein Gartenreich schuf. Fürst Franz reiste ausgiebig durch europäische Länder, vor allem durch Italien, die Niederlande und England. Auf seinen Reisen begleitete ihn unter anderem der Architekt Friedrich Wilhelm Freiherr von Erdmannsdorff. Beide sammelten sie Ideen für die Umgestaltung des Landes Anhalt-Dessau. Wer heute nach Dessau fährt und das Land in dessen Umgebung besucht, vor allem den weltberühmten Park von Wörlitz, ist beeindruckt von den Bauten und der Anlage des Englischen Gartens. Doch wer sich im Lande Anhalt-Dessau allein als kunstsinniger Besucher umsieht, hat nur einen Teil von dem erfasst, was er erkennen könnte. Keineswegs wollte Fürst Franz nur Gebäude errichten und Gärten anlegen. Vielmehr sollte das «Schöne mit dem Nützlichen» verbunden werden. Damit wurde auf einen Ausspruch aus «De arte poetica» des römischen Dichters Horaz Bezug genommen: «Omne tulit punctum, qui miscuit utile dulci», allen Beifall hat gewonnen, wer das Nützliche mit dem Süßen (Schönen, Angenehmen) mischt oder verbindet. Die Entwicklung des Landes, der Landwirtschaft und die Gewinnung von Wohlfahrt für die Untertanen sollte das Nützliche sein, und das Land sollte zugleich schön gestaltet werden.

Fürst Franz beauftragte den Gartenarchitekten Johann Friedrich Eyserbeck, in Wörlitz einen großen Landschaftspark im englischen Stil zu schaffen, wie er ihn auf seinen Reisen kennengelernt hatte. Der Fürst hatte einmal mit dem Gedanken gespielt, nach England auszuwandern. Das war ihm verwehrt worden: Stattdessen holte er nun, wie man sagt, das Land seiner Träume, England, nach Anhalt. Ein solcher Englischer Garten war eine Innovation: Der Wörlitzer Park ist der erste Garten auf dem europäischen Kontinent, der nach Vorbildern der englischen Gartenkunst gestaltet wurde. Bereits vorhandene landschaftliche Strukturen bezog Eyserbeck in den Park ein, vor allem alte Elbarme, die er zu Teichen umgestaltete, und allein stehende, weit ausladende Eichen: Die Weidetiere hatten ihnen die unteren Äste kahl gefressen. Als sich keine Tiere mehr unter solchen Bäumen zum Wiederkäuen niederlegten, konnten dort höfische Lustgesellschaften picknicken.

Friedrich Wilhelm von Erdmannsdorff entwarf die Architekturen im Park. Vor allem zwei Architekturstile griff er auf: die in der Renaissance nachgebaute spätrömische Klassik und die englische Tudorgotik. Erdmansdorffs Bauten wurden damit stilprägend sowohl für den deutschen Klassizismus als auch die Neogotik. In den Jahren 1769 bis 1773 wurde das Wörlitzer Schloss errichtet. Vorbilder waren neopalladianische Bauwerke, die der Fürst und Erdmannsdorff in England gesehen hatten und die den Villen Palladios in Italien nachgebaut waren. Danach, ab 1773, entstand – unter anderem nach nicht zu verkennenden englischen Vorbildern – das Gotische Haus. 1781 bis 1784 wurde nach Plänen von Erdmannsdorff aus Raseneisenstein der sogenannte Eisenhart gebaut. Dabei fanden die steinharten Ablagerungen aus den Niedermooren der Umgebung eine Verwendung. Der Eisenhart sicherte vor Hochwasser und wurde zum Sockel für den Bibliotheks- und den Südseepavillon, der eine wertvolle ethnographische Sammlung des Weltreisenden Johann Georg Adam Forster aufnahm. Erst nach dem Tod von Erdmannsdorff – er starb 1800 – entstand in den Jahren 1805 bis 1809 die den Park überragende neugotische Kirche, vermutlich noch nach den Vorstellungen des Architekten. In der Umgebung von Wörlitz und Dessau, im Gartenreich insgesamt, waren damals bereits einige Gotteshäuser nach Erdmannsdorffs Plänen errichtet worden.

Für die Schöpfer des Gartens gab es 1770 und 1771 herbe Rückschläge. Am 8. April 1770 rissen Eisschollen der Hochwasser führenden Elbe den Damm des Wörlitzer Parks auf. Große Teile des bereits angelegten Gartens wurden ebenso überflutet wie zahlreiche

Äcker in seiner Umgebung. Das Wasser blieb bis Weihnachten auf gleicher Höhe stehen; im Urstromtal mit seinem außerordentlich geringen Gefälle zieht sich Hochwasser nur äußerst langsam zurück. 1771 gab es zusätzlich ein Sommerhochwasser; die Fluten drangen durch die noch nicht geschlossenen Deichbruchstellen nochmals in den Park ein. Der Damm konnte nicht dort wieder aufgeschüttet werden, wo er bis dahin verlaufen war. Denn das gewaltsam in den Park strömende Wasser hatte zwei bis zu zehn Meter tiefe Kerben in den Sand des Urstromtales gerissen. Eyserbeck musste die Pläne des Gartens verändern, er machte zwei weitere Seen aus den Deichbruchstellen: Das Große und das Kleine Wallloch. Der Damm wurde außen um die beiden Löcher im Wall herumgeführt. Auf die Weise war das Kulturland des Parks auf Kosten der Wildnis der Elbe noch um ein Stück ausgedehnt worden. Der Damm im Norden des Parks verläuft seitdem nicht in gerader Richtung, sondern weist etliche Biegungen auf. Das musste aber für die Parkgestalter kein Schönheitsfehler sein; ihnen war es nur recht, wenn alle ihre Anlagen wie von Natur gewachsen, organisch landschaftlich und so aussahen, als wären sie scheinbar zufällig entstanden.

Bis 1805 wurde an dem Hochwasserdamm im Norden gearbeitet. Dabei wurde wie bisher das Schöne mit dem Nützlichen verbunden. Denn der Damm, ohne den der schöne Garten nicht auf Dauer vor dem Hochwasser bewahrt werden konnte, wurde von der armen Landbevölkerung aufgeschüttet. Aus heutiger Sicht könnte man dies eine Arbeitsbeschaffungsmaßnahme nennen; die Arbeiter wurden für ihre Arbeit so entlohnt, dass sie ein gutes Auskommen hatten. Vor dem Deich legte man Hügel an, und man pflanzte Eichen in seine äußere Flanke, um das Eis künftig bei Hochwasser aufhalten zu können: Keineswegs sollte wieder Eis eine Kerbe in den Damm reißen. Entlang des Dammes wurden außerdem Wachhäuser gebaut. Jedes war ein bisschen anders gestaltet, eines davon war einem Wachtturm des römischen Limes nachempfunden: Wie beim Limes mag es also in Wörlitz darum gegangen sein, «Wildes» abzuwehren. In den Wachhäusern wurden, wenn Eisgang drohte, Posten aufgestellt, die sofort, wenn sich Eis dem Damm näherte, Hilfe anfordern konnten.

Der «Vulkan» im Wörlitzer Park erinnert an den Vesuv; man konnte hier einen Vulkanausbruch inszenieren.

Im Wörlitzer Garten bildete sich allmählich die allgemein bewunderte Einheit von Parkflächen, Nutzflächen und Bauwerken sowie Hunderten von Arten einheimischer und exotischer Gehölze heraus. Man bezeichnete dies als das «Wunder von Wörlitz». 1797 pries Carl August Boettiger die Pflanzungen: «Vielleicht versteht jetzt in England selbst kein Landschaftsgärtner so meisterhaft die Kunst, durch Mischung von hundertfachem Grün zu schattieren und grün in grün zu malen als Franz. Dies und die damit verbundene Geschicklichkeit, die clusters und clumps von Gebüschen und Bäumen angenehm zu gruppieren und die Grasmatte damit zu bestreuen (the art of clumping and dotting), ist ein Höhepunkt, worauf man bei den so hundertfältig verschiedenen Ansichten im Wörlitzer Garten zu sehn hat.»

Es war den Schöpfern des Gartens wichtig, dass man von bestimmten Punkten aus durch Blickachsen zugleich das Gotische

Haus und den Kuhstall sehen konnte. Der «Toleranzblick» fiel und fällt sowohl auf die Kirche als auch auf die Synagoge. Einerseits gab es Spielereien mit Reminiszenzen an Italien, so den «Vulkan», den man künstlich zum nächtlichen Ausbruch bringen konnte – zum Erstaunen der von weither angereisten Gäste. Andererseits waren Äcker, Obstgärten und Wiesen in das Parkgelände einbezogen. Dies leuchtete den Nachfahren des Fürsten Franz allerdings nicht ein; sie verbannten Pflug und Rinder aus dem Parkgelände. Inzwischen denkt man zum Glück anders darüber. Man will das «Wunder von Wörlitz» so präsentieren, wie es gedacht war: Es gibt dort wieder Äcker, auf denen Korn heranwächst, mitten im Park.

In Frankreich, in Ermenonville bei Paris, befindet sich das Vorbild für die Rousseau-Insel im Wörlitzer Park. Franz hatte das Grab von Jean-Jacques Rousseau besucht und ließ eine Erinnerung daran in seinem Gartenreich aufstellen. Allerdings ist dort kein Sarkophag wie beim Vorbild, sondern eine große Urne zu sehen. Sie wird von Säulenpappeln umgeben, die an Zypressen erinnern; in Südeuropa hätte man diese Nadelbäume neben Gräber gepflanzt, aber das war in Mitteleuropa aus klimatischen Gründen nicht möglich.

Fürst Leopold III. Friedrich Franz legte weitere Parks bei Dessau an, in deren Mitte Schlösser gebaut wurden: das Luisium am Ostrand von Dessau und das Georgium im Nordwesten der Stadt. Der seit 1780 von Johann Friedrich Eyserbeck gestaltete Park am Georgium erlitt wenige Jahre später ein ähnliches Schicksal wie der Wörlitzer Park: 1786 brach bei einem Elbhochwasser der Deich, und der Garten wurde unter Wasser gesetzt. Auch hier musste zuerst ein neuer Hochwasserschutzwall gebaut werden, bevor man fortfahren konnte, den Garten nahe der Elbe und der Mulde zu gestalten. Später entstanden noch weiter im Westen, ganz am Rand des Gartenreichs, Schloss und Park Großkühnau. In diesem Ort steht der älteste neoromanische Backsteinbau Deutschlands, die in den Jahren 1828 bis 1830 errichtete Dorfkirche.

Fürst Franz veränderte die Stadt Dessau. Viele ihrer Bauten entstanden in seiner Regierungszeit: Kirchen, Verwaltungs- und Bildungseinrichtungen. Zu ihnen gehörte das viel gerühmte Philanthropin. Die Volksbildung, die hier vermittelt wurde, war ebenso wie die Reform des Landes ein wichtiges Ziel der Aufklärung. Wenn Land reformiert wurde, veränderte sich das Leben der Bevölkerung; die Menschen brauchten Bildung. Man benötigte keine Hirten mehr; Jugendliche, die früher das Vieh gehütet hatten, konnten nun die Schule besuchen. Am Philanthropin in Dessau wurden zahlreiche neue Methoden der Pädagogik eingeführt. Zu seinem Leiter wurde 1771 der Hamburger Pädagoge Johann Bernhard Basedow bestellt. Auch der junge Johann Heinrich Campe lehrte dort.

Leopold Friedrich Franz wollte vor allem seinem Not leidenden kleinen Land dienen. Er machte es insgesamt zu einer Musterregion. Alle Reformmaßnahmen der Landnutzung griffen ineinander, und sie standen mit der Entwicklung der Stadt, der Schlösser und ihrer Parks in Verbindung. Es ist nur schwer zu sagen, mit welchen Maßnahmen der Landreformen begonnen wurden, so eng sind die Verbindungen zwischen ihnen.

Landflächen, die bisher als Allmenden von den Bauern gemeinsam genutzt worden waren, wurden unter sie aufgeteilt. Ein solches Vorhaben erforderte eine völlige Umstellung der Viehhaltung. Rinder, Schafe, Pferde und Schweine mussten, wenn sie nicht mehr in die ausgedehnten «Gemeinheiten» im Urstromtal getrieben werden konnten, auf andere Weise gefüttert werden. Dies wurde möglich, weil man auf die seit dem Mittelalter übliche Dreifelderwirtschaft mit ihrer Brachephase verzichtete; stattdessen führte man eine höher entwickelte Fruchtwechselwirtschaft ein, in welcher der Kleeanbau eine große Rolle spielte. Um den Kleeanbau im Lande Anhalt-Dessau machte sich Johann Christian Schubart verdient; er wurde als «Edler von Kleefeld» geadelt. Er machte eine geniale Entdeckung: An den Wurzeln von Klee sitzen Bakterien, die Stickstoff aus der Luft binden und ihn als Nitrat dem Boden zur Düngung zuführen. Der Kleeanbau diente daher einerseits zur Gründüngung. Andererseits konnte man Klee und Wiesengras ernten und zu Heu trocknen, einige Monate in eigens gebauten großen Schobern aufbewahren und winters dem Vieh im Stall zur Fütterung vorwerfen. So war eine mehrmonatige Stallhaltung möglich, bei der Dünger gewonnen wurde. Wenn man auf die Brachephase allgemein verzichtete, gewann man im Handstreich ein Drittel an Landfläche hinzu. Dank

der Einschaltung der Gründüngung stiegen die Erträge. Man konnte auf einen Teil der Flächen für den Anbau von Feldfrüchten verzichten. Dort legte man Viehkoppeln an. Auf der Koppel und im Stall gedieh das Vieh weit besser als auf der Allmende in den Jahrhunderten zuvor. Man hatte in Anhalt-Dessau bald hervorragende Erfolge bei der Viehzucht. Merinoschafe und neue Rassen von Rindern und Pferden wurden gehalten. Die Landesherrschaft hielt für ihre Untertanen Zuchtböcke, Zuchtstiere und Zuchthengste bereit, damit auch sie von der modernen Viehhaltung profitierten. Es war schon davon die Rede, dass man keine Hirten mehr brauchte, die das Vieh hüteten; die Koppel war ja von einem Zaun oder einer Hecke umgeben.

Ein wichtiger Teil des Reformwerks war die Anlage von Alleen. Dabei wurde der Verlauf von Straßen auf einen schmalen Streifen Landes fixiert. Die Fuhrleute konnten nicht mehr wie zuvor seit-

Die Rousseau-Insel im Wörlitzer Park.

wärts ins Land ausweichen, wenn ein Straßenstück von tiefen Fahrspuren durchfurcht und daher unpassierbar geworden war. Die Straßenkörper wurden befestigt, vielerorts auf einem Damm geführt und von tiefen Gräben eingefasst. Die Bäume, die man links und rechts des Straßenkörpers pflanzte, wurden den Standorten entsprechend ausgewählt. Obstbäume brachten den größten Nutzen, auch Linden pflanzte man auf gute Böden, weil sie zu bestimmten Zeiten die einzigen Bäume sind, die von Bienen besucht werden können. In Feuchtgebieten ließ Leopold Friedrich Franz Pyramidenpappeln pflanzen, die er in Italien kennengelernt hatte. Sie waren nicht nur dekorativ, sondern wuchsen auch rasch, und dabei zogen sie sehr viel Feuchtigkeit aus dem Untergrund ab. Mit ihnen ließen sich also Straßenkörper dränieren. Die landwirtschaftlichen Produkte kamen auf den neuen Straßen schneller vom Land in die Stadt. Noch Jahrzehnte später wurden die Alleen Anhalts als vorbildlich gelobt. Wer durch dieses Land mit Pferd und Wagen reiste, kam rascher und bequemer voran als anderswo.

Nicht nur der Wörlitzer Park, sondern das gesamte Gartenreich Dessau-Wörlitz, ein großer Teil des ehemaligen Fürstentums Anhalt-Dessau, ist seit 2000 Weltkulturerbe der UNESCO. Zentrale Bestandteile des Schutzgebietes sind Wörlitz und Dessau mit ihren Gärten. Aber auch viele andere Anlagen, Parks, Alleen, landwirtschaftliche Flächen, weltliche und kirchliche Gebäude gehören dazu.

Dessau wuchs im 19. Jahrhundert erheblich. Seit 1841 querte hier – auf der sandigen Zunge, die einst die Mulde in Richtung Elbe geschoben hatte – die Eisenbahn die Elbe, vom Anhalter Bahnhof in Berlin kommend. Später wurden Bahnstrecken nach Halle, Bitterfeld und Leipzig gebaut. Alle diese damals aufstrebenden Industriestädte bekamen einen Anschluss an den großen Binnenhafen von Dessau, den Wallwitzhafen, der 1859 eröffnet wurde. Auch in Dessau selbst entstanden große Industriebetriebe, von denen sicher das Junkerswerk am engsten mit der künftigen Stadtgeschichte verbunden war. In Dessau gelangen im 20. Jahrhundert bahnbrechende Erfolge beim Flugzeugbau. Das erste Ganzmetallflugzeug der Welt wurde hier gebaut, später die legendäre «Ju 52». Während des Zweiten Weltkrieges wurden Düsentriebwerke konstruiert.

Zahlreiche Menschen fanden Arbeit in Dessau, die Einwohnerzahl wuchs.

Der Industrielle Hugo Junkers war fasziniert von der ursprünglich von Walter Gropius 1919 in Weimar gegründeten Architektenschule des «Bauhauses». Er holte sie 1925 nach Dessau. Für die Junkersarbeiter wurden spezielle Siedlungen nach Konzepten des «Bauhauses» errichtet. In Dessau entstand das weltberühmte Lehrgebäude, an dem unter anderem Lyonel Feininger, Wassily Kandinsky, Paul Klee, Gerhard Marcks, Ludwig Mies van der Rohe und Oskar Schlemmer Kunst und Architektur unterrichteten. Nur wenige Jahre konnte sich das Bauhaus frei entfalten; unter den Nationalsozialisten wurde es geschlossen.

Die Produktion von Flugzeugen war kriegswichtig, und daher war Dessau im Zweiten Weltkrieg das Ziel von verheerenden Bom-

In den Meisterhäusern an der Ebertallee in Dessau, 1926–28 erbaut von Walter Gropius, wohnten die Lehrer des Bauhauses. Blick auf die Doppelhäuser von Paul Klee und Wassily Kandinsky sowie von Georg Muche und Oskar Schlemmer.

benangriffen. Dessau gilt als eine der am stärksten vom Bombenkrieg in Mitleidenschaft gezogenen deutschen Städte: 84 Prozent der Innenstadt wurden zerstört, vor allem bei einem Angriff am 7. März 1945. Viele historische Gebäude konnten nicht oder nur teilweise wieder aufgebaut werden.

Das Bauhaus-Lehrgebäude, etwas abseits des Stadtzentrums gelegen, blieb erhalten. In der DDR sah man Entwicklungslinien von der Bauhausarchitektur zu den industriell vorgefertigten Plattenbauten, die nicht nur in Dessau, sondern auch «republikweit» in immer gleicher Bauweise errichtet wurden, Städte und Landschaften in einer monotonen Art und Weise prägten. Seit 1994 besteht die «Stiftung Bauhaus». Dort befasst man sich unter anderem mit neuartigen Konzepten zur Gestaltung von ehemaligen Tagebaugruben und verlassenen Industrielandschaften, die in der Umgebung von Dessau weit verbreitet sind. Es wurde das Schlagwort eines «Industriellen Gartenreichs» entwickelt. Aber hat die Entwicklung von Konzepten zur Bewahrung alter Industrieanlagen wirklich etwas mit der alten Vision zu tun, unter dem Gesichtspunkt der Verbindung des Schönen mit dem Nützlichen eine neue Zukunft für ein ganzes Land und seine Menschen anzustreben?

1996, früher als das Gartenreich, wurden die Bauwerke des Bauhauses in Dessau in die Liste des Weltkulturerbes der UNESCO aufgenommen. Hinzu tritt das ebenfalls von der UNESCO anerkannte Biosphärenreservat «Mittlere Elbe». Nun kommt es darauf an, die Konzepte zur Bewahrung aller drei Schutzgüter miteinander in Einklang zu bringen. Das ist dann nicht schwer, wenn man alle drei als Elemente einer eigentümlichen Landschaft auffasst, die immer von Natur, vor allem im 18. und 20. Jahrhundert von Kultur im Sinne von Gestaltung und überdies von mannigfaltigen Ideen geprägt wurde: Ideen aus Italien, England und anderen Teilen der Welt kamen nach Dessau, Ideen für die Garten- und Landschaftsgestaltung sowie die weltweite moderne Architektur gingen von Dessau aus.

Ein Canyon in Deutschland
ELBSANDSTEINGEBIRGE

Am sächsischen Elbsandsteingebirge lässt sich vorzüglich erklären, was eine Landschaft ist: wie sie sowohl durch Natur als auch durch Kultur zustande gekommen ist. Was der Betrachter vor sich liegen sieht, interpretiert er und entwickelt Ideen dazu. Dabei entsteht ein Abbild der Landschaft in seinem Kopf, das ein Maler auf seiner Leinwand darstellen könnte. Liegt dann die Landschaft vor dem Betrachter, oder ist sie auf der Leinwand dargestellt? Nach Ansicht der Maler des 18. Jahrhunderts ist die Landschaft das Ergebnis der Darstellung auf der Leinwand, und das macht eines deutlich: Landschaft ist immer interpretiert, sie ist immer von Kultur geprägt.

Zunächst herrschten in jeder Landschaft, die wir heute erkennen und darstellen, allein natürliche Prozesse vor, die zum großen Teil bis heute nicht abgeschlossen sind. Vor etwa 100 Millionen Jahren, in der Kreidezeit, befand sich dort, wo heute das Elbsandsteingebirge gelegen ist, ein Meer. Die Erdkruste war so weit abgesunken, dass sich Wasser über ihr ausbreitete. Von den Wellen wurden Ufer abgetragen, Fließgewässer spülten Sand und feinere Partikel ins Meer. Die Meeresströmungen sortierten Sand, Schluff und Ton nach Größe und Gewicht. Wenn stärkere Strömungen erlahmten, auch in der Brandung, setzte sich der relativ schwere Sand ab. Schluff und Ton wurden so lange weitertransportiert, bis die Bewegung des Wassers noch geringer wurde und selbst die feinsten Partikel nicht mehr bewegt werden konnten.

Dort, wo später einmal das Elbsandsteingebirge lag, blieb Sand als Sediment liegen. Der abgelagerte Sand war mal gröber, mal feiner. Wenn die Strömung geringer war, setzten sich auch kleinere Gesteinsbruchstücke ab. Neue Gesteinsschichten legten sich über

Elbsandstein-gebirge.

ältere, sie pressten die Ablagerungen unter sich zusammen und ließen Stein daraus werden: harten Sandstein und weichere Schichten dazwischen, die vor allem aus feineren Ablagerungen bestanden. Der Prozess der Gesteinsbildung wird als Lithogenese bezeichnet. Als das Sediment zu Stein geworden war, setzte ein Hebungsprozess ein: Ein Gebirge entstand. Diesen Prozess nennt man Orogenese.

Die Ideen, die Betrachter einer Landschaft über die Natur entwickeln, entsprechen nicht unbedingt dem, was sich in der Natur tatsächlich zugetragen hat. Auf den ersten Blick mag man meinen, die Elbe habe sich ihren Weg durch das Elbsandsteingebirge gebahnt, indem sie das Gebirge durchbrach. Man spricht auch von einem Durchbruchstal der Elbe. Das kann aber so nicht gewesen sein. Denn auch dann, wenn sich alles Wasser im Böhmischen Becken sammeln würde, weil es dort keinen Abfluss gibt, so reicht doch diese Wassermasse niemals aus, um ein Gebirge einfach wie eine Talsperre zu durchbrechen; die Bergkette ist schließlich viele Kilometer breit. Vielmehr kam es zu einer komplexen Parallelentwicklung von Gebirgsbildung und Talbildung. Der Fluss begann schon zu fließen, ehe die Orogenese begonnen hatte.

Was bei der Hebung des Gebirges geschah, beschrieb Alfred Hettner, einer der Begründer der modernen Geographie, in seiner 1887 publizierten Habilitationsschrift. Er verglich das Elbsandsteingebirge und das Elbtal mit nordamerikanischen Landschaften: Ähnlich wie bei den Niagara-Fällen bestand einmal ein Wasserfall an einer Geländestufe nördlich des Elbsandsteingebirges, an dem die Elbe von dem Niveau der Ebenheiten des Gebirges auf das Niveau des Gebirgsvorlandes fiel. «Ebenheit» ist ein im Elbsandsteingebirge verwendeter Ausdruck für die dortigen Hochebenen. Allerdings war der Wasserfall am Elbsandsteingebirge kleiner als der mit ihm verglichene berühmte Wasserfall in Nordamerika, denn in der Elbe floss stets viel weniger Wasser ab.

Während das Wasser über die Stufe des sich allmählich hebenden Elbsandsteingebirges stürzte, entwickelte es eine enorme Kraft: Unter ihrer Wirkung verlagerte sich der Wasserfall nach Süden, und nördlich davon entstand ein immer länger werdendes, tiefer eingeschnittenes Elbtal. Man spricht von einer rückschreitenden Erosion

des Fließgewässers, mit der die Verlagerung des Wasserfalls nach Süden in Verbindung stand. Schließlich hatte der Fluss auf seinem Lauf von Böhmen nach Sachsen nur noch ein geringes Gefälle, und der Wasserfall war verschwunden. Der Fluss schnitt sich anschließend nicht mehr weiter in den Untergrund ein. Das von der Elbe durchflossene Tal verglich Hettner mit einem Canyon: «... ein Blick auf die schönen Abbildungen der Cañons genügt für den Kenner der sächsischen Schweiz, um die Thäler dort und hier demselben Typus zuzuweisen.» Hettner übertrug damit einen Begriff für eine Landschaft von einer Typusregion, in der ein landschaftliches Phänomen zum ersten Mal beschrieben worden war, auf ein anderes Gebiet, so dass ein Leser seines Werkes nicht nur die konkrete Landschaft an der Elbe vor Augen hatte, sondern auch die Bilder von Lokalitäten, die damit verglichen wurden: die Niagarafälle und die Canyons im Coloradogebiet.

Je mehr die Gebirgsschichten in die Höhe gehoben wurden, desto stärker wurden sie von Wind und Wetter angegriffen. Harte Schichten hielten der Erosion länger stand als weiche. Eine weit in

Zwischen den Felsen des Elbsandsteingebirges haben sich tiefe und enge Canyons gebildet.

die Höhe ragende harte Schicht des Sandsteingebirges wurde schließlich nur deswegen nahezu vollständig zerstört, weil die darunter liegenden weicheren Schichten durch Erosion abgebaut worden waren. Auf diese Weise entstanden seltsame Bergformen, harte Felskappen über weichem Untergrund: am Lilienstein, am Zirkelstein, an der Bastei. Keiner dieser seltsamen Tafelberge wird ewig bestehen bleiben; sie werden schließlich in sich zusammenstürzen. Auch bei ihnen macht man sich eine falsche Vorstellung von dem natürlichen Prozess, der sie entstehen ließ. Eigentlich sind sie nämlich keine Berge, sondern Überreste einer fast vollständig zerstörten Hochfläche. Ihre Oberflächen bildeten einst eine zusammenhängende Ebenheit, die derjenigen ähnelt, auf denen die Felsenberge heute als Relikte stehen: Die oberen Schichten der heutigen Ebenheiten bestehen aus einem ähnlich harten Sandstein wie die Felskappen der Tafelberge.

Der Fluss formte sein Tal vor allem dann weiter, wenn er viel Wasser führte. Dann trug er an den Außenhängen seiner Flussschleifen Felsen ab. Dadurch entstanden steile Prallhänge. Weniger steil sind die Gleithänge auf den gegenüberliegenden Seiten der Täler.

Wenn man versuchen will, die einzelnen Vorgänge der Gesteins- und Gebirgsbildung zu datieren, also die Ablagerung des Sandes, die Entstehung des Gesteins, die Anhebung des Gebirges, die Bildung des Elbtals und Prallhangs, würde man den falschen Eindruck erwecken, dass diese Entwicklungen nur zu bestimmten Zeitpunkten und konsekutiv stattfanden. Das aber ist nicht der Fall. Abgeschlossen sind bis heute nur die Ablagerung von Sand und dessen Verfestigung zu Gestein. Beide Prozesse wurden dadurch beendet, dass zu Stein gewordene Materie aus einer Senke in eine Höhenlage gehoben wurde. Alle anderen Prozesse dauern bis heute an: Vielleicht hebt sich das Gebirge immer noch, auf jeden Fall wird es abgetragen, auf jeden Fall brechen noch heute Steine von den Steilhängen und Felsen ab. Vor allem dann, wenn der Fluss reichlich Wasser führt, reicht die Kraft der Strömung aus, um das Tal zu verbreitern. An dessen Breite ist abzulesen, dass zu bestimmten Zeiten erheblich mehr Wasser durch die Senke geflossen ist und auch wieder fließen kann. Beim Elbhochwasser von 2002 strömte auch tatsächlich sehr viel mehr Wasser durch dieses Tal als «normalerweise». Aber was ist hier «normal»? Jeden Tag, jede Stunde fließt eine andere Wassermenge durch den Canyon des Elbtals.

Alle Prozesse, die mit der Gebirgsbildung und der Entstehung des Elbtals in Verbindung stehen, können sowohl in Vergangenheits- wie Gegenwarts- und Zukunftsform beschrieben werden. Denn ihr Resultat ist einerseits die heutige Landschaft, aber andererseits sind sie weiterhin wirksam, so dass sich die sichtbare, konkrete Landschaft auch weiter unaufhörlich verändern wird.

Die geologischen Prozesse sind mit biologischen verschränkt, die sich in größerer Geschwindigkeit auf das Bild der Landschaft auswirken. Es dauert Jahrtausende, bis ein Felsen abgetragen ist, aber ein Baum wird nur allenfalls ein paar Jahrhunderte alt. Der Baum schützt die Erdoberfläche vor Witterungseinflüssen und Erosion: Die Temperaturen in einem Wald sind stärker ausgeglichen als außerhalb davon. Daher sprengt der Frost das Gestein vor allem dann, wenn es nicht von Wald bedeckt ist. Andererseits können Baumwurzeln in Gesteinsklüfte eindringen, sie erweitern und schließlich Steine von einem steilen Hang absprengen. Wälder und besonders die Moosschicht an ihrem Boden halten Feuchtigkeit zurück.

In den letzten zwei Millionen Jahren, im Eiszeitalter, wechselten kalte Phasen ohne Wald mit warmen, in denen die Erdoberfläche von üppiger Waldvegetation bedeckt war. In diesen Wäldern kamen immer wieder neue Bäume hoch, und andere starben ab. Die Wälder veränderten sich, und sie beeinflussten die Entwicklung der Berge unter ihnen, zerstörten Felsen oder bewahrten sie vor zu starkem Abtrag.

Während sich die Natur seit Millionen, ja Milliarden von Jahren entwickelt, nehmen Menschen erst seit einigen Jahrtausenden Einfluss auf die Landschaft. Sie rodeten Wald, um Äcker, Grünland, Siedlungen und Gärten zu schaffen. Vor allem ebene und leicht geneigte Bereiche, also die Hochflächen der Ebenheiten, werden landwirtschaftlich genutzt, während Wald auf den schwerer nutzbaren, steilen Flächen zu finden ist.

Daraus könnte man als Evidenz ableiten, dass der Wald nur auf

Flächen gerodet wurde, an denen man gute Voraussetzungen für die Landwirtschaft fand, so dass sich sogenannte Rodungsinseln ausbildeten. Doch viele aktuelle Wälder sind nicht die Überreste alten Waldlandes, sondern durch Aufforstung auf Flächen entstanden, die zuvor gerodet gewesen waren. Solche Wälder bestehen oft aus lauter gleich alten Bäumen, die nur zu einer Pflanzenart gehören, beispielsweise der Fichte. Wald wird überdies schon so lange genutzt, dass man davon ausgehen kann, dass jede Waldparzelle in den letzten Jahrtausenden durch Menschen verändert worden ist. Zwar kommen im südlichen Sachsen Fichten von Natur aus vor, aber der aktuelle Anteil an Fichten in den Wäldern ist bei den Aufforstungen erhöht worden.

Dass Nadelbäume in einem Gebiet vorkommen, lässt sich unter anderem an den dort gebauten Häusern erkennen. In Gegenden, in denen Fichten, Tannen oder Kiefern zur traditionellen Vegetation gehören, gibt es besondere Bautraditionen der Häuser: Aus gerade gewachsenen Nadelholzstämmen kann man massive Blockbauten errichten, und man kann mit Nadelholz auch Fronten oder Giebel von Steinhäusern verbrettern.

Die Elbe war und ist ein wichtiger überregionaler Verkehrsweg, der von den hoch aufragenden Bergen aus gesichert werden konnte; im Mittelalter baute man dort Burgen. Von Ort zu Ort kam man früher am besten auf dem Wasserweg. Im Elbtal verläuft weithin keine durchgehende Straße. Landwege wurden nur gelegentlich durch die Täler und sonst über die Ebenheiten geführt; auch heute verlaufen dort die Straßen zwischen den Orten der Gegend. Um auf dem Landweg von einem Ort im Flusstal zum nächsten zu kommen, muss man zum Teil erhebliche Umwege über die Höhen in Kauf nehmen.

Während eine Straße abwechselnd auf den Ebenheiten und im Talgrund verlaufen kann, wobei immer wieder Steigungsstrecken zurückzulegen sind, ist das bei einer Eisenbahnlinie nicht möglich. Schienengebundener Verkehr kann nur geringe Steigungen überwinden. Täler wie der Canyon der Elbe bieten ideale Voraussetzungen für die Trassierung von Eisenbahnlinien. Die Streckenführung der Bahn wurde an die Flussschlingen angepasst. Man führte die

Bahnlinie möglichst weit oberhalb vom Fluss entlang, um vor Hochwasser sicher zu sein.

Alle geographischen Bezeichnungen für Orte, Gewässer und Berge sind mit Ideen verbunden; einige davon sind rätselhaft, andere leichter zu verstehen, etwa Bastei, Lilienstein oder Königstein: Die Felsen und Tafelberge sehen so aus wie die Gebilde, nach denen sie benannt wurden. Viele meinen, der Name «Elbe» habe etwas mit dem lateinischen Wort «weiß» zu tun; das beflügelt die Phantasie in einer bestimmten Richtung. Dabei liegt die Ansicht viel näher, darin einfach eine allgemeine Bezeichnung für einen «Fluss» zu sehen, vergleichbar dem schwedischen Wort «Älv». So wird die Elbe in der niederdeutschen Sprache bezeichnet. Vielleicht entstanden die Bezeichnungen «Älv» und «Elbe» tatsächlich im Norden, und dann entschloss man sich, den Oberlauf dieses Gewässers gleich zu benennen. Aber was ist der Oberlauf der Elbe? Nach heute gängiger Ansicht kommt er aus dem Riesengebirge. Aber das ist eine Idee, und man könnte auch ein anderes Fließgewässer zum Oberlauf der Elbe machen. Das wäre nicht abwegig, denn die Moldau ist länger und wasserreicher als der Fluss, der vom Riesengebirge aus Melnik erreicht, den Ort, an dem die Moldau in die Elbe mündet. Man kann aber auch behaupten, dass dort der wasserärmere Oberlauf der kürzeren Elbe in die wasserreichere und längere Moldau mündet. Es ist gut möglich, dass man in römischer Zeit von diesem Elblauf ausging; manche meinen, der «Geografia» des Ptolemäus seien solche Vorstellungen vom Lauf der Elbe zu entnehmen. Wenn die Moldau der Oberlauf der Elbe wäre, wären auch die Quellen der Moldau diejenigen der Elbe: Dann würde dieser Fluss in Bayern entspringen; diese Idee ruft in Deutschland immer wieder Heiterkeit hervor.

Die Idee, dass ein auf ganzer Länge gleich benanntes Fließgewässer vom Grenzgebiet zwischen Bayern und Tschechien zur Nordsee strömt, findet sich noch an ganz anderer Stelle. Bedrich Smetana porträtierte die Moldau in einem weltbekannten Musikstück. Man hört die Quellen murmeln, den Bach fließen, man bemerkt, wie er breiter wird, ein Fluss entsteht, schließlich ein breiter Strom, der die große weite Welt erreicht. Hört man das Musikstück, wird einem klar, dass das Ende der Moldau unmöglich in Melnik liegen kann, sondern an der Nordsee, vielleicht sogar am Atlantischen Ozean. Dann aber wäre die Elbe die Moldau und das Gebirge in Sachsen das Moldausandsteingebirge.

Insgesamt wurde diese Landschaft bereits im 18. Jahrhundert für besonders schön gehalten und daher immer wieder von Künstlern und kunstsinnigen Menschen aufgesucht; das Elbsandsteingebirge wurde damals zur «Sächsischen Schweiz». Dazu schrieb Wilhelm Lebrecht Goetzinger (1758–1818) zu Anfang des 19. Jahrhunderts: (Man sagt) «durch die Benennung ‹Sächsische Schweiz› (...) weiter nichts, als daß die so benannte Gegend mit den Gegenden der Schweiz viel Aehnlichkeit habe (...) Freilich wird man die ungeheuern Alpengebirge, die fürchterlichen Gletscher, die tiefen Thäler und reissenden Waldströme hier nicht finden (...) Aber wer die Schweiz und unsre Gegend gesehn hat, gesteht es dennoch, daß sie durch ihre auffallend großen Felsenkuppen und Gestalten, ihre Menge tiefer in einander verschlungener Felsenthäler und beträchtliche Zahl sehr hoher Berge, die reichsten und sehr viel wahre Schweizerische Ansichten gebe. Das haben selbst geborne Schweizer gestanden, und eben sie waren die ersten, welche schon vor beinahe 20 Jahren dieser Gebirgsgegend den Namen der Sächsischen Schweiz gaben.»

Diese «gebornen Schweizer» waren die Maler Anton Graff und Adrian Zingg, die 1763 an die Dresdner Kunstakademie berufen wurden und von der Stadt aus Malerausflüge elbaufwärts ins Elbsandsteingebirge unternahmen. Mit der Bezeichnung «Sächsische Schweiz» verbindet man natürlich die Vorstellung, dass die Maler die Schweizer Alpen mit dem Elbsandsteingebirge verglichen hätten. Allerdings ist das nicht zwingend der Fall gewesen, denn die Maler hatten sich, bevor sie nach Sachsen kamen, oft im Schweizer Jura aufgehalten, in dem es ähnliche tief eingeschnittene Canyons gibt wie an der Elbe. Schwebte ihnen also eher die Ähnlichkeit mit den Juratälern vor Augen, als sie die Elbe bereisten?

Die Idee von Alfred Hettner, den Durchbruch der Elbe im Elbsandsteingebirge als Canyon zu beschreiben, könnte einen Schriftsteller inspiriert haben, der lange in der Nähe des Elbtals lebte: Karl

May. Er verfasste in Radebeul bei Dresden seine berühmten Romane vom Wilden Westen. Amerika bereiste er erst 1908; als er begann, über den «Wilden Westen» zu schreiben, kannte er Amerika noch nicht, sondern er griff bei der Darstellung der dortigen Landschaften auf Vorbilder in der Literatur zurück. Der Canyon der Elbe könnte zum Vorbild von «Landschaften» geworden sein, die Karl May darstellte, etwa in den Winnetou-Romanen und in «Der Schatz im Silbersee», die er in den 1890er Jahren schrieb, also einige Jahre nach dem Erscheinen der wissenschaftlichen Untersuchung von Alfred Hettner. Mays Landschaftsdarstellungen wurden in den folgenden Jahrzehnten viel populärer als die wissenschaftliche Beschreibung der Landschaft des Geographen. «Es war eine gewaltige Scenerie, welche sich den Augen (…) bot», heißt es in «Der Schatz im Silbersee», geschrieben 1890/91. «Sie ritten in einem langsam aufsteigenden Canon, an dessen beiden Seiten mächtig hohe Fel-

Adrian Zingg, «Ansicht des Königssteins in der Sächsischen Schweiz». Zeichnung, ohne Jahr.

Karl-May-Festspiele auf der Felsenbühne Rathen im Wehlener Grund bei Dresden: Os Ko Mon als Darsteller eines Medizinmannes, 1939.

senmassen aufstarrten, und zwar in einem Farbenglanze, welcher die Augen beinahe blendete. Kolossale Sandsteinpyramiden, eine neben der andern stehend (…) strebten (…) zum Himmel empor. Bald bildeten diese Pyramiden gradlinige senkrechte Wände; bald waren sie mit ihren vielen Pfeilern und vorspringenden Ecken, Spitzen und Kanten mit steinernen Schlössern oder phantastischen Citadellen zu vergleichen.»

Die Landschaft des Elbsandsteingebirges wurde durch den Vergleich mit dem «Wilden Westen» erneut mit einem Begriff für das Schöne, Erhabene, das Wilde und die Freiheit verbunden – wie über ein Jahrhundert zuvor, als sie zur «Sächsischen Schweiz» geworden war.

Die Natur und die Gestaltungen durch die Menschen können eine Landschaft stets verändern. Meistens geht das langsam vor sich, aber ein spektakulärer Felssturz oder ein in das Gebirge oder das Elbtal gesetztes Bauwerk könnten auch abrupte, nicht zu übersehende

Landschaftsveränderungen zur Folge haben. Im Gegensatz zu natürlichen Prozessen und zur Überformung durch den Menschen stehen die Ideen, die damit verbunden wurden und werden, unverrückbar fest. Dabei ist es bezeichnend, was Menschen über diese Landschaft dachten: Sie hielten sie für erhaben oder wild, für «Natur». Daher wurde sie oft gemalt, daher diente sie als Kulisse für Indianerabenteuer, und daher wurde und wird sie auch heute noch gerne von Touristen besucht, die die materielle Welt von Tal und Gebirge vor sich sehen, die Einzelheiten zu einem Ganzen verbinden und dabei auch die immateriellen Werte der damit verbundenen Ideen berücksichtigen – als wichtiger Teil der kulturellen Bedeutung des Elbtals oberhalb von Dresden.

Der Blocksberg hat einen breiten Gipfel
HARZ

Der Harz ist das höchste Gebirge Norddeutschlands: Sein Westteil ragt besonders weit auf: Der Gipfel des Brocken ist 1141 Meter hoch und eine Landmarke, die man bei gutem Wetter von weither sehen kann. Vor allem am Nordrand des Gebirges sind die landschaftlichen Gegensätze sehr groß: Geradezu bedrohlich wirkt der Steilhang des Harzes als Hintergrund zum tief gelegenen Harzvorland: Vienenburg, nur etwa zehn Kilometer vom Brockengipfel entfernt, liegt auf einer Meereshöhe von 141 Meter, also genau 1000 Meter unterhalb der höchsten Erhebung des Gebirges. Im Osten des Harzes, zum Mansfelder Land hin, sind die Berge weniger hoch und die Gegensätze zur Ebene etwas geringer.

Das Umland des Harzes ist reines Laubwaldgebiet mit Eichen- und Buchenwäldern. Die meisten dieser Wälder sind längst dem intensiven Ackerbau gewichen, denn die Magdeburger und die Hildesheimer Börde gehören zu den trockensten und fruchtbarsten Gegenden Mitteleuropas. Der steinfreie Löss der Börden, der in den Eiszeiten aus den Vorfeldern der Gletscher an den Nordrand der Mittelgebirge geweht worden war, wurde bereits von den ältesten Bauern Mitteleuropas beackert, in der Jungsteinzeit, vor über 7000 Jahren.

Im Harz ist alles ganz anders: Löss und Decklehme wurden dort während der Eiszeiten zwar auch vielerorts abgelagert, aber seitdem längst wieder abgespült. An der Oberfläche des Gebirges treten vielerorts harte Gesteine zu Tage. Einige von ihnen entstanden schon vor mehreren Milliarden Jahren, als die Erdoberfläche erstarrte. Besonders alt ist der Granit, ein körniges Gestein aus hartem Quarz, etwas weniger hartem Feldspat und weicherem Glimmer, der Blätt-

Blick von der Rabenklippe bei Bad Harzburg auf den Brocken.

chen für Blättchen aus dem Stein bricht. Der Granit stieg als Magma aus der Tiefe des Erdinneren auf und erstarrte am Grund eines Meeres, das sich einmal dort befand, wo heute der Harz aufragt. Ein anderes für den Harz charakteristisches Gestein, die Grauwacke, entstand durch vielfache Umwandlung aus Tiefengestein. Fast in jeder späteren Epoche der Erdgeschichte wurden Sedimente abgelagert: Sie liegen im Harz vor uns wie in einem riesenhaften steinernen Geschichtsbuch. Auf Alexander von Humboldt soll die Bezeichnung des Gebirges als «Klassische Geologische Quadratmeile» zurückgehen.

Vor etwa dreihundert Millionen Jahren wurden die Felsen aus Granit, Grauwacke und anderen Gesteinen von Kräften aus dem Erdinneren in die Höhe gedrückt, so dass aus ihnen das Gebirge entstand. Wenn der Druck aus dem Untergrund noch stärker gewesen wäre, hätte es vielleicht zu einem Vulkanausbruch im hohen Harz kommen können. Aber die magmatischen Gesteinsmassen aus der Tiefe blieben unter der Granitdecke des Brockens stecken und erstarrten ebenso wie schon lange zuvor der Granit: Die Gebirgsschichten wurden nur in die Höhe gehoben, aber nicht durchbrochen. In Klüfte des Granits, in sogenannte Gänge, drangen außerdem zahlreiche Erze aus dem Erdinneren ein, Blei und Silber, Kupfer und Zink sowie andere bunte Mineralien. Den Vorgang, bei dem der Harz als Gesteinsmasse in die Höhe gehoben wurde, nennen die Geologen «Variszische Gebirgsbildung», auch «Hercynische» oder «Herzynische Gebirgsbildung», wobei der Begriff «herzynisch» vom Wort Harz abgeleitet ist.

Je weiter ein Berg in die Höhe ragt, desto stärker wird er von Wind und Wetter angegriffen und abgetragen. Der hohe Harz ist eine der regenreichsten Regionen weit und breit, und häufig fegen Stürme über die Höhen. Im Winter liegt oft Schnee. Wenn in Gesteinsritzen eingedrungenes Wasser zu Eis erstarrt, dehnt es sich aus und sprengt den Stein. Das war vor Jahrmillionen nicht anders als heute: Vor allem die weniger harten Sedimentgesteine wurden bald wieder abgetragen. Im hohen Harz blieb der «Rumpf» des Gebirges zurück, zu dem der Brocken gehört.

Außer mit Buchen ist der hohe Harz von Natur aus mit Fichten bestanden. Der Harz ist das einzige natürliche Fichtenwaldgebiet Norddeutschlands. Das lässt sich allerdings nicht aus der Tatsache ableiten, dass heute viele Wälder von Fichten dominiert werden. Denn die heutigen Fichtenwälder gehen in den allermeisten Fällen auf Aufforstungen zurück. Aus der Untersuchung von Pollenkorn-Ablagerungen weiß man aber, dass es schon vor Jahrtausenden Fichten im Harz gab. Auf die Ursprünglichkeit der Nadelholzbestände im Harz verweisen ferner Traditionen im Hausbau. Aus gerade gewachsenen Fichtenstämmen konnte man massive Blockhäuser bauen, oder man verkleidete Hauswände mit Fichtenbrettern. Beides sieht man in vielen Siedlungen im Harz, aber nicht im Umland.

Zahlreiche Gebirgsbäche entspringen im hohen Harz, fließen mit großem Gefälle in tief eingeschnittene Täler und schwellen rasch zu kleinen Flüsschen an, die das Gebirge nach allen Richtungen verlassen: zur Elbe und zur Weser, zur Aller und zur Leine. In den Harzflüssen, etwa der Innerste, der Oker, der Ilse und der Bode, werden seit Millionen von Jahren die bei der Erosion vom Gestein abgesprengten Bruchstücke der Harzberge in Form von Schottersteinen, Sand, Schluff und Ton ins Umland transportiert und dort abgelagert. Hinzu kommen Schwermetallpartikel von Bergbauhalden. Entlang der Flüsse sind viele Böden verseucht: Spezielle Pflanzen breiteten sich aus, die Schwermetalle im Boden ertragen können, unter anderem das Galmeiveilchen. Als Menschen diese Pflanze so benannten, wussten sie, warum sie auf schwermetallhaltigen Böden wuchs, denn «Galmei» ist ein alter Begriff für Zinkerze. Tiere darf man nicht auf die verseuchten Flächen zur Weide schicken: Sie können sich eine Bleivergiftung zuziehen, und schon vor Jahrhunderten beobachtete man, wie sie elend auf der Weide verendeten. Wilhelm Raabe schrieb eine Erzählung über die Innerste: Sie ist für ihn einerseits der Fluss, andererseits eine rothaarige und damit die Erze symbolisierende Hexe aus dem Harz, die Verderben über das Land bringt: «Selten aber auch geriet ein unschuldig hellblickend, kläräugig Bergwässerlein und Quellnixlein sofort bei seinem Austritt aus dem dunklen Schoß der Erde in so schmutzige Hände und an solch schwarz schweflicht Handwerk als diese arme herzynische Najade oder Nymphe. (…) Wildemann nimmt sie beim Schöpfe,

Lautenthal und Langelsheim mit ihren Hütten und Pochwerken tun ihr alle erdenkliche Schmach an, und so ist es kein Wunder, daß sie bei Ringelheim schon vollständig verderbt ist (...) Es hilft ihr nichts, daß sie (...) zur Leimoniade, zur Wiesennymphe wird: wild, heimtückisch und *blutdürstig* bleibt sie. Mit dem Auswurfe des Harzes, dem verderblichen Puchsande geschwängert, bleiben ihre Begierden unordentlich und wird sie von Zeit zu Zeit von unheimlichen Gelüsten ergriffen, und dann *schreit* sie.» Puch- oder Pochsande nennt man die Abfälle der Pochwerke, in denen aus dem Berg gefördertes, erzhaltiges Gestein zerkleinert wird.

Abgesehen von diesen Begleiterscheinungen brachte der Bergbau dem Harz aber durchaus Segen. In kleinem Umfang wurden dort wohl schon in prähistorischer Zeit Erze abgebaut. Im Mittelalter wurde die Erzgewinnung sehr bedeutend, als Handelswege bestanden, über die die Produkte des Bergbaus im Umland verteilt wurden. Man brauchte die Wege genauso, um Nahrungsmittel zu den Bergleuten zu bringen, denn diese konnten auf den ungünstigen Böden und im ungünstigen Klima des Harzes nicht oder nicht in ausreichendem Maße produziert werden. Der Harz wurde im Mittelalter zu einer der weltweit wichtigsten Bergbauregionen. Im Westharz betrieb man Bergbau auf Silber, Kupfer, Zink und Blei. Im Mansfelder Raum im Osten ging es um den Abbau von Kupfer. An wieder anderen Orten gewann man Schiefer, Kalk oder Gips.

Im Mittelalter warfen die Gruben reiche Erträge ab. Davon zeugt der Reichtum der Orte, von denen der Bergbau seinen Ausgang nahm: das Zisterzienserkloster von Walkenried und vor allem Goslar am Rammelsberg, der jahrhundertelang seine unermesslichen Schätze freigab. Ricarda Huch schrieb darüber: «Der weltberühmte Palast (...), die Liebfrauenkirche, mit ihr verbunden der Dom mit seinen beiden achteckigen Türmen und der Vierungskuppel, dahinter der erzreiche, verhängnisvolle Rammelsberg: es war eine Bühne, weltgeschichtlicher Szenen würdig.» Könige und Kaiser besuchten diese Bühne oft, aber auch andere Pfalzen in der Umgebung des Harzes. Im Umland des Harzes wuchs der Reichtum, der mit dem Bergbau und der Erzverarbeitung erworben wurde, in Hildesheim, Quedlinburg, Wernigerode und Halberstadt. In den Städten im Harz-

umland wurde das Erz aus dem Gebirge verarbeitet. In Hildesheim verstand man sich auf den Bronzeguss so gut wie an kaum einem anderen Ort der Welt. Für die Gewinnung von Energie, die man beispielsweise zum Antreiben der Blasebälge an den Schmelzöfen brauchte, wurde die Wasserkraft genutzt: In einiger Entfernung vom Gebirge floss das Wasser der Harzbäche nicht mehr so ungestüm wie zwischen den Bergen, es ließ sich im Vorland besser bändigen und auf Mühlräder leiten. Längst nicht aller Reichtum blieb in den Harzrandstädten über die Jahrhunderte erhalten. Aber die Bedeutung der Region für die wirtschaftliche und kulturelle Entwicklung lässt sich beispielsweise noch daran ablesen, dass es kaum eine andere Weltgegend mit derart vielen Welterbestätten der UNESCO gibt: Goslar, Hildesheim, Quedlinburg und die Lutherstadt Eisleben stehen auf der Liste der für Kultur zuständigen Organisation der Vereinten Nationen.

Viele Bergleute waren nicht einheimisch; etliche von ihnen kamen aus dem Erzgebirge oder aus Tirol. Bis heute sind Einflüsse des erzgebirgischen Dialektes auf die Mundart des Oberharzes unüber-

Richtschacht des Erzbergwerks am Rammelsberg bei Goslar.

hörbar. Die Eltern Martin Luthers zogen aus Südthüringen ins Mansfelder Land. Die Siedlungen, in denen die Bergleute lebten, wuchsen enorm. Im hohen Harz wurden besondere Bergstädte ausgebaut oder gegründet, in Altenau, Clausthal, Grund, Lautenthal, Sankt Andreasberg, Wildemann und Zellerfeld. Die Bewohner genossen Privilegien, sie waren von Abgaben und vom Militärdienst befreit. Mancher Bergstadtbewohner hielt eine Ziege, vielleicht auch eine Kuh. Eine umfangreichere Landwirtschaft durfte aber gemäß Weisung der Landesherren nicht betrieben werden.

Abgesehen davon wäre das auf den steinigen Böden im rauen Klima des Westharzes auch kaum möglich gewesen. Sie eigneten sich zu keiner Zeit für Ackerbau größeren Ausmaßes. Der hohe Harz gehört zu den wenigen Mittelgebirgsregionen, die niemals primär deshalb aufgesucht wurden, um dort Landwirtschaft zu betreiben. Aus klimatischen Gründen wäre es nicht gelungen, in jedem Jahr eine gute Ernte einzufahren: Starke Regenfälle sind auch in der hochsommerlichen Erntezeit keine Seltenheit, so dass das Getreide in vielen Jahren nicht trocken wird.

Man trieb aber vor einigen Jahrhunderten Rinder aus dem Umland des Gebirges, etwa aus Seesen, in den hohen Harz, um sie dort im Sommer weiden zu lassen. Frische Milch konnte man damals nicht transportieren. Daher stellte man damals vielleicht auf den Harzhöhen den haltbaren Harzer Käse her. Später bereitete man diesen Käse nur am Nordrand des Gebirges zu, beispielsweise in Bad Harzburg. Wegen seiner Form bezeichnet man ihn auch als Harzer Roller.

Dieser Begriff hat allerdings eine doppelte Bedeutung. Ein seit dem 18. Jahrhundert im Harz gezüchteter Kanarienvogel wird ebenfalls so genannt. Bergleute aus Tirol brachten ihn in den Harz und züchteten ihn dort. Die Tiere singen beständig. Bergleute trugen sie in Käfigen mit sich, wenn sie in die Stollen einfuhren. Wurde dort die Konzentration an Kohlenmonoxid zu groß, hörten die Vögel auf zu singen. Das geruchlose und tödlich giftige Gas, das schwerer als Luft ist, sammelt sich nämlich zuerst am Boden der Gruben, also im Bereich der Vogelkäfige, bevor es allmählich das gesamte Bergwerk erfüllt. Die Bergleute erkannten am Aussetzen des Roller-

Gesangs, dass sie schleunigst den Stollen verlassen mussten, um nicht genauso wie ihr armer Vogel an einer Kohlenmonoxidvergiftung zu sterben.

Seit dem 16. Jahrhundert drohten dem Bergbau ernste Krisen, aber nicht, weil das Erz ausging, sondern weil es nicht gelang, Erz aus großen Tiefen zu fördern und tief gelegene Stollen wasserfrei zu halten. Man setzte die Wasserkraft ein, um mit Schöpfrädern Wasser in die Höhe zu holen – nach dem Prinzip «Wasser durch Wasser heben». An vielen Stellen wurde das Wasser in Teichen gestaut und dann in Gräben dorthin geleitet, wo man es in großen Mengen brauchte. Das gesamte Gewässersystem und die Anlagen, die mit Wasser angetrieben wurden, bezeichnete man als die Harzer Wasserkunst, die ebenfalls auf der Liste des Weltkulturerbes der UNESCO steht.

Die Krisen des Bergbaus führten dazu, dass der Verdienst vieler Bergleute zurückging oder völlig ausblieb. Dies war wohl ein wichtiger Nährboden für die Ausbreitung der Reformation im 16. Jahrhundert. Martin Luther stammte aus einer Harzer Bergbauregion, nämlich aus Eisleben im Mansfelder Land. Die Länder Hannover und Braunschweig, zu denen der Harz gehörte, sowie das Erzgebirge sind unter denjenigen Regionen, in denen sich die Reformation besonders früh durchsetzte. Dort gab es besonders viele Menschen, die sich nicht nur eine Reform des Glaubens, sondern auch vieler anderer Aspekte ihres Lebens wünschten.

Im Lauf der Jahrhunderte nahm der Bedarf an Holz zu; man benötigte es für die Erzschmelze. Es kam zum Holzmangel – oder man befürchtete, dass es zum Holzmangel kommen könnte. Im 17. Jahrhundert wurden die Wälder im Harz detailliert forstlich erfasst; der Atlas des «Kommunionharzes» von 1680 zeigt das Calenbergische oder Hannoversche und das Braunschweiger Gebiet des Harzes und ist eine der ältesten detaillierten Erfassungen von Holzbeständen überhaupt. Auf der Grundlage der Walderfassung konnte die Holznutzung besser geplant werden. Holz wurde nicht nur zum Abstützen der Stollen und zum Schmelzen des Erzes in großen Mengen gebraucht, sondern Fichtenholz aus dem Harz kam auf den Flüssen Innerste und Leine nach Hannover, wo man es zum Bau repräsentativer Gebäude am Schloss von Herrenhausen wie dem

Pagenhaus, dem Galeriegebäude und der Orangerie sowie beim Bau der Calenberger Neustadt verwendete. Fichtenholz wurde zur gleichen Zeit auch auf der Oker nach Braunschweig und Wolfenbüttel geflößt und getriftet. In Wolfenbüttel brauchte man im 17. Jahrhundert besonders viel Holz, denn damals entstand dort eine neue Residenz.

Innovationen beim Bergbau wurden immer wieder zwischen den Revieren im Harz und im Erzgebirge ausgetauscht. Dazu gehörten auch die Neuerungen in der planmäßigen Bewirtschaftung von Wäldern: Nur dort, wo so viel wie möglich Holz nachwuchs, konnte man das Erz auch verarbeiten. Insofern bestand eine sehr enge Verbindung zwischen Bergbau und Waldbewirtschaftung. Im 17. Jahrhundert entstand gewissermaßen eine Kolonie der deutschen Bergbaugebiete in Kongsberg in Norwegen: Nachdem dort ein reiches Silbervorkommen entdeckt worden war, holte man Bergleute aus dem Harz und dem Erzgebirge in den Norden. Sie brachten ihre Techniken und Bergordnungen, auch die Wasserkunst mit. Die Verbindungen zwischen dem Land Hannover und Kongsberg waren auch im 18. Jahrhundert eng: Für die damals gebaute Barockkirche der Stadt schuf der aus Hannover stammende Gottfried Heinrich Gloger eine bis heute bedeutende Orgel.

Im 18. Jahrhundert entstand ein ganzes Netzwerk von Bergakademien, in denen alle um den Bergbau gelegenen Wissensgebiete gelehrt wurden und zwischen denen ein intensiver Austausch des Wissens herrschte. Die älteste dieser Schulen war die 1757 gegründete Akademie in Kongsberg, es folgten unter anderem die Bergakademien in Freiberg (1765) und Clausthal (1775). Einige der Bergakademien bestehen bis heute, einige wurden zu Technischen Universitäten, so die Akademie von Clausthal, die weltweites Ansehen genießt.

Seit dem 18. Jahrhundert war der Harz aus wechselnden Gründen immer wieder ein sehr beliebtes Reiseziel: Man war fasziniert von der Geologie, den Bergwerken, den Städten in der Umgebung des Harzes, vom sagenumwobenen Brocken, von der landschaftlichen Schönheit des Gebirges. Im 18. Jahrhundert entwickelte sich noch ein anderes Faszinosum für den Harz. Der Schweizer Arzt,

Gasthaus auf dem Brocken, erbaut 1800   Wolkenhäuschen, erbaut 1736

Naturwissenschaftler und Dichter Albrecht von Haller war einer der Ersten, der über die Waldgrenze und die Höhenstufen in den Alpen schrieb und dabei erkannte, dass dieser Vegetationsgliederung ein kausales Prinzip zugrunde lag: Zwischen Höhenlage, den dort vorherrschenden klimatischen Bedingungen und der Vegetation gab es Zusammenhänge. Haller wurde 1736 an die nur wenige Jahre zuvor gegründete Universität Göttingen berufen. 1738 unternahm er eine ausgedehnte Harzwanderung, vermutlich vor allem deswegen, weil er die Höhenstufen im Harz und die dort ausgebildete Waldgrenze am Brocken studieren wollte: Die Harzwälder bedecken zwar die Hänge des höchsten Harzgipfels weitgehend, aber nicht dessen Kuppe. Dort gibt es sehr seltene Pflanzen, etwa die Brockenanemone, die eigentlich keine Anemone, sondern eine Kuhschelle ist, ferner die Zwergbirke, den Bergsauerampfer und das Alpenhabichtskraut, die sonst nur in arktischen Breiten und in den Alpen vorkommen. Man vermutet, dass sie während der Eiszeit weiter verbreitet gewesen waren und sich nur auf einigen wenigen Berggipfeln bis heute halten konnten, wo niemals dichte Wälder ausgebildet waren.

Im 19. Jahrhundert boten das Wolkenhäuschen und das Gasthaus auf dem Brockengipfel Wanderern Schutz.

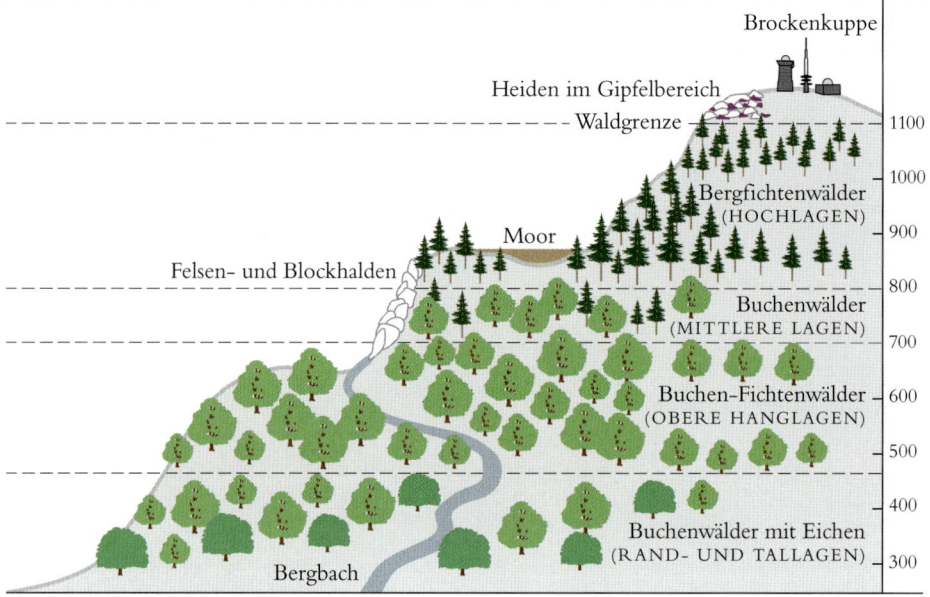

Die Höhenstufen der Vegetation im Harz lassen sich mit denen in den Alpen vergleichen.

Kurz vor Hallers Besuch war übrigens auf dem Brockengipfel ein erster Unterstand für Wanderer gebaut worden. Diese kleine, bis heute erhalten gebliebene Hütte aus dem Jahr 1736 wurde später «Wolkenhäuschen» genannt. Der Name bezieht sich auf die besonderen Witterungsbedingungen auf dem Brocken: Er ist sehr oft in Wolken eingehüllt.

Im 18. Jahrhundert entstand ein Netzwerk von Wissenschaftlern, die sich mit den Höhenstufen und Waldgrenzen in vielen Gebirgen befassten; zunächst standen allein europäische Gebirge im Fokus, dann wurden Höhenstufen der Vegetation weltweit erfasst. Alexander von Humboldt, der übrigens auch im Harz gewesen war, bestieg schließlich den schneebedeckten Chimborazo in der Nähe des Äquators, um alle Höhenstufen der Welt zu sehen, und trug das Wissen über die Lage aller Höhenstufen zusammen. Auf diese Weise schuf er eine wesentliche Grundlage für vegetationsgeographische und pflanzenökologische Forschungen, erweiterte dabei aber Kenntnisse, die vor ihm auch unter anderen schon Albrecht von Haller besessen hatte: Haller war vielleicht der Erste, der Waldgrenzen und

Höhenstufen an mehreren Orten bewusst gesehen hatte und miteinander vergleichen konnte: in den Alpen und im Harz.

Auf den Spuren Albrecht von Hallers reiste man im 18. Jahrhundert nicht nur in die Alpen, sondern auch in den Harz. Johann Wolfgang von Goethe besuchte das Gebirge mehrmals, auch im Winter, einer Jahreszeit, in der die Wetterphänomene des hohen Gebirges besonders stark auffielen. Goethe schrieb im Gedicht «Harzreise im Winter» im Jahr 1777:

Aber den Einsamen hüll
In deine Goldwolken!
Umgib mit Wintergrün,
Bis die Rose wieder heranreift,
Die feuchten Haare,
O Liebe, deines Dichters!

Mit der dämmernden Fackel
Leuchtest du ihm
Durch die Furten bei Nacht,
Über grundlose Wege
Auf öden Gefilden;
Mit dem tausendfarbigen Morgen
Lachst du ins Herz ihm;
Mit dem beizenden Sturm
Trägst du ihn hoch empor;
Winterströme stürzen vom Felsen
In seine Psalmen,
Und Altar des lieblichsten Danks
Wird ihm des gefürchteten Gipfels
Schneebehangner Scheitel,
Den mit Geisterreihen
Kränzten ahnende Völker.

Du stehst mit unerforschtem Busen
Geheimnisvoll offenbar
Über der erstaunten Welt

Und schaust aus Wolken
Auf ihre Reiche und Herrlichkeit,
Die du aus den Adern deiner Brüder
Neben dir wässerst.

Jahrzehnte später befasste sich Goethe erneut mit dem Brocken, und zwar im ersten Teil des «Faust», in der «Walpurgisnacht»; sie spielt im «Harzgebirg. Gegend von Schierke und Elend.» Faust und Mephistopheles steigen zum Blocksberg, nämlich dem Brocken, auf.

Mephistopheles: Verlangst du nicht nach einem Besenstiele?
Ich wünschte mir den allerderbsten Bock.
Auf diesem Weg sind wir noch weit vom Ziele:
Faust: Solang ich mich noch frisch auf meinen Beinen fühle,
Genügt mir dieser Knotenstock.
Was hilfts, daß man den Weg verkürzt!
Im Labyrinth der Täler hinzuschleichen,
Dann diesen Felsen zu ersteigen,
Von dem der Quell sich ewig sprudelnd stürzt,
Das ist die Lust, die solche Pfade würzt!
Der Frühling webt schon in den Birken,
Und selbst die Fichte fühlt ihn schon;
Sollt er nicht auch auf unsre Glieder wirken?
Mephistopheles: Fürwahr, ich spüre nichts davon!
Mir ist es winterlich im Leibe,
Ich wünschte Schnee und Frost auf meiner Bahn.

Goethe war noch zweimal im Harz, 1783 und 1784 jeweils im Spätsommer. Besonders hat ihn aber wohl der winterliche Harz beeindruckt, der auch das Geschehen der Walpurgisnacht noch prägt, der Nacht zwischen wechselhaftem April und frühlingshaftem Mai. Die Hexen fliegen mit dem starken Wind auf den Blocksberg. Alle ihre Tänze beziehen sich auf tosende Stürme, peitschenden Regen und Schnee. Und der häufig wabernde Nebel verbirgt das Geschehen. Das Gebirge wurde immer als ungewöhnlich empfunden, vor allem deswegen, weil es so grundverschieden von seiner Umgebung war. Im Walpurgisnachtstraum treten Hexen und auch männliche Gestalten auf, die sich mit ihnen einlassen. Darunter ist ein «Ci-Devant», ein ehemaliger Adliger aus Frankreich, der sich nach der Revolution nicht mehr in die Gesellschaft seines Landes eingliederte und sich als «Genius der Zeit» über den Brocken äußert:

Mit rechten Leuten wird man was.
Komm, fasse meinen Zipfel!
Der Blocksberg, wie der deutsche Parnaß,
hat gar einen breiten Gipfel.

1824 wanderte Heinrich Heine von Göttingen aus in den Harz. Selbstverständlich kannte er Goethes Faust, und er war auch über die Natur des Gebirges gut informiert. Die verschiedenen Höhenstufen nahm er bewusst wahr. Ungewohnt für ihn waren zunächst die Nadelwälder, die er beim Aufstieg durchwanderte. Heine schrieb – anders als Goethe – nicht von Fichten, sondern von Tannen, meinte aber, wie aus der Beschreibung der Bäume klar wird, Fichten: «Morgentau der Liebe feuchtete meine Wangen, die rauschenden Tannen verstanden mich, ihre Zweige thaten sich von einander, bewegten sich herauf und herab, gleich stummen Menschen, die mit den Händen ihre Freude bezeigen.» Die treffend beschriebenen Auf-und-ab-Bewegungen der Zweige sind für Fichten sehr charakteristisch. Sie geben einem den Eindruck, als sprächen sie mit denjenigen, die vor ihnen stehen. Zweige echter Tannen bewegen sich ganz anders; Heine sah also Fichten im Harz. Aber bis heute meint man, wenn man von Tannen spricht, sehr oft eigentlich Fichten: «Die Berge wurden hier noch steiler, die Tannenwälder wogten unten wie ein grünes Meer, und am blauen Himmel oben schifften die weißen Wolken. Die Wildheit der Gegend war durch ihre Einheit und Einfachheit gleichsam gezähmt.»

Heine nahm sehr bewusst die Waldgrenze am Brocken wahr und deutete die Erscheinungen der Walpurgisnacht: «Je höher man den Berg hinaufsteigt, desto kürzer, zwerghafter werden die Tannen, sie scheinen immer mehr und mehr zusammen zu schrumpfen, bis nur

Moritz Retzsch, «Walpurgisnacht». Umrisse zu Goethes Faust, Radierung, 1816. Faust und Mephistopheles erblicken Gretchens Schatten.

Heidelbeer- und Rotbeersträucher und Bergkräuter übrig bleiben. Da wird es auch schon fühlbar kälter. Die wunderlichen Gruppen der Granitblöcke werden hier erst recht sichtbar; diese sind oft von erstaunlicher Größe. Das mögen wohl die Spielbälle sein, die sich die bösen Geister einander zuwerfen in der Walpurgisnacht, wenn hier die Hexen auf Besenstielen und Mistgabeln einhergeritten kommen, und die abenteuerlich verruchte Lust beginnt, wie die glaubhafte Amme es erzählt, und wie es zu schauen ist auf den hübschen Faustbildern des Meister Retzsch.»

Die Wälder der Niederungen fielen Heine erst beim Abstieg von den Harzhöhen im Tal des Flüsschens Ilse auf: «Das ist nun die Ilse, die liebliche, süße Ilse. Sie zieht sich durch das gesegnete Ilsethal, an dessen beiden Seiten sich die Berge allmählich höher erheben, und diese sind bis zu ihrem Fuße meistens mit Buchen, Eichen und gewöhnlichem Blattgesträuche bewachsen, nicht mehr mit Tannen und anderm Nadelholz. Denn jene Blätterholzart wächst vorherrschend auf dem ‹Unterharze›, wie man die Ostseite des Brockens nennt, im Gegensatz zur Westseite desselben, die der ‹Oberharz› heißt, und wirklich viel höher ist, also auch viel geeigneter zum Gedeihen der Nadelhölzer.»

Fichten gehören zum Harz, seiner Natur und seiner Kultur; das wird nicht nur an den Häusern im Gebiet deutlich, bei deren Bau seit langer Zeit Fichtenholz verwendet wird. Die Fichtenwälder des Gebirges sind ein besonderes Alleinstellungsmerkmal des Gebirges. Sie sind die einzigen zwischen den Alpen, einigen süddeutschen Gebirgen und den borealen Wäldern Skandinaviens. In allen diesen Regionen lebt und baut man seit langer Zeit mit den Fichten. Der Harz ist daher keine in sich abgeschlossene Landschaft; sie weist vielmehr Anklänge an die Alpen und Skandinavien auf. Dies wurde durch ein Bauwerk besonders betont, das 1907/08 entstand: die Stabkirche von Hahnenklee. Sie wurde norwegischen Vorbildern nachempfunden und genauso wie in Norwegen aus Fichtenholz gebaut. Dabei wurde behauptet, solche Kirchen, wie sie in Norwegen seit der Zeit der Christianisierung bestanden, seien früher auch in Norddeutschland gebaut worden. Doch das ist vom Grundsatz her falsch gedacht: Eine Stabkirche muss nicht überall etwas mit dem frühen Christentum zu tun haben, sondern sie kann nur dort gebaut werden, wo Fichtenholz als Baumaterial zur Verfügung steht. Das war in Norwegen der Fall. Im Mittelalter gab es aber nur am Rand des Harzgebirges Siedlungen mit Kirchen, wo keine Fichten wuchsen. Die Berghöhen wurden erst viel später besiedelt. Der Bau der Stabkirche ist also einer der vielen Versuche, bestehende Siedlungen und Landschaften mit einer künstlich erdachten Geschichte zu versehen, die sie eigentlich nicht haben: Zur Zeit der Christianisierung war Hahnenklee noch längst nicht besiedelt, aber man wollte den Anschein erwecken, dass es so war. Damit wurde ein bestehender Landschaftseindruck, derjenige der Fichtenwälder, überhöht, und mit einem Bauwerk wurde eine nordische Atmosphäre, der Eindruck oder die Idee einer norwegischen Landschaft erzeugt.

Der Brocken und viele andere Orte, vor allem in seiner Umgebung, sind schon seit mehr als zweihundert Jahren wichtige touristische Ziele. Auf dem Brockengipfel gibt es seit 1800 ein Gasthaus, der Vorläufer des Brockenhotels. 1899 wurde die Brockenbahn gebaut, mit der man vom Tal aus auf gewundener Trasse bis zum Gipfel fahren kann – immer noch, wie zur Zeit der Eröffnung der Bahn, mit von Dampflokomotiven geschleppten Zügen. Jeder Brockenbesucher hat natürlich den Wunsch, die großartige Fernsicht zu genießen, die bis zum über 200 Kilometer entfernten Fichtelberg im Erzgebirge reichen kann. Viele von ihnen werden enttäuscht: Denn der Brocken steckt meistens im Nebel.

Aber unsichtbare Wellen können ihn durchdringen: 1936 wurde auf dem Brocken der älteste Fernsehturm der Welt gebaut, von dem aus es gelang, weite Teile Norddeutschlands mit Fernsehprogrammen zu versorgen. Der isolierte Berg, 1000 Meter höher als sein Umland gelegen, bot dafür die allerbesten landschaftlichen Voraussetzungen.

Edle Wildnis
LÜNEBURGER HEIDE

Purpurfarbene Heidepflanzen, knorrige Eichen, Wacholder, Heidschnucken und ziehende Wolken: So stellen sich viele Menschen «schöne Natur» vor und kommen zu Tausenden als Besucher in die Lüneburger Heide, vor allem zur Zeit der Heideblüte. Doch die Heide ist kein reines Naturparadies; vielmehr wurde sie seit Jahrtausenden von Menschen erheblich umgestaltet. Das muss man berücksichtigen, wenn man die Werte der Landschaft zwischen Hamburg, Bremen, Hannover und Braunschweig künftig auf die richtige Weise bewahren möchte.

Vor ein paar Millionen Jahren reichte ein flaches Meer, das der heutigen Nordsee ähnelte, bis an den Rand des niedersächsischen Berglandes. Dann begann das Eiszeitalter. Ausgehend von gewaltigen Eispanzern über Nordeuropa setzten sich Gletscher in Bewegung, die bis zum nördlichen Rand der deutschen Mittelgebirge vorstießen. In Skandinavien hobelten die Eismassen Täler in die Felsen. Den Gesteinsschutt nahmen sie mit in den Süden, und dort blieb er liegen, als der Gletscher in einer Zeit der Klimaerwärmung abschmolz. Aus den Schuttmassen wurde Land, und das Meer verschwand.

Es gab mehrere Eiszeiten und mehrere Eisvorstöße. Mit jeder Eiszeit wurden die Nordsee kleiner und Norddeutschland größer. Das norddeutsche Tiefland ist etwas Einzigartiges: Nirgendwo sonst auf der Erde gibt es ein derart ausgedehntes Gebiet, in dem man auch dann noch nicht auf einen Felsen stößt, wenn man ein viele Meter tiefes Loch gräbt. Überall findet man nur Gletscherschutt, der sich aus lockeren Steinen, Sand und Tonpartikeln zusammensetzt. Die meisten feinen Bodenbestandteile, die an der Oberfläche

Blühende Heide mit Heidschnuckenherde.

der Schuttberge lagen, wurden bald nach dem Schmelzen des Eises vom Wind davongeblasen und an einigen Stellen zu Dünen geformt.

Ein Teil der Lüneburger Heide ist die «Hohe Heide». Sie entstand, als die Gletscher zum vorletzten Mal nach Norddeutschland vorstießen und dabei besonders viel Schutt zu einer besonders langen und hohen Moränenkette zusammenschoben, die vom heutigen Polen über die Lüneburger Heide bis zur Nordspitze Jütlands reicht. In der Hohen Heide ragt der höchste Berg Nordwestdeutschlands auf, der 169 Meter hohe Wilseder Berg. Über diese geringe Höhe spotten viele Menschen, die aus dem Gebirge stammen, aber im Gelände kann man diesen Berg wirklich als solchen wahrnehmen, namentlich dann, wenn man aus der viel niedriger gelegenen Umgebung auf die Höhe steigt.

Das sandige Land ist fast immer trocken, denn das Wasser versickert bald nach jedem Regen. «Güst» ist das niederdeutsche Wort für «trocken», und daher nennt man das trockene Land «Geest». Nach jeder Eiszeit breiteten sich Pflanzen auf dem sandigen Untergrund aus, auch in der Nacheiszeit, in der wir heute leben. Sowohl Kiefern, Birken oder Eichen als auch die niedrigen Heidegewächse bilden Lebensgemeinschaften mit Pilzen, deren fädige Gewebe den Boden weithin durchziehen. In den Pilzfäden, die man Hyphen nennt, gelangen Wasser und Mineralstoffe aus einem großen Einzugsgebiet zu den Wurzeln der Pflanzen. Das geschieht vor allem im Frühjahr, wenn die Pflanzen wachsen und sie besonders großen Bedarf an Wasser und Mineralstoffen haben. Die Symbiose nützt beiden «Partnern» etwas: Die Pilze erhalten von den Pflanzen Nährstoffe, die sie über die Fotosynthese aufgebaut haben. Daraus bilden sie vor allem im Spätsommer und Herbst Sporenträger. Das sind die schmackhaften «Pilze», die man im Wald und in der Heide sammelt. Man vergisst dabei aber stets, dass Pilze nicht nur aus Sporenträgern, sondern auch aus weitreichenden Hyphen bestehen, und deshalb soll man die Sporenträger beim Sammeln nicht aus dem Boden reißen, weil das die Hyphen im Boden zerstört.

Die Heideböden sind, obwohl arm an Mineralstoffen und daher unfruchtbar, doch leicht zu bearbeiten, und deshalb betreiben Menschen dort schon vor Jahrtausenden Landwirtschaft. Sie rodeten Wald und holten Steine aus den Böden, damit Hacken oder Pflüge nicht beschädigt wurden. Aus besonders großen Steinen errichteten sie gewaltige Megalithgräber, die man auch als Hünenbetten bezeichnet. Man dachte sich in späteren Zeiten, dass sich tote Riesen im Boden unter den bis zu fünfzig oder noch mehr Meter in der Länge messenden Anlagen befanden.

Die Bauern betrieben schon vor Jahrtausenden Ackerbau und hielten Schafe, vielleicht auch in früher Zeit schon Heidschnucken, daneben Ziegen und Rinder, die sie in die Wälder trieben. Dort fanden die Tiere genug Futter. Der Wald wurde mit der Zeit lichter, weil die Tiere nicht nur Gras und Kräuter, sondern auch junge Baumtriebe fraßen. Wurde die Beweidung fortgesetzt, gingen aus aufgelichteten Wäldern allmählich Heideflächen hervor, weil die alten Bäume abstarben, aber keine jungen Bäume nachwachsen konnten; deren Triebe wurden sofort von den Tieren entdeckt und abgefressen, so dass sie eingingen. Außer einigen Gräsern wuchsen dann nur noch Heidekrautgewächse auf den baumlosen Flächen: Besen- und Glockenheide, Heidel- und Preiselbeere.

Besonders groß wurde der Nutzungsdruck auf das Gebiet der Lüneburger Heide im Mittelalter. Die baumfreien Flächen wurden immer größer, denn sowohl in den nahen Siedlungen als auch in weiter entfernt liegenden Gebieten war der Bedarf an Holz enorm. Es gab kaum einen anderen Brennstoff zum Heizen, Salzsieden und Bierbrauen. Selbst vielfach verbissene und dann nur krüppelig gewachsene Stämme wurden geschlagen. Gebogene Stämme brauchte man für Spanten beim Schiffbau. Auch beim Fachwerkbau musste man nicht unbedingt gerade gewachsenes Holz verwenden. Beim Füllen der Gefache ließen sich alle Unregelmäßigkeiten des Holzes ausgleichen. Für die Füllungen verwendete man Geflechte aus Zweigen (auch die kamen aus den Gehölzen der Heidegebiete), die man mit Lehm verkleidete. Oder man verwendete Ziegel, die man aus Ton herstellte, der sich im Eiszeitalter vielerorts abgesetzt hatte.

Die Bauern erkannten, dass die Holzversorgung prekär werden könnte. Sie pflanzten Eichenhaine neben ihre Höfe, um Holz für Neubauten von Hofgebäuden zu haben, wenn diese einem Feuer zum Opfer gefallen waren. Vielerorts blieben sie bis heute erhalten. Auf ihrem Land steckten die Bauern Baumschösslinge in den Boden. Da sie nicht sicher waren, ob aus jedem jungen ein alter Baum werden würde, setzten sie gleich mehrere Schösslinge in das gleiche Pflanzloch. Dann kamen aber doch oft mehrere Pflanzen in die Höhe: Aus «Büschelpflanzungen» gingen «Bruderbäume» hervor, seltsame Gebilde, bei denen mehrere Stämme miteinander verwuchsen.

Man könnte fast das ganze Jahr über Tiere in der Heide halten: Sie finden auch in der kalten Zeit Nahrung. Aber die Vegetation wäre von ganzjähriger Weide noch stärker geschädigt worden. Außerdem war es wichtig, die Tiere zeitweise im Stall zu halten, weil man auf diese Weise Dünger produzierte. Eine Stallhaltung von Tieren war nur dann möglich, wenn man Wiesen hatte, auf denen man Heu als Winterfutter ernten konnte. Und das Gras auf Wiesen wuchs nur dann, wenn es gedüngt wurde. Die Wiesen wurden in den Tälern der Heidebäche angelegt. Die düngenden Mineralstoffe stammten von den Erlen, die an den Bächen und vor allem auch in den Niedermooren standen, aus denen die Heidebäche kamen. An Erlenwurzeln sitzen Bakterien, die Stickstoff aus der Luft binden. Dies ist eine Voraussetzung dafür, dass die Erlen auch andere Mineralstoffe aufnehmen, und auf diese Weise befinden sich in allen Teilen einer Erle zahlreiche Mineralien. Erlenlaub, worin ebenfalls zahlreiche Mineralstoffe enthalten sind, fällt ins Wasser und wird dort zersetzt. Auf diese Weise gelangen die Mineralstoffe ins Wasser der Heidebäche.

Das Wasser der Heidebäche wurde in kleine Kanäle abgeleitet, die am Rand der Täler entlanggeführt wurden. Von dort aus rieselte das Wasser über die Wiesen, die zwischen dem Kanal und dem Bach im Talgrund lagen. Die Mineralstoffe blieben auf dem Grünland zurück und düngten dort die Pflanzen. Das Wasser floss in die Bäche zurück. Dort befand sich dann sehr klares, sauberes Wasser. In den klaren Heidebächen lebten zahlreiche Perlmuscheln. Heute sind die Muscheln selten geworden, sie werden besonders geschützt.

Außer dem Heu von den Wiesen kam Einstreu aus der Heide in den Stall. Als Material dafür diente entweder Besenheide, die man auf der Heide geschnitten hatte, oder man brachte Plaggen in die Ställe: Plaggen bestanden aus der Heidevegetation und dem Oberboden. Mit dem Winterfutter nahmen die Tiere die Mineralstoffe auf; sie gelangten auch in den Dung. Im Frühjahr wurde ausgemistet, und die Plaggen kamen zur Düngung auf die Felder. Dort stiegen die Erträge, und man erntete schließlich eine auskömmliche Menge an Roggen oder Buchweizen, um ein Jahr lang gut leben zu können.

Im Sommer und Herbst ließ man die Tiere auf der Heide weiden. Heidschnucken fressen vor allem junge Triebe der Besenheide. Daher war es wichtig, die Heide mit allen alten Pflanzen abzuplaggen. Oder die Schäfer zündeten Heideflächen an. Schon wenige Wochen nach dem Plaggen oder Brennen kamen die erwünschten jungen Triebe der Besenheide zum Vorschein. Im Spätsommer blüht die Besenheide, dann bringt man Bienenvölker in die Heide. Man bekommt aber nur dann eine gute Ausbeute an Heidehonig, wenn die Schäfer ständig ihre Schnucken durch die Heide treiben. Sie zerreißen nämlich die im Herbst, im Altweibersommer, besonders zahlreichen Spinnweben, in denen die Bienen sonst zur Beute der Spinnen werden würden.

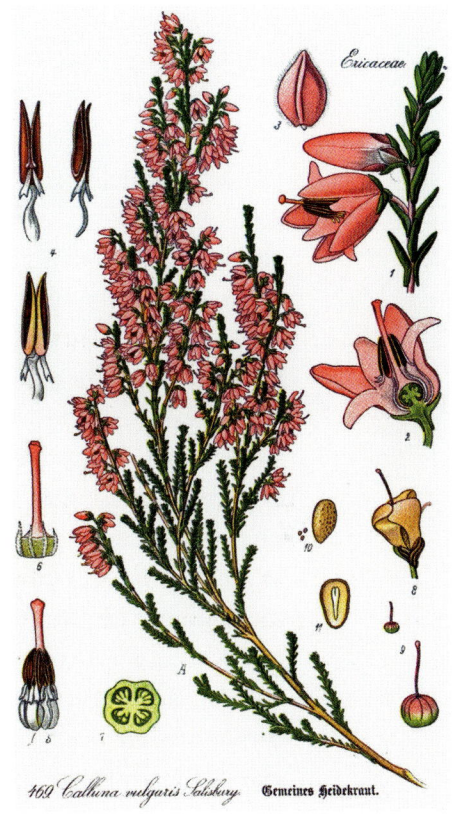

Besenheide (Calluna vulgaris).

Die Heidelandschaft ließ sich also vielfältig nutzen: Die Bauern hatten ihr Auskommen von ihren Getreide- und Buchweizenfeldern, sie verkauften Wolle, Schnuckenfelle, Fleisch, Honig und Wachs. Wachs wurde beispielsweise in Celle zu Kerzen verarbeitet, und in einer Zinngießerei in Soltau modellierte man aus Wachs Formen, in die man anschließend das flüssige Zinn goss. Aus der Wolle wurden prächtige Wandteppiche gewebt, vor allem in den

Heideklöstern, in Lüne, Medingen, Ebstorf, Walsrode, Wienhausen und Isenhagen. Die Klosterdamen stickten Perlen auf die Teppiche. Die Perlen fand man in den ehemals häufigen Perlmuscheln, die in den Heidebächen lebten. Wie viele Muscheln musste man öffnen, um derart viele Perlen zu entdecken?

Die Menschen hatten sich im 18. und 19. Jahrhundert optimal auf das Leben mit ihrer Landschaft eingelassen. Sie hatten ein Auskommen mit ihr und hatten damit ein Ideal von nachhaltigem Wirtschaften erreicht. Als dann später überdies Mineraldünger verfügbar wurde, stiegen die Erträge, und es war kaum noch ein Nachteil, arme Geestböden zu bearbeiten.

Besucher der Lüneburger Heide sahen das dortige Alltagsleben aber ganz anders. Der Erste, der einen romantischen Blick auf die Heide entwickelte, war wohl Jean André de Luc (auch Deluc geschrieben), ein Bekannter von Jean-Jacques Rousseau. De Luc war Geologe und Meteorologe. Er bereiste 1776 die Lüneburger Heide und schrieb darüber Briefe an die Königin von Großbritannien, die ja auch die Kurfürstin von Hannover war. De Luc wusste sicher nichts über die Bewirtschaftung der Heide, sah aber die Heidebauern und hielt sie gewissermaßen für «edle Wilde» im Sinne Rousseaus: «Ich hab das Vergnügen gehabt, neue Gräben in den Heiden ziehen zu sehen: ein Schauspiel, das für mich eben so viel war, als ob ich neue Menschen entspringen sähe. Vorzüglich bemerkte ich einen jungen Mann und seine Gattinn, die mit dem größten Eifer beschäftigt waren, er, den Graben tiefer zu machen, und sie, die ausgehobne Erde hineinwärts zu werfen. Sogleich stellte sich mir die ganze Geschichte dieses Paares und seiner Nachkommenschaft dar, und ich glaubte in ihnen unsere ersten Stammeltern zu sehen.» De Luc verglich die Heidebauern also mit «neuen Menschen», und «unsere ersten Stammeltern» waren Adam und Eva im Paradies. Er entwickelte eine Vision vom ihrem edlen Leben und ihrem idealen Umgang mit Natur.

De Lucs Briefe wurden gedruckt und offenbar von den Zeitgenossen viel gelesen. Seit dem späten 18. Jahrhundert hielt man die Heide immer wieder für ein Ideal von Natur. Hermann Löns machte die Lüneburger Heide zu Anfang des 20. Jahrhunderts

einem Massenpublikum bekannt, etwa mit dem sehr bekannten Lied:

Auf der Lüneburger Heide
In dem wunderschönen Land
Ging ich auf und ging ich unter
Allerlei am Weg ich fand.

Das Lied hat eigentlich nicht viel Inhalt, drückt ein Lebensgefühl aus, das des Wanderns durch die Heide, das am Anfang des 20. Jahrhunderts sehr beliebt wurde. Der Hamburger Geograph Richard Linde schrieb 1911 im Vorwort zu seinem viel beachteten Heidebuch: «Wo der Verfasser noch vor zehn Jahren wochenlang fast allein war, da drängten sich jetzt die Fremden von überall her, und zur Zeit der Heideblüte vermögen die Sonderzüge kaum die Fülle der Wanderlustigen aus den Randstädten zu bewältigen. ‹Snucken brukt wi nu nich mehr,› sagte neulich der alte Heidbauer, ‹nu heft wi de Hamborgers.›» Auch Richard Linde verklärte die Heideland-

Nach dem Abbrennen der Heide treibt die Besenheide rasch wieder aus (am Wilseder Berg).

schaft als «eine ganz besondere Landschaft, erfüllt von dem Zauber brauner Heideeinsamkeit», wies auf «das blühende Rot des Heidekrautes» und «die starre, ewige Ruhe» der Heide hin. Am Anfang des 20. Jahrhunderts wollte man am Wilseder Berg Deutschlands ersten Nationalpark gründen. Daraus wurde nichts, aber der damals eingerichtete Naturschutzpark wurde sehr weit bekannt.

Erst allmählich lernte man, dass man die Heide nicht wie eine Wildnis sich selbst überlassen darf, wenn man sie bewahren möchte. Ohne jeglichen Eingriff würde die Heide rasch zum dichten Wald werden. Wenn man den Oberboden der Heide nicht abplaggt, sammeln sich dort Mineralstoffe an, so dass bald Gräser emporkommen, dazu Birken und Kiefern, schließlich Eichen oder sogar Buchen. Also braucht man nicht nur weiterhin Heidschnucken zur Beweidung der Flächen, sondern man muss auch den Oberboden abplaggen, und sogar abbrennen muss man die Heide. Nur dann kann sich immer wieder junge Besenheide entwickeln, die als Futter für Heidschnucken so wichtig ist. Nur dann gelingt es, aufkommenden Gehölzbewuchs dauerhaft zurückzudrängen. Einige Elemente der früheren Bewirtschaftung lassen sich kaum wieder einführen, beispielsweise durch die mühsame Herrichtung der bewässerten Rieselwiesen. Aber man muss sämtliche Abläufe der früheren Heidebewirtschaftung kennen, um zu wissen, wie man die Landschaft künftig behandelt.

Das ist ein notwendiges Ziel. Denn es kann kein Zweifel daran bestehen, dass die Heide eine besonders schöne Landschaft ist. Sie ist aber nicht die «reine» Natur, sondern eine Landschaft, die jahrtausendelang besonders stark vom Menschen verändert wurde, und man hat sie in besonderer Weise verklärt. Man kann herrliche Wanderungen dort unternehmen, und es gibt dort besondere Delikatessen: Schnuckenfleisch, Heidehonig – und Buchweizentorte, hergestellt aus Buchweizen- und Roggenmehl, Preiselbeeren (oder Preiselbeermarmelade) und Sahne, aus lauter Produkten dieses Landstrichs.

Das Tor zur Welt
HAMBURG

Hamburg nennt sich das «Tor zur Welt». In einem übertragenen Sinn ist dieses Tor die Niederelbe, auf der man zu Schiff die Nordsee und von dort aus alle Weltmeere erreicht. Die Niederelbe ist kein echter Fluss, sondern ein Ästuar, eine überflutete Flussmündung, und genauso wie man den Ästuar als Teil des Flusses auffassen kann, lässt er sich zu einem Teil der Nordsee machen. Die Geographen definierten zwar, dass das Ende der Elbe bei Cuxhaven liegt. Aber eigentlich ist es für die Niederelbe entscheidend, dass der Übergang zwischen Fluss und Meer im wahrsten Sinne des Wortes «fließend» ist. Er liegt irgendwo zwischen Hamburg und der Nordsee.

Im Gegensatz zur Niederelbe fließt die von den Hamburgern so genannte Oberelbe stets in die gleiche Richtung, auf Hamburg zu. Sie ist also ein richtiger Fluss. Die Grenze zwischen Ober- und Niederelbe liegt übrigens an den Hamburger Elbbrücken, über die seit 1872 die Eisenbahnlinie von Hamburg ins Ruhrgebiet verläuft. Die Elbbrücken gehören zu einem gigantischen Netz von Bauwerken, das in ganz wenigen Jahren nach der Gründung des Zweiten Deutschen Kaiserreichs entstand. Damals baute man unter Nutzung des Goldes, das man als Kriegsbeute 1871 aus Frankreich mitgebracht hatte, binnen kurzer Frist Tausende Kilometer an Eisenbahnlinien.

Man hat den Namen «Elbe», latinisiert «Albis», immer wieder mit dem lateinischen Wort «albus» für «weiß» in Verbindung gebracht und die Elbe als «weißen Fluss» aufgefasst. Doch die Elbe ist nicht weiß, höchstens dann, wenn sich wie in jedem anderen Fluss die Sonnenstrahlen spiegeln. Eine andere Erklärung des Namens liegt näher: Im Schwedischen ist «älv» das Wort für «Fluss», und so heißt

Hamburger Hafen mit Museumsschiffen an den Landungsbrücken und der Elbphilharmonie.

die Elbe auch im Niederdeutschen. Vielleicht ist sie einfach nur «der Fluss». Für Hamburger wäre diese Erklärung leicht einzusehen. Alle Menschen, die an der Elbe lebten, kannten nur diesen einen Fluss – und dann nannten sie ihn einfach «Älv».

Schwieriger zu verstehen ist die Flusslandschaft bei Hamburg, und viele Dinge sind dort anders, als man es sich auf den ersten Blick denken würde. Die Niederelbe ist eigentlich kein Fluss; davon war schon die Rede. Bei Hamburg quert sie in einem Durchbruchstal einen gigantischen Sandwall, den der Fluss aber nicht durchbrochen hat. Und die Elbe verläuft nicht in der Mitte ihres Tales, sondern ganz an dessen Rand.

Aber die Geschichte muss vom Anfang an erzählt werden: In den letzten zwei Millionen Jahren stießen mehrmals Gletscher aus Skandinavien nach Mitteleuropa vor. Sie hatten nicht alle die gleiche «Stoßrichtung». Vor etwa 140 000 Jahren breitete sich eine Eismasse im heutigen Ostseeraum nach Süden aus. Dort, wo heute Polen liegt, erreichte der Gletscher den Rand der Mittelgebirge, weiter im Westen verlief der Eisrand in einem weiten Bogen nach Westen und Norden. Die Gletscher schoben an ihrer Front Berge von Schutt zusammen, der vom scharfkantigen Eis zuvor im gesamten Ostseeraum ausgeschürft worden war. Zu diesen Schuttbergen, die man Endmoränen nennt, gehören die hohe Lüneburger Heide, die Harburger Berge und die Anhöhen, auf denen die westlichen Vororte Hamburgs gelegen sind, zum Beispiel Blankenese. Als diese Moränen entstanden, gab es bei Hamburg noch keinen «Älv». Damals floss die Elbe aus der Magdeburger Umgebung durch das heutige Tal der Flüsse Ohre und Aller zur Nordsee. Nach dem Abschmelzen der Gletscher blieb ein hoher Wall aus Schutt, aus Sand und rundgeschliffenen Steinen dort zurück, wo sich heute Hamburg und die Elbe befinden. In dem Maße, wie das Eis schmolz, stiegen die Wasserspiegel der Weltmeere an, und die Nordsee wurde größer. Vielleicht drang ein Nordseearm so weit nach Osten vor, dass er bei Hamburg am Moränenwall zu nagen begann. Es mag dort auch ein kleiner Bach entstanden sein, in dem Regenwasser von dem Hügelzug zur Nordsee floss. Der Bach grub sich immer weiter in den weichen Untergrund ein, seine Quelle wanderte ostwärts, und schließlich schaffte es dieser kleine Bach, den gesamten Sandrücken zu durchschneiden.

Vor etwa 20 000 Jahren breiteten sich zum bisher letzten Mal Gletscher nach Mitteleuropa aus. Sie blieben nordöstlich von Hamburg und in Mecklenburg stehen. Vor den Gletscherrändern bildete sich ein Urstromtal: So nennt man ein Flusstal, in dem während der kurzen Eiszeitsommer riesige Schmelzwassermengen zum Meer abflossen, und zwar parallel zur Gletscherfront.

Bei Hamburg ist das Elbtal immer noch sehr breit, aber kein echtes Urstromtal mehr. Denn der Fluss quert hier den Moränenwall aus der vorletzten Eiszeit. Aber die Elbe hat den Moränenwall nicht durchbrochen; dies war das «Werk» des kleinen Bachs, der sich allmählich immer tiefer in den Untergrund eingeschnitten hatte. Der Bach verband sich mit dem von oben her kommenden Wasser, die Elbe verlegte damit ihren Lauf aus dem Allertal ins heutige Elbtal, und dort konnten dann auch die großen Wassermassen der letzten Eiszeit abfließen. Das kleine Bachtal im Moränenwall beim heutigen Hamburg wurde bald mehrere Kilometer breit, und zeitweise füllten die tosenden Schmelzwassermassen das gesamte Elbtal zwischen Hamburg und Harburg aus. Die Strömung des Flusses bei Hamburg war enorm, denn in der letzten Eiszeit war so viel Wasser der Weltmeere im Gletschereis gebunden, dass der Wasserspiegel der Weltmeere über 120 Meter niedriger lag als heute. Die Niederelbe hatte damals also ein beträchtliches Gefälle, bis sie in die Nordsee mündete; allerdings lag die Flussmündung damals viel weiter im Nordwesten, fast an der Doggerbank, einer Untiefe vor der englischen Ostküste. Der Süden der Nordsee war ausgetrocknet.

In der kalten Jahreszeit floss nur wenig Wasser in der Elbe ab. Zwischen einzelnen, zu Eis erstarrten Rinnsalen blieben dann längliche Sandinseln zurück, die man Werder oder Ness nennt. Von Werder zu Werder und von Ness zu Ness ließ sich bei Hamburg der Strom queren. Rentiere zogen über die Inseln im Frühjahr nach Norden und weideten den Sommer über im Gletschervorfeld. Dort gab es viel frisches Gras und weniger Mücken als im Süden. Wenn die Wasserstände der Elbe im Herbst wieder sanken, fanden die Tiere einen Weg zurück in den Süden, erneut von Insel zu Insel. Einige

Jahrtausende später folgten Rentierjäger den Tieren. Die Jäger ließen sich zeitweise an der Elbe nieder, um die Tiere zu jagen. Man fand zahlreiche Werkzeuge dieser Jäger in der Nähe von Hamburg, und man konnte ihr Leben bis in viele Details hinein rekonstruieren. Ihre Kulturen nannte man nach wichtigen Fundorten am Elbübergang Hamburger und Ahrensburger Kultur.

In den Jahrtausenden seit dem Ende der letzten Eiszeit stieg der Meeresspiegel der Nordsee so weit an, dass die Meeresflut in den früheren Unterlauf der Elbe eindrang, bis in die Hamburger Gegend. Heute setzt sich mit jeder Tide für einige Zeit die Flut durch. Dann strömt Meerwasser entgegen der Fließrichtung der Elbe flussaufwärts, auf Hamburg zu. Das aus der Oberelbe kommende Süßwasser wird dann gestaut. Bei Nordweststurm kann der Wasserspiegel im Ästuar besonders stark ansteigen. Dann drohen verheerende Sturmfluten, etwa wie im Februar 1962: Zahlreiche Deiche brachen, viele Menschen ertranken, vor allem auf der Wilhelmsburger Elbinsel südlich der Hamburger Innenstadt.

Georg Philipp Telemann, seit 1721 in Hamburg, widmete der Elbe eine Komposition; eine Suite mit dem Namen «Wassermusik» oder auch «Hamburger Ebb' und Fluth». Der zweite Titel bezieht sich eigentlich nur auf einen Satz der Suite, eine Gigue, in der man hört, wie die Flut kommt und das Wasser bei Ebbe zurückweicht. Der zweite Teil des Musikstückes, in dem der Wasserspiegel sinkt, ist um zwei Takte länger als der erste, in der das Wasser kommt. Tatsächlich dauert die Zeit ablaufenden Wassers in Hamburg länger als die Zeit der Flut. Das hängt damit zusammen, dass in der Elbe sowohl das Wasser der Tidenströmungen als auch das Flusswasser aus der «Oberelbe» abfließen muss, also aus dem gesamten Fluss vom Riesengebirge bis zu dem Punkt, an dem Flussströmung und Meeresflut aufeinanderstoßen. Von der längeren Zeit der Ebbe wusste man auch schon zu Zeiten Telemanns, denn man segelte mit den Strömungen zum Hafen und von dort wieder in die weite Welt hinaus.

Hamburg gehört zu den ältesten Hafenstädten Nordeuropas. Erste urkundliche Nennungen stammen aus dem 7. Jahrhundert. Im Mittelalter wurde der Ferntransport von Waren über das Meer immer wichtiger. Frühe Seefahrer ließen ihre Boote von der Flut elbaufwärts treiben und stachen mit der Ebbe wieder in See. Die kleinen, auf Kiel gebauten Boote, etwa die charakteristischen Wikingerschiffe, zog man aufs Gestade, um sie zuerst zu ent-, dann zu beladen. Dazu brauchte man flache Hänge am Rand der Geest. Man fand sie an den Mündungen der beiden kleinen Flüsse Bille und Alster in die Elbe. Dort wurde die Hammaburg gebaut. «Ham» oder «hamn» sind in den nordischen Sprachen Begriffe für «Hafen». Unter einem «Hamm» versteht man in Norddeutschland auch ein eingehegtes Stück Grünland. Das muss kein Widerspruch zu der Erklärung sein, dass ein «Ham» ein Hafen ist, denn man konnte die Boote nur auf ein baumfreies Landstück ziehen, das von Gras bewachsen war. Es gibt auch noch eine andere Bedeutung von «Hamm»; in einigen Regionen nennt man das Ufer so – oder das Gestade. Trägt man die verschiedenen Versuche zusammen, den Namen der Burg und der späteren Stadt an der Elbe zu erklären, bekommt man also auch gleich noch eine Vorstellung davon, wie ein Hafen der Frühzeit ausgesehen haben mag, wo man die Boote auf den «Hamm» zog.

Die Geest an der Hammaburg ist zwar nur wenige Meter hoch, aber die Höhe garantierte dafür, dass das Gelände niemals überflutet wurde. Eine solche Anhöhe ist daher in Norddeutschland bereits ein «Berg»: Nach ihm ist die Bergstraße benannt, die von der Alster auf die trockene Geest führt, wo der alte Stadtkern von Hamburg entstand.

Frappierend an Hamburg ist, dass Stadt und Hafen von der Zeit ihrer Gründung an bis in die Gegenwart stets bedeutend waren. Immer wieder ließ sich die Landschaft Hamburgs so umgestalten, dass man sie optimal nutzen konnte. In der Nähe der Hammaburg ließ sich Wasser der Alster für den Betrieb von Mühlen stauen: Die Burg- und Stadtbewohner brauchten ja täglich Mehl für ihr Brot. Im flach eingesenkten Alstertal bildete sich ein See, der eigentlich nichts anderes als ein Mühlteich ist. Viele Hamburger verbinden heute mit dem Begriff «Alster» zuerst den See inmitten der Stadt und dann erst das Flüsschen aus den Walddörfern, das ihn mit Wasser speist. Auf dem Geestrücken zwischen Elbe und Alster, der genau von West nach Ost verlief, konnte man alle alten Hamburger Kirchen errichten und sie dabei genau von West nach Ost ausrichten, so wie es im Mittelalter üblich war: Die Gemeinde wandte sich im Gottesdienst dem himmlischen Jerusalem zu, und am Sonntagmorgen schien die Sonne durch die Chorfenster in das Kircheninnere. Die Straßen baute man parallel zu den Kirchen. Der mittelalterliche Dom wurde im frühen 19. Jahrhundert abgerissen. Er hatte die gleiche bauliche Orientierung wie die Kirchen in der Nachbarschaft. Zu ihnen zählen die Petri- und die Nicolaikirche, die Petrus und Nicolaus als den Heiligen der Schiffer und Fischer geweiht waren. Diesen beiden Heiligen wurden auch in vielen anderen Hafenstädten Kirchen geweiht. Hinzu kamen in Hamburg Katharinen- und Jacobikirche. Die gleiche Orientierung erhielten die Hauptkirche von Altona und die Christianskirche in Ottensen, an der Friedrich Gottlieb Klopstock predigte.

Im hohen Mittelalter wurden die Schiffe größer. Man konnte sie nun nicht mehr aufs Gestade ziehen, sondern brauchte Kaianlagen, an denen die Schiffe festgemacht wurden. Das war kein Problem in Hamburg: Der Hafen wurde im Lauf der Zeit nach Süden und Westen verlagert. Vor die Ufer baute man einen Baumwall, eine weitere Straße, die bezeichnenderweise Vorsetzen heißt, und das Johannisbollwerk. Dort, am Hamburger Berg, war der Geesthang höher; niemals wäre es gelungen, in dieser Gegend Boote aufs Gestade zu ziehen, weil dort die Ufer zu steil ansteigen, aber die Anlage von Kaianlagen war vor steileren Hängen einfacher. Dort brauchte man nicht so viel Material zum Auffüllen. Auf der Höhe errichtete man eine weitere Kirche, den «Michel», der zu einem besonders bekannten Hamburger Wahrzeichen wurde. Das liegt vor allem an dem hohen Turm mit der bemerkenswert großen Turmuhr; sie soll eine der größten der Welt sein. Jeder, der im Hafen arbeitete, richtete sich nach dieser Uhr, und so konnten alle Arbeiten im Hafen synchronisiert werden.

Im Lauf der Jahrhunderte legte man in immer mehr Gewässerarmen zwischen den Inseln der Elbe Hafen- und Kaianlagen an und befestigte sie so, dass sich die Gewässerarme und ihre Ufer nicht mehr verlagern konnten. Ursprünglich floss wohl mehr Wasser durch die Süderelbe. Aber die Hamburger lenkten immer mehr Wasser an den Nordrand des Elbtals, aus der Süderelbe in die Norderelbe, so dass dort die Strömung stärker und der Flussarm, der direkt vor Hamburg vorbeiführte, tiefer wurde. Dann konnten immer größere Schiffe den Hamburger Hafen an der Norderelbe erreichen, und im Lauf der Jahrhunderte wurde der südliche Elbarm immer unbedeutender, bis er im 20. Jahrhundert schließlich völlig abgedämmt wurde.

In Hamburg wurden mehrere Schifffahrtsnetze miteinander verknüpft. Man denkt natürlich zuerst an die Schiffe, mit denen man die Weltmeere befuhr. Zunächst waren dies die Schiffe der Hanse, die von Hamburg aus die nord- und westeuropäischen Küsten ansteuerten. Später entwickelte sich daraus auch ein Interkontinentalhandel, mit größeren Schiffen segelte man nach Nord- und Südamerika, Afrika oder Asien. Ebenfalls wichtig war die Schifffahrt auf der Oberelbe. Berlin, die aufstrebende Hauptstadt Preußens und später Deutschlands, wurde von Hamburg aus mit Gütern aus aller Welt versorgt. Binnenschiffe fuhren von Hamburg aus auch nach Sachsen und Böhmen, später in die Tschechoslowakei bzw. Tschechien. Ein drittes Schifffahrtsnetz verband Hamburg mit den Orten an der Niederelbe. Dort waren jahrhundertelang Ewer unterwegs, kleine Schiffe mit einem platten Boden. Sie waren damit ein ideales Verkehrsmittel für Tidengewässer. Bei Niedrigwasser ließ man sie trockenfallen, ihr platter Boden lag dann auf dem Wattboden. Danach konnte man die Ewer von Land aus ent- und beladen. Dies war selbst dort möglich, wo es keinerlei Hafenanlagen gab, sondern lediglich befestigte Uferwege; man fuhr einfach mit Fuhrwerken zu den Ewern. Stieg der Wasserstand, musste man die Boote fertig beladen haben, denn dann schwammen sie wieder, und man konnte mit ihnen zum nächsten Ort segeln. In Hamburg und anderen Orten, in denen es Kaimauern gab, konnte man die Ewer gut festmachen. Hamburg konnte per Ewer mit allen Gütern des täglichen Bedarfs versorgt werden, mit Milchprodukten, Salz, Obst, Korn, Fisch oder Ziegeln: All diese Waren wurden von bestimmten Orten an der Niederelbe nach Hamburg transportiert. Man konnte Ewer auch längsseits an Überseeschiffen vertäuen, und man lud Güter um, ohne sie an Land zu bringen. Die großen Segler machte man dabei oft an Duckdalben fest, an Holzstämmen, die in den Untergrund gerammt

Mit Containern beladenes Feeder-Schiff im Hamburger Hafen.

worden waren. Im 20. Jahrhundert verschwanden die Ewer, aber es kam ein weiteres Handelsnetz hinzu: das der Feeder-Schiffe. Mit ihnen werden Container aus kleineren Häfen im Nord- und Ostseeraum nach Hamburg gebracht und dort auf große Containerschiffe umgeladen, die dann nach Amerika und Ostasien fahren. Mit den Containern der Feeder-Schiffe werden die Ozeanriesen also gewissermaßen «gefüttert», wie der englische Name sagt.

Hafen und Stadt wachsen seit Jahrhunderten gleichzeitig: Im frühen 17. Jahrhundert wurde Hamburg zu einer Festung ausgebaut. Die Wallanlagen von Holstenwall, Gorch-Fock-Wall, Glockengießerwall, Steintorwall und Klosterwall prägen Hamburgs Stadtgrundriss bis heute. Die Festungsanlagen durchschnitten sogar Hamburgs Mühlteich: Seitdem gibt es die Binnen- und die Außenalster, die von der Lombardsbrücke getrennt sind. Nicht nur die Hafenanlagen, sondern auch Hamburgs Mühlen waren seitdem in die Festungsanlagen eingeschlossen.

Vor den Toren von Hamburg entstand eine weitere Stadt, die in

Holstein lag und damit in einem Gebiet, das vom gleichen Herrscher in Personalunion mit Dänemark gemeinsam beherrscht wurde: Altona. Auch vor dieser Stadt entstanden Hafenanlagen; Altona wurde zu einer Konkurrenzansiedlung zu Hamburg und nach Kopenhagen zur zweitgrößten Stadt im dänisch beherrschten Gebiet. Viele Intellektuelle und Gewerbetreibende zogen nach Altona, auch Juden und Hugenotten. Altona wurde zu einem Zentrum der Aufklärung – und zu einem Nukleus der Landschaftskunst. Hoch über der Elbe entstand eine Laufbahn für ein ursprünglich aus Italien stammendes Ballspiel, das auch bei den Hugenotten beliebt war: «Palla a maglio» wurde ähnlich wie Boccia gespielt. Der dänische Architekt Christian Frederik Hansen prägte seit dem späten 18. Jahrhundert die Straße, die entlang dieser Laufbahn entstand und fortan «Palmaille» hieß. Sie war bewusst in die Landschaft eingepasst: Auf der Südseite (mit Aussicht auf die Elbe) wurden die großen Palaisgebäude für die Reichen gebaut; es gibt hier nur wenige Hausnummern. Viel mehr Hausnummern gibt es auf der Nordseite der Palmaille, wo die etwas weniger betuchten Bürger ihre Häuser errichteten. Westlich der Palmaille wurde der Altonaer Balkon angelegt, von dem aus man die Elbe, den Hafen und die «Schwarzen Berge» bei Harburg besonders gut überblicken kann. Auf diesem vielleicht schönsten Aussichtspunkt weit und breit malte Lovis Corinth später den Hafen – und so, wie er sein Landschaftsbild konzipierte, will man den Hafen auch heute sehen.

Wohl unter dem Einfluss der Hamburger Hafenbauer rückte die Elbe seit dem Mittelalter auch westlich der Stadt immer weiter nach Norden vor, bis an den Rand des breiten Tales. Etliche Siedlungen, die am Talrand gelegen waren, mussten aufgegeben werden. Man baute sie neu, auf dem Geesthang, am Rand der vom Fluss angeschnittenen Moräne aus der vorletzten Eiszeit. Einer der neuen Orte, die dort entstanden, war Nienstedten; der Ortsname bedeutet «neue Siedlung», die Kirche als neue Ortsmitte entstand im 18. Jahrhundert.

Ebenfalls im späten 18. Jahrhundert bekam die Palmaille eine westliche Fortsetzung, die Elbchaussee, die an der Nienstedtener Kirche vorbeiführt und an der Christian Frederik Hansen weitere

Villen baute. Hansen hatte sich in Italien intensiv mit Renaissancearchitektur befasst und war von Palladio fasziniert. Bei den Villen wurden Gärten angelegt, die ebenfalls italienischen Vorbildern nachempfunden wurden: Am Steilhang der Elbe ließen sich – beinahe wie im römischen Tivoli – Terrassen, Treppen und Pavillons mit einem Belvedere schaffen, etwa in Rainvilles Terrasse, unmittelbar westlich des Altonaer Balkons.

Man kann den Bau der Häuser an der Palmaille und der Elbchaussee mit ihren Gärten als einen Anfang der Landschaftskunst im Hamburger Umfeld ansehen, denn hier geschah Wesentliches: Man bemühte sich, Landschaftseindrücke von einem Ort zum anderen zu übertragen. Altona und die Elbchaussee wirken wie die «Costa del Sol» Dänemarks – mit südlich geprägter Architektur, italienischen Gärten und vielen Aussichtspunkten, von denen aus man die breite Elbe überblicken kann.

Die Elbchaussee reicht bis nach Blankenese. Diese Fischersiedlung lag ursprünglich unten in der Elbniederung, wohl auf einer langgestreckten Insel, einem «Ness»; das lässt jedenfalls der Name des Ortes vermuten. Doch der Fluss verlagerte sich auch hier immer weiter nach Norden. Die Fischer bauten neue Häuser an den steilen Hängen von Süllberg und Baurs Berg. Blankenese bekam dadurch einen besonders malerischen Charakter. Zwischen den Häusern wurden auch kleine italienische Gärten angelegt, und der ganze Ort gilt heute als «Capri des Nordens». Viele reiche Hamburger Kaufleute siedelten sich unmittelbar oberhalb der Elbe an und betrachteten die von ihnen bereederten Schiffe beim Auslaufen oder bei der Heimkehr auf der Elbe.

Seit dem späten 18. Jahrhundert bemühte man sich auch, Eindrücke aus der englischen Landschaft an die Elbe zu bringen. Der ursprünglich von Caspar Voght gestaltete Jenischpark an der Elbchaussee ist einer der ältesten englischen Landschaftsgärten mit einer «Ornamented Farm» in Deutschland: Das Gelände wurde nicht nur nach Prinzipien der Nützlichkeit angelegt, sondern auch schön gestaltet. Das Angenehme sollte mit dem Nützlichen verbunden werden; so verstand man eine Forderung von Horaz; Stichworte dafür waren «utile dulci», die man aus seinem Text der «Ars poetica» he-

rausschnitt. Ein Vorbild für Voght war der nur wenige Jahre vorher entstandene Wörlitzer Park bei Dessau – und Anlagen, die er in Großbritannien besucht hatte. Aus Schottland brachte er den Gärtner James Booth an die Elbe, mit dem er auch große Baumschulen aufbaute. So entwickelte sich nicht nur der Landschaftspark an der Elbe, sondern auch die Keimzelle der bedeutenden Baumschullandschaft westlich von Hamburg. Ursprünglich wurden hier aber nicht Rosen und Rhododendren gezüchtet, sondern Büsche vermehrt, die nach dem Bau der Eisenbahn von Altona nach Kiel in alle Landesteile Holsteins gebracht wurden. Dort pflanzte man sie auf die Wälle der Knicks und schuf eine ausgedehnte Agrarlandschaft, die man eigentlich insgesamt als großen Garten bezeichnen kann. Auch hier wurde das Angenehme mit dem Nützlichen verbunden.

Lovis Corinth, «Blick auf den Köhlbrand». Öl auf Leinwand, 1911.

Im Hamburger Stadtkern wandte man sich ebenfalls der Landschaftskunst zu. Am Anfang davon stand eine Katastrophe, der verheerende Stadtbrand von 1842. Die gesamte Innenstadt musste nach der Feuersbrunst neu aufgebaut werden. Dabei begann man auch, die Umgebung der Alster repräsentativer zu gestalten. Die alten Mühlenanlagen «versteckte» man nun und bebaute die Mühlkanäle, in Hamburg Fleets genannt, auf eine Weise, dass sie an Venedig erinnern sollten. Der alte Mühlendamm, der Jungfernstieg, wurde zu einer Prachtstraße. Schon kurz vor dem Hamburger Brand war er die erste Straße in Deutschland, die komplett gepflastert war. Nach 1842 wurden die eleganten Geschäftshäuser an der Südseite der Flaniermeile errichtet, auf der man traditionellerweise die noch unverheirateten jungen Hamburgerinnen ausführte.

Im Lauf der Jahrzehnte wurde die Alster zu einem Landschaftskunstwerk inmitten der Stadt. Dabei konnte man die alten Festungsanlagen, die man nun nicht mehr brauchte, umnutzen. Im Westen wurde Hamburgs erster Botanischer Garten angelegt. Zu Anfang des

Jenischhaus im Jenischpark.

20. Jahrhunderts baute man eine Eisenbahnlinie quer durch Hamburg, die mehrere ältere Bahnhöfe verknüpfte. Sie wurde über die Festungsanlagen zwischen Binnen- und Außenalster geführt, die Lombardsbrücke. Die Wallanlagen wurden begrünt, unter den Bögen der Brücke gelangt man mit speziellen flach gebauten Barkassen (ja, sie bekamen den gleichen Namen wie ihre venezianischen Vorbilder!) von der Binnen- in die Außenalster, wo man die Seegrundstücke mit wunderbaren Villen und Gärten ausstattete und eine Regattastrecke mitten in der Stadt einrichtete. Rudolf Binding beschrieb die dortige Landschaft Anfang des 20. Jahrhunderts in seiner Novelle «Der Opfergang»: Von den Bewohnern der Häuser wurden «Namen, Wohlstand und Würde zugleich» verlangt. «Wie ein unveränderlicher Dreiklang lagen diese drei Worte über Haus und Garten, schwangen als eingestimmte Grundtöne in den Bewohnern wie den Besuchern, denen sie sich sofort mitteilten, sobald sich das große, langweilig-kunstvolle schmiedeeiserne Tor der Besitzung, gegen das dennoch nichts einzuwenden war, vor ihnen auftat und in dem peinlich gepflegten Garten hinter still niederhängenden Blutbuchen und Gruppen seltner hoher Nadelhölzer die unerbittlich weiße Hausfront mit den geschlossenen Fenstern sichtbar wurde; und das ganze System des Daseins dieser Menschen und Dinge wäre offenbar in Unordnung geraten, wenn irgendwo oder irgendwann ein neuer fremder Ton sich den wohlangemessenen alten zugesellte oder die Stimmung nur um eine Schwebung hätte verschoben werden sollen.»

All dieses ist Illusion. Landschaftskunst versah Häuser und Gärten mit einer Tradition, die sie gar nicht besaßen; zu Bindings Zeiten waren sie erst ein paar Jahrzehnte alt. Dennoch fühlten und fühlen sich die Besitzer Hamburger Villen so, als würden sie dort schon so lange ansässig sein wie ihre Vorbilder, italienische und englische Kaufleute. Wichtig war es ihnen, wie Binding bezeichnenderweise schrieb, dass nichts «einzuwenden war» gegen ihre Besitzungen.

Hamburgs Innenstadt wurde 1943 erneut völlig zerstört. Zuvor war die Stadt unter dem Einfluss der Landschaftskunst schon so intensiv gestaltet worden, dass man sich bemühte, nach dem Zweiten Weltkrieg den alten Landschaftseindruck an Alster und Elbe wieder entstehen zu lassen. Dennoch wurden viele Bauwerke in die alte Landschaft neu eingepasst, wobei es immer wieder zu Transformationen kam. Ergebnis davon sind auch die Hafencity und die Elbphilharmonie – ebenso wie die neue Bebauung des ehemaligen Altonaer Hafens.

An vielen Stellen lässt sich erkennen: Aus Gewässerarmen wurden zunächst Hafenanlagen, und als man diese nicht mehr brauchte, entstanden neue Stadtviertel. Aus Speicherbauten wurden repräsentative Gebäude; das wird an der Elbphilharmonie, einem neuen Wahrzeichen Hamburgs, besonders deutlich. Aus vielen Richtungen erkennt man dieses imposante Gebäude und kann sich deswegen besser darüber orientieren, wie Fluss, Hafen und Stadt aneinandergrenzen. Der Hafen wanderte dabei im Lauf der Zeit immer weiter nach Westen. Aber auch die Stadt hatte sich in dieser Richtung ausgedehnt. Seit 1937/38 waren Altona und die sich anschließenden Elbvororte Teile von Hamburg.

In Hamburg lassen sich also Naturlandschaft, Kulturlandschaft, Stadtlandschaft und Landschaftskultur sehr gut erkennen. Vor allem wird aber eines deutlich: Alles ist miteinander verschmolzen zu einem Gesamtkunstwerk der Landschaft Hamburg. Sie ist vielleicht das Großartigste an dieser Stadt und ein wesentlicher Grund dafür, warum so viele Menschen Hamburg lieben.

Meerumschlungen
SCHLESWIG-HOLSTEIN

Die meisten deutschen Bundesländer sind sehr vielgestaltig: Es gibt dort jeweils verschiedene Gebirge und Hügelländer, dazwischen dehnen sich Ebenen aus, und zahlreiche Flüsse ziehen ihre Bahnen, die alle einen unterschiedlichen Charakter haben; einige sind tief eingeschnitten, andere haben breite Täler. Das nördlichste deutsche Bundesland lässt sich aber als eine einzige Landschaft auffassen, die man als Ganzes beschreiben kann. Das hängt nicht etwa damit zusammen, dass das Land eintönig wäre oder gar zu wenig abwechslungsreich. Sondern es ist insgesamt auf gleiche Weise geformt worden. Das Land ist, an geologischen Maßstäben gemessen, sehr jung. Aber es gibt eine lange Vorgeschichte dazu, in der es um Land und Wasser, Überflutungen und Austrocknungen, Hitze und Eis, Kalk, Gips und Kochsalz geht.

Noch vor einigen hunderttausend Jahren befand sich dort, wo heute Schleswig-Holstein liegt, ein flaches Meer, aus dem ein paar wenige Inseln aufragten: Helgoland, der sogenannte Kalkberg von Bad Segeberg, der eigentlich eher Gipsberg oder wissenschaftlich noch korrekter Anhydritberg genannt werden müsste, und vielleicht noch die Münsterdorfer Geestinsel bei Itzehoe. Diese Insel war aber nicht hoch genug, um immer aus dem Wasser zu ragen, vermutlich war sie zeitweise nur eine Untiefe.

Das flache Meer überdeckte einen Teil der europäischen Kontinentalscholle, deren Oberfläche eine so geringe Höhenlage hatte, dass sie von Wasser bedeckt wurde. Diese Senke zwischen den Gebirgen Skandinaviens und Mitteleuropas gab es schon in der Zechsteinzeit, vor etwa 250 Millionen Jahren. Damals lag das Stück Land, auf dem sich das heutige Europa ausbildete, in der Nähe des

Schlei mit Arnis und Ostsee. Im Hintergrund die Nehrung von Schleimünde.

Äquators, und daher herrschten dort hohe Temperaturen. Das Land sank immer wieder ein Stück weit ab; dann drang Meerwasser in die Senke ein. Wenn es sich hob, verdunstete das Wasser in der heißen Sonne und die verschiedenen Salze blieben zurück, die im Meerwasser gelöst sind. Zuerst setzte sich schwer löslicher Kalk oder Kalziumkarbonat ab. Es folgten Kalziumsulfate: wasserhaltiger Gips und wasserfreier Anhydrit. Das leichter lösliche Kochsalz (Natriumkarbonat) blieb als Nächstes zurück, und zuletzt, bevor die Senke völlig ausgetrocknet war, setzte sich Kaliumkarbonat an deren Boden ab. Unter trockenen Klimabedingungen wurde Sand aus der Umgebung auf die auskristallisierten Salze geweht. Dadurch wurde das Salzlager abgedichtet. Wenn die Landoberfläche erneut absank und sie wieder von einem Meeresarm überflutet wurde, löste sich das abgelagerte Salz nicht wieder im Wasser. Das Land hob sich anschließend wieder in die Höhe, zum zweiten Mal verdunstete zurückgebliebenes Wasser, und eine weitere Lage verschiedener Salze entstand am Grund des austrocknenden Sees. Im Verlauf mehrerer Hebungen und Senkungen des Landes drang immer wieder Wasser in die Niederung ein und verdunstete, so dass sich eine Lage Salz nach der anderen absetzte.

Der Charakter des entstehenden Salzlagers hing von der Tiefe des Meeresarms ab, durch den das Wasser in die Senke gelangte. War die Zutrittsstelle flach, strömte zwar Wasser ein, aber nur wenig hinaus. Alle Salze sammelten sich dann am Boden des Salzsees. War der Zufluss tiefer, prägten sich darin ein Ober- und ein Unterstrom von Wasser aus, die sich kaum miteinander vermischten. In beiden Strömen unterschieden sich die Salzgehalte. Im Unterstrom waren alle gelösten Salze vorhanden; dieses Wasser war schwerer. Im Becken blieben dann nur die schwer löslichen Salze Kalk, Gips und Anhydrit zurück, während leicht löslicheres Kochsalz und Kalisalz wieder mit dem leichteren Wasser des Oberstroms hinausflossen. Mit diesen Feinheiten hängt es zusammen, warum bei manchen Überflutungen nur die schwer löslichen Salze zurückblieben, bei anderen auch Koch- und Kalisalz.

Auf dem Kontinentalstück, das über das Erdinnere driftete und sich dabei auf und ab bewegte, waren die Salzpakete schließlich mehrere hundert Meter mächtig. Im Lauf der Zeit sanken sie immer weiter in die Tiefe. Ganz andere Sedimente setzten sich darüber ab: Sand, Kalk, Kreide, Ton. Vor allem die unten liegenden Ablagerungen wurden von den dicken, unermesslich schweren Paketen darüber abgelagerter Sedimente zu Gesteinen verfestigt. Doch das Kochsalz wurde unter dem Druck schließlich plastisch und verformbar. Es sammelte sich dort, wo Klüfte im darüber lagernden Gestein entstanden, und es begann die Entstehung eines Salzdoms. Er drückte die darüberliegenden Schichten, den Salzhut, in die Höhe. Wuchs der Salzhut am Grund eines Meeres empor, konnte das Salzlager aufgelöst werden, wenn es mit Wasser in Kontakt kam. Wenn das Land trocken war, wurde der Salzhut noch immer weiter in die Höhe gedrückt, ohne dass das Salz gelöst wurde, und er hob sich über die Oberfläche des Landes. In manche Salzdome drang dann noch Erdöl und Erdgas ein.

Die Salzdome mit ihren Hüten bildeten sich in einer Zeit, als das Gebiet des heutigen Norddeutschlands erneut abwechselnd trocken fiel und wieder überflutet wurde. Inzwischen war dieser Teil der Kontinentalplatte aber dorthin verschoben worden, wo er heute noch liegt, nämlich in die gemäßigten Zonen der Nordhalbkugel. Die unterschiedlichen Wasserstände hingen nun von den stark schwankenden Temperaturen des Eiszeitalters ab. Diese Ära umfasste etwas mehr als die letzten zwei Millionen Jahre. Im Eiszeitalter sanken die Temperaturen mehrfach um etwa zehn Grad ab. Dann bildeten sich in einigen Erdgegenden, unter anderem über Nordeuropa, riesige Gletscher. Jedes Jahr war die Menge an Schnee, die auf die Gletscher fiel, größer als die Menge an Wasser, die in den kurzen Sommern abtaute. Die Gletscher wurden größer und setzten sich in Bewegung. Ganz langsam schoben sie sich über die skandinavischen Gebirge und hobelten mit ihren scharfen Eiskanten nicht nur Sand und kleine Steine, sondern auch ganze Felsen ab. Schließlich dehnten sich die Gletscher Hunderte von Kilometern weit nach Süden aus. In ihnen wurden die abgehobelten Felsmassen Skandinaviens bewegt, zerkleinert und abgerundet.

Immer mehr Wasser wurde zu Eis; deswegen sanken die Meeresspiegel, und zwar um bis zu 130 Meter. Die Küstenlinien der

Ozeane änderten sich dadurch nicht wesentlich, aber das flache Meer, das sich damals an der Stelle Norddeutschlands befand, verschwand. Nicht nur das Gebiet des heutigen Norddeutschlands wurde zu Land, sondern auch der größte Teil der Nordsee; die Ostsee gab es zu Beginn des Eiszeitalters noch nicht. Das Eis schob sich über den trockengefallenen Meeresboden nach Süden, bis an den Rand der deutschen Mittelgebirge und sogar ein Stück weit über die Berge hinweg.

Dann besserten sich die klimatischen Bedingungen wieder, und die Temperaturen ähnelten den heutigen. Es dauerte dann mehrere Jahrtausende, bis die Gletscher völlig abgeschmolzen waren. Der Schutt, den sie nach Süden transportiert hatten, blieb dort liegen, wo das Eis getaut war. Der Meeresspiegel hob sich, als das Gletschereis schmolz. In Norddeutschland war aber so viel lockeres Gesteinsmaterial abgelagert worden, dass das Meer es schließlich nicht mehr überfluten konnte. So entstand ein Teil des europäischen Kontinentes, der auf der Welt einmalig ist: Nirgends sonst gibt es eine so ausgedehnte Landfläche, die – abgesehen von den schon genannten wenigen Inseln – ausschließlich aus lockeren Ablagerungen besteht.

Für die Entstehung der Landschaft Schleswig-Holsteins ist es sehr wichtig, dass es mehrere Eisvorstöße aus Skandinavien nach Mitteleuropa gab und dass diese Vorstöße nicht alle die gleiche Zielrichtung hatten. Nur die frühen Eisvorstöße erreichten die Mittelgebirge. Zuletzt stießen die Eismassen in der ersten Hälfte der vorletzten Eiszeit dorthin vor, in der sogenannten Drenthe-Phase der Saale-Eiszeit. Ein zweiter Gletschervorstoß der Saale-Eiszeit vor etwa 150 000 bis 130 000 Jahren, den man als Warthe-Phase bezeichnet, nahm eine etwas andere Richtung. Große Eismassen glitten vom skandinavischen Gebirge nach Osten herab. Dort hobelten sie die tiefen Becken der Ostsee aus und kamen ausschließlich im Bereich des heutigen Polens bis an den Rand der Mittelgebirge. Vom Ostseeraum aus breitete sich das Eis auch nach Südwesten und Westen aus. Es bedeckte fast das ganze Land. Nur wenige Bereiche, beispielsweise die Salzdome von Helgoland und Bad Segeberg, wurden vom Eis umflossen. Sie ragten aus dem Eis heraus. Die Eskimos kennen solche Inseln inmitten der Gletscher aus ihrer aktuellen

Umwelt, und aus ihrer Sprache ist auch der Fachausdruck für sie übernommen worden: Nunatak, der Plural dazu lautet Nunatakker.

Die Gletscher schoben Schutt, der bei vorangegangenen Eisvorstößen nach Süden gelangt war, zu einem mächtigen Sedimentwall zusammen, einer Endmoräne, die bogenförmig über Norddeutschland verläuft. Zu ihr gehören der Niederlausitzer Landrücken und der Fläming südlich von Berlin, die hügeligen Teile der Altmark, die hohe Lüneburger Heide und der sogenannte Mittelrücken Schleswig-Holsteins und Dänemarks. Aus dem nördlichen Teil dieser Endmoräne gingen der zentrale Bereich der gesamten Halbinsel Jütland hervor und damit auch der von Süd nach Nord verlaufende Kern von Schleswig-Holstein. Der Wall trennte die in den neu ausgeschürften Becken entstandene Ostsee von der Nordsee ab: Von nun nahmen die beiden Flachmeere Nordeuropas voneinander unabhängige Entwicklungen.

Noch eine Kaltzeit folgte, die Weichsel-Eiszeit. Erneut dehnten sich Gletscher nach Süden aus und erreichten vor rund 20 000 Jahren ihre größte Verbreitung. Sie vertieften die Ostseebecken und schoben nochmals Schutt nach Süden und Westen. An ihrer Front wurde ein weiterer Moränenwall aufgeworfen, der in Schleswig-Holstein von Nordosten und Osten aus an den bereits bestehenden aus der Warthe-Phase der Saale-Eiszeit herangedrückt wurde. Einzelne Gletscher schufen tiefe Zungenbecken, die später zu den mit Ostseewasser gefüllten Förden und Buchten wurden: Flensburger Förde, Eckernförder Bucht, Kieler Förde und Lübecker Bucht. Nach dem Stadtnamen könnte man die Eckernförder Bucht einfach auch als «die Eckernförde» bezeichnen.

Unter einigen Gletschern lief das Schmelzwasser in einem sogenannten Tunneltal nach Westen oder Süden ab. Der Tunnel bildete sich unter dem Eis. Aus einem solchen Tunneltal ging die lang gestreckte Ostseebucht der Schlei hervor, Tunneltäler südlich von Lübeck wurden zu Seen. Auch bei Ahrensburg bildete sich ein Tunneltal, in dem nach dem Abschmelzen des Eises Rentierjäger einen bekannten Wohnplatz hatten. In der lang gestreckten Rinne wurde ein großes Teilstück der Bahnlinie von Hamburg nach Lübeck gebaut.

Die in der Warthe-Phase der Saale-Eiszeit gebildete Moräne hatte sich in der anschließenden Warmzeit bewaldet. Der Wald verschwand aber in der Weichseleiszeit wieder, weil die Vegetationszeit zu kurz und die Jahre insgesamt zu kalt für das Wachstum von Bäumen waren. Über die nahezu völlig von Vegetation entblößte Moräne wehten beständig eisig kalte Winde. Sie nahmen feine Bodenbestandteile der Moräne mit sich, aber Sand und Steine ließen sie liegen. Zugleich ebneten sie zahlreiche Hügel im Vorfeld der Gletscher ein, so dass das in der Saale-Eiszeit entstandene Land nach der Weichsel-Eiszeit nur noch leicht wellig war.

Zwischen den Sandkörnern versickerte das Wasser. Die Oberflächen der Moränen trockneten nach jedem Regen immer wieder schnell ab. Trocken ist das Land dort trotz der reichlichen Niederschläge bis heute geblieben; man bezeichnet es als «Geest». Dieses Wort ist mit dem niederdeutschen Wort «güst» verwandt, das «trocken» bedeutet. Trockenheit, Steine und Sand bestimmen den Charakter der Geest. Es gibt hier nur wenige Mineralstoffe im Boden, er ist daher unfruchtbar. Bis zur Einführung des Mineraldüngers waren Geestbauern auf der Geest arm. Bis heute sind ihre «stillen Dörfer» klein geblieben. Städte entwickelten sich hier nicht.

Das Schmelzwasser floss während der Weichseleiszeit nach Westen ab. Einen anderen Weg gab es nicht; denn im Ostseebecken lagen die Gletscher. Die meisten Flüsse und Bäche in Schleswig-Holstein nehmen noch den gleichen Lauf wie vor 20 000 Jahren, als in ihnen das Schmelzwasser der Gletscher ablief. Zu diesen Gewässern gehören Stör, Eider und Treene. Von den größeren Flüssen des Bundeslandes münden heute nur die Trave und die Schwentine in die Ostsee. Die anderen Flüsse entspringen dicht an den Moränen und den Förden der Ostsee, wo sich einst die Gletschertore befunden hatten, strömen dann aber der Nordsee oder der Elbe zu.

Vor den Gletschertoren und zwischen der warthezeitlichen und der etwas über 100 000 Jahre später entstandenen weichselzeitlichen Moräne schuf das Schmelzwasser der letzten Eiszeit ausgedehnte Sanderflächen. In den Gletschervorfeldern blieb Sand liegen, weil dort die Transportkraft des Wassers nachließ. Das Wasser nahm nur feinere Bodenbestandteile weiter mit sich. Der Boden der Sander ist

ebenso sandig wie der auf der Geest, und auch hier mangelt es an Mineralstoffen, so dass die Landwirte ohne eine Düngung ihrer Felder nur geringe Erträge erzielen würden. An manchen Stellen wurde das unfruchtbare Land aufgeforstet, etwa in der Umgebung von Neumünster, Wahlstedt und Trappenkamp.

Im Gegensatz zur leicht hügeligen Geest ist das Land der Sander fast völlig eben. Städte konnten sich in dieser Ebene weit ausdehnen, Rendsburg und vor allem das weitläufige Neumünster als zentraler Ort für Handel, Industrie und Verkehr. Die Stadt hat einen bemerkenswerten «Marktplatz, einen langen, mit zwei Alleen gezierten Ort,» wie Hans Fallada notierte, der zeitweise in Neumünster als Reporter arbeitete. Auf den Sanderflächen verlaufen wichtige Verkehrslinien, die Bahnlinie von Hamburg nach Flensburg sowie die Autobahn von Hamburg nach Norden. Dort war auch genug Platz für die großen Militärflughäfen von Jagel bei Schleswig und Hohn bei Rendsburg sowie für Truppenübungsplätze.

Landschaftsgeschichtlich jünger als die Sander ist das Gebiet der Jungmoränen, das vor etwa 18 000 Jahren, beim Abtauen des Eises, zum Vorschein kam. Vielerorts blieb bis heute erkennbar, wo sich Zungenbecken, Tunneltäler oder Moränen befunden hatten. Aus Schutthaufen mit steilen Hängen wurden Hügel mit nur wenig geglätteten Konturen. Die Böden dieses Hügellandes sind sehr reich an verschiedenen Mineralstoffen und daher sehr fruchtbar. In den folgenden Jahrtausenden breitete sich dort zunächst offene Vegetation,

Historische Eisenbahnbrücke über den Nord-Ostsee-Kanal bei Rendsburg.

dann Wald aus – ebenso wie auf den Sandern und der Geest. Stets wuchsen alle Pflanzen auf den Hügeln der Jungmoränenlandschaft üppiger als auf dem Sand der Altmoränen, die man so nennt, weil sie schon lange Zeit der Abtragung unterworfen sind und sie dabei durch Auswaschung einen Großteil ihrer Mineralstoffe verloren haben.

Die Ostsee mit ihren Strömungen beeinflusste die heutige Jungmoränenküste im Osten Schleswig-Holsteins zunächst jahrtausendelang nicht. Das Meer ging aus dem Baltischen Eisstausee hervor, der sich beim Abschmelzen der Gletscher gebildet hatte. Dieser See wurde dann über einen Meeresarm im Bereich von Mittelschweden mit der Nordsee verbunden; dadurch kam zum ersten Mal Salzwasser in das Ostseebecken. In Schweden hob sich das Land, weil es vom Eis entlastet worden war, und daher ging die Meerwasserverbindung über Mittelschweden wieder verloren. Die Ostsee wurde wieder zum See. Dessen Wasser floss durch einen Fluss zur Nordsee, der zwischen den heutigen dänischen Inseln hindurch seinen Lauf nahm. Erst mit dem allmählichen Wasserspiegelanstieg in der Nordsee wurde das Land zwischen dem See im Ostseebecken und der Nordsee überflutet und die Ostsee erneut zum Meer: Vor sieben bis acht Jahrtausenden brandete das erste Mal Wasser an die Moränen im Osten Schleswig-Holsteins. Da sie aus lockerem Material bestanden, konnten sie leicht abgetragen werden, und es entstanden die charakteristischen Steilküsten. Steilküsten sind keine stabilen Gebilde, sondern sie werden fortwährend vom Wasser zerstört. Große Steine bleiben am Fuß der Steilküste liegen, und sie liegen auch in ihrem Vorfeld, wo die Küste schon in der Vergangenheit abgetragen wurde. Die Steine wurden früher von Steinfischern gehoben und zum Bau von Molen und Hafenanlagen (beispielsweise in Kiel) verwendet. Siegfried Lenz erwähnt das ungewöhnliche Handwerk des Steinfischens in seiner Novelle «Schweigeminute». Da wird deutlich, dass seine Erzählung an der Ostsee spielt; andernorts gab es das Handwerk nicht. Man kann auch sicher sein, dass Gemälde, auf denen abgerundete Steine an einem Meer dargestellt sind, an der Ostsee gemalt wurden: Sie wurden zuerst von den Gletschern abgerundet, dann in Moränen deponiert, schließlich von der Ostsee freigelegt.

Im Gegensatz zu den großen Steinen werden kleinere Kiesel, Sand und noch feineres Material vom Wasser davongetragen. Aus dem Sand entstehen im Spiel der Wellen Haken und Nehrungen, die weit ins Meer hinaus wachsen, etwa an der Geltinger Birk, bei Heiligenhafen oder auf Fehmarn.

Die meisten Wälder des Jungmoränenlandes wurden gerodet; man betreibt dort seit Jahrtausenden eine ertragreiche Landwirtschaft. An den Förden und Buchten entstanden Städte. Die Häfen wurden so weit wie möglich ins Landesinnere gelegt, weil im Mittelalter Wasserwege die besseren Handelsrouten waren. Landwege mussten erst mühsam gebaut werden. Die Wikinger, die die ersten wichtigen Fernhandelsrouten nach Nordeuropa schufen, legten ihren wichtigsten Ostseehafen zunächst in Haithabu an, und zwar an dem Punkt der Schlei, der am weitesten im Landesinneren gelegen ist. Von dort aus musste nur ein wenige Kilometer langer Landweg genutzt werden, um zu Gewässern zu kommen, die zur Nordsee abfließen. Ab Hollingstedt, auf dem kleinen Bach Rheider Au, dem

Steinfischer bei Kappeln/Schlei, 1937.

Flüsschen Treene und der breiteren Eider konnte man mit kleinen Booten einen weiteren Wasserweg nutzen, um zur Nordsee zu gelangen. Möglicherweise wurden die Boote der Wikinger sogar über Land gezogen.

Später, als man größere Schiffe verwendete, verlagerte man den Handel über Land in den Süden, zwischen die Hafenstädte Lübeck und Hamburg. Beide Häfen entstanden an Flüssen, an Trave und Elbe, aber genauso wie an Schlei und Treene so weit wie möglich im Landesinneren, damit der Transportweg auf dem Land so kurz wie möglich war. Hamburg und Lübeck als besonders wichtige Hansestädte wurden am Ende des 14. Jahrhunderts durch eine künstliche Wasserstraße, den Stecknitzkanal, verbunden.

Im 19. Jahrhundert, als Schleswig-Holstein zum dänischen Einflussbereich gehörte, legte man die Verkehrswege immer noch nach den gleichen Gesichtspunkten an wie zur Wikingerzeit: Die Landverbindung musste so kurz wie möglich sein, die Häfen hatten so weit wie möglich im Landesinneren zu liegen. So entstanden die

Wikingerschiff am Hafen von Haithabu.

Chausseen und Eisenbahnlinien zwischen Kiel und Altona oder zwischen Flensburg und Tönning an der Eider. Beim späteren Bau des Kaiser-Wilhelm-Kanals (heute Nord-Ostsee-Kanal) am Ende des 19. Jahrhunderts dachte man dagegen nicht nur daran, die kürzeste Entfernung für die künstliche Wasserstraße auszuwählen. Nun war es auch ein Gesichtspunkt, eine möglichst ebene Trasse zu wählen, um den Schleusenbau weitgehend zu vermeiden. Dies war im oberen Eidertal möglich, denn die Eider hat ihre Quellen im Kieler Umland, in der Nähe des Gletschertores, durch die einst das Schmelzwasser des Gletschers abgeflossen war, der seine Zunge in die Kieler Bucht gestreckt hatte. Allerdings wurde das untere Eidertal nicht zum Kanalbau genutzt, weil die Nordsee vor der Eidermündung mit großen Schiffen nicht befahren werden kann. Man musste den Kanal zur Elbmündung hin verschieben und ihn durch die Altmoränen graben.

Der jüngste Teil Schleswig-Holsteins ist die Marsch an der Nordsee. Dort trug die Brandung des Meeres ebenfalls Sand von den Moränen ab und verlagerte ihn. Aber dies geschah nach anderen Prinzipien als an der Ostsee. In der Nordsee gibt es Ebbe und Flut, in der Ostsee nicht. Die Nordsee ist ein Salzwassermeer, in der Ostsee mischt sich Salzwasser mit Süßwasser zu Brackwasser. Die Nordseeküste ist den in Mitteleuropa vorherrschenden Westwinden stärker ausgesetzt als die Ostküste Schleswig-Holsteins. Die Ostseeküste ließ sich leicht besiedeln, denn es gab dort alles, was man zu einer Subsistenzwirtschaft benötigte, also für eine Selbstbewirtschaftung: In den Wäldern, die sich bis unmittelbar an die Küste erstreckten, konnte man Holz machen, und der fruchtbare Boden ließ sich sehr gut landwirtschaftlich bearbeiten. An der Nordseeküste gab es keine Steine zum Hausbau, weil die Marschböden nur feine Bestandteile enthielten, und kein Holz, denn die Marschen waren stets waldfrei; die bei uns vorkommenden Bäume ertragen selbst eine geringe Versalzung ihres Wuchsortes nicht. Auch Kulturpflanzen lassen sich dort nicht anbauen, wo immer wieder eine Überflutung mit Salzwasser droht. Man musste Steine und Holz zum Teil über große Entfernungen in die Marsch transportieren, wenn man dort dauerhaft siedeln wollte. Wenn man das Land intensiver veränderte, indem man es eindeichte, konnte man auch nahe der Nordsee sehr ertragreichen Ackerbau betreiben.

Im Westen Schleswig-Holsteins bekamen die sogenannten Geestrandstädte und -dörfer große Bedeutung, denn über sie lief der Austausch der Waren zwischen Geest und Marsch. Zu diesen Orten gehören Bredstedt, Husum, Heide, Meldorf, Itzehoe, Elmshorn, Uetersen und Pinneberg. Sie alle waren von der Nordsee aus mit kleinen oder auch größeren Schiffen zu erreichen. Viele Orte, deren Namen auf «-stedt» enden, hatten überdies Schiffsländen, an denen man kleine Boote aufs Gestade ziehen konnte. Davon bekamen sie möglicherweise ihre Namen. Mit den Booten, die auf den Rand der Geest und in den Marschen auf die künstlich erhöhten Wohnplätze, die Wurten, gezogen wurden, konnte man lokalen Handel betreiben. Mit größeren Schiffen erreichte man die meisten Orte der Westküste allerdings nicht, und in den modernen Welthandel ließ sich nur der Hamburger Hafen einbeziehen, der im Lauf der Jahrhunderte fast sämtlichen Handel zwischen Nord- und Ostsee in Deutschland auf sich zog.

Schleswig-Holstein hat also sowohl im Osten als auch im Westen traditionell fruchtbare Agrarregionen. Die Erträge der Landwirtschaft waren in Zeiten, als man noch keinen Mineraldünger zur Verfügung hatte, im Gebiet der Geest und der Sander geringer. Die Küsten von Nord- und Ostsee unterscheiden sich stark. Die Entstehung von Häfen und Städten verlief im Osten nach anderen Gesichtspunkten als im Westen. Peter Rühmkorf fasste dies in einigen Bemerkungen über Kiel in Worte: «Sonne strahlendrot, Himmel strahlendblau, die Förde strahlendgrau, auch kein Fluß mehr wie einfach nur Elbe, sondern richtig offene See, weites Meer.»

Die Bewohner von Deutschlands nördlichstem Bundesland streiten sich darüber, ob der Westen oder der Osten schöner ist: Es gibt sehr verschiedene lokalpatriotische Gesichtspunkte, die bei der Beantwortung dieser Frage beachtet werden. Ihrer Natur nach ist die Marschenküste an der Nordsee etwas weltweit Einmaliges. Aus politischer und wirtschaftlicher Sicht dominiert die Ostseeküste: Dort sind die großen Städte des Landes, dort ist die Landeshauptstadt. Und das ist manchen Westküstenbewohnern ein Dorn im Auge.

Fließende Grenze zwischen Wasser und Land
NORDSEEKÜSTE

An vielen Bahnhöfen brachte man im 19. Jahrhundert Höhenmarken an, die auf den Millimeter genau die Höhe über Normalnull anzeigen. Als Normalnull galt damals schon längst der Mittlere Hochwasserstand, der in Amsterdam, an der Mündung des Flusses IJ in die Nordsee, im Zeitraum vom 1. September 1683 bis zum 1. September 1684 beobachtet worden war. 37 Meter unter der Berliner Sternwarte wurde 1879 eine Markierung installiert, die eine dazu passende Höhe anzeige. Man brauchte diese Referenzgröße unter anderem, um Steigungen von Eisenbahnlinien richtig zu berechnen. Sie durften nur so stark geneigt sein, dass die Kraft der Lokomotiven ausreiche, um schwere Züge die Strecken entlangzuziehen. Auch die Küstenlinie sollte exakt gezeichnet werden, und sie sollte überall Normalnull anzeigen. Aber so genau die Vermesser auch vorgingen und so genau sie die Küstenlinie auf den Landkarten angaben: Ein Normalnull und eine Linie des mittleren Hochwassers als Begrenzung des Meeres sind Ideen, sie existieren in der Natur nicht.

Das wird an den flachen Küsten der Nordsee besonders deutlich, wo man das Meer nicht immer zu sehen bekommt. Detlev von Liliencron schreibt in seinem Gedicht «Trutz, Blanke Hans» von einem Ungeheuer, das am Grund des Meeres ruht: «Es zieht, sechs Stunden, den Atem nach innen / Und treibt ihn, sechs Stunden, wieder von hinnen.» Bei Niedrigwasser weicht die Nordsee, der «Blanke Hans», viele Kilometer weit zurück und dehnt sich bei Flut wieder aus. Wenn man dann die Wellen beobachtet, sieht man, wie sich der Wasserstand von Sekunde zu Sekunde ändert: Eine Welle läuft auf den Strand und gleich wieder zurück, bis sie von der nächs-

Wattenmeer an der Nordsee.

Am Pegel von Tönning werden die Hochwasserstände von Sturmfluten angezeigt.

ten Woge überrollt wird. Je mehr Kraft in einer Welle steckt, desto weiter läuft sie am Ufer aus – und dabei wird das Wasser sogar aufwärts gedrückt. «Ich weiß nicht,» schrieb Karl Jaspers, «wieviel Zeit meines Lebens ich im Anschauen des Meeres verbracht habe, ohne mich zu langweilen. Keine Welle ist der anderen gleich. Bewegung, Licht und Farben wandeln sich ständig. Herrlich, sich in den reinen Elementen zu bewegen, in Sturm und Regen an der Brandung entlang zu wandern, ohne Landschaft, ohne Menschen.»

Die Begriffe Ebbe und Flut werden häufig falsch verwendet: Bei Flut steigt der Wasserspiegel, bei Ebbe sinkt er. Am Ende der Flut, wenn die Tide kentert, wird der Hochwasserpunkt erreicht, den man als Referenzgröße am Amsterdamer Pegel auswählte. Keiner machte sich damals Gedanken darüber, ob die Beobachtungen der Jahre 1683 und 1684 wirklich die «Normalität» widerspiegelten. Das ist aber nicht einmal der wesentliche Grund dafür, warum die Nordseeküste zu keinem Moment so aussieht, wie sie auf der Landkarte dargestellt ist. Viel wichtiger ist: Im Wechsel der Gezeiten ist nicht an jedem Küstenort zur gleichen Zeit der Hochwasserstand erreicht. Vielmehr drehen sich in der Nordsee Tidewellen. In der Rheinmündung steht das Wasser dann am höchsten, wenn bei Sylt Niedrigwasser ist. Die Tidewelle braucht fast einen halben Tag von der Rheinmündung bis nach Sylt. Dann ist das nordfriesische Wattenmeer von Wasser gefüllt, während die Küstenlinie an der Rheinmündung weit von dem Stand abweicht, der auf der Landkarte zu sehen ist. Die Nordsee hat also niemals überall gleichzeitig einen Mittleren Hochwasserstand (MHW), der dem Normalnull (NN) auf einer Karte entspricht, sondern die jeweils aktuelle Küstenlinie ist je nach der Lage der Tidenwelle mehr oder weniger weit von der NN-Linie entfernt. Die in einer Landkarte angegebene Küstenlinie der Nordsee verrät nicht, wo die Grenze zwischen Land und Wasser ist. Sondern sie gibt an, wie hoch «normalerweise» die Flut an der Nordsee aufläuft. Diese Information ist zweifelsohne wichtig, aber wer sich mit der Nordsee befasst, muss mehr wissen, und das ist auf einer Landkarte nicht eingezeichnet. Macht man sich darüber Gedanken, wird deutlich, dass jede Landkarte der Nordseeküste eigentlich falsch gezeichnet ist. Aber zutreffender könnte man die Küste auch nicht darstellen. Und eines ist sicher richtig: Die Karte gibt völlig korrekt die Linie von Normalnull an, aber nicht die realen Wasserstände an der Küste.

Der Hochwasserstand wandelt sich von Tag zu Tag. In Abhängigkeit vom Stand der Sonne und des Mondes läuft das Wasser unterschiedlich hoch auf. Der Tidenhub, also die Differenz zwischen Hoch- und Niedrigwasser, ist bei Vollmond und Neumond besonders groß. Dann kommt es zu einer Springtide, bei der das Wasser besonders hoch «springt» und besonders weit zurückgeht. Bei Halbmond gibt es eine Nipptide, in deren Verlauf das Meer am Land nur «nippt», worauf das Wasser bei Ebbe nicht sehr weit zurückgeht.

Die während der Mondphasen auftretenden Tidenhöhen lassen sich errechnen. Nicht vorherberechnen lassen sich aber die Abweichungen der Hoch- und Niedrigwasserstände, die vom Wind ausgelöst werden. Drückt starker Sturm das Wasser gerade in dem Moment in Richtung Küste, wenn bei Springtide Hochwasser ist, gibt es eine Sturmflut. Das Wasser kann dann um mehrere Meter ansteigen, vor allem unmittelbar vor der Küste, und schwere Zerstörungen anrichten. Die Uferlinie liegt in einem solchen Fall, allein von natürlichen Gegebenheiten ausgelöst, viele Kilometer landeinwärts. Doch die Sturmflut mit ihrer zerstörerischen Kraft wirkt sich nur auf einen bestimmten Küstenabschnitt aus. Wo beim Durchzug des Sturms gerade Niedrigwasser herrscht, bleibt das Meer zahmer und steigt nicht zu derartig großen Höhen an, dass eine Katastrophe ausgelöst wird. Viele Sturmfluten betrafen nicht die ganze Nordseeküste: 1953 starben über 2000 Menschen in den Niederlanden, Belgien und England; die Auswirkungen in Deutschland waren geringer. 1962 war vor allem die Niederelbe von einer katastrophalen

Sturmflut an der Nordsee.

Sturmflut betroffen, dazu die Unterweser und benachbarte Küstenabschnitte der Deutschen Bucht. 1976 kam es vor allem zwischen der Elbmündung und Nordfriesland zu schweren Schäden. Vielerorts wurden damals die höchsten jemals gemessenen Wasserstände erreicht.

Bei solchen Sturmfluten schafft sich die Nordsee ihre natürlichen Grenzen. Denn nur dann, wenn ein hohes Hochwasser von einem starken Sturm gegen die Küste gedrückt wird, stoßen die Wellen unter natürlichen Bedingungen bis zur Geest vor, dem trockenen, sandigen Land, das die Gletscher der Eiszeit zurückgelassen hatten. Dort entsteht dann eine Abbruchkante, ein Geestkliff: Steine bleiben unter dem Kliff liegen, Sand und feinerer Gesteinsgrus wird vom Wasser davongetragen. Heute erreicht die Nordsee in der Deutschen Bucht von Natur aus nur an drei Orten regelmäßig die Geest: auf der niederländischen Insel Texel, an der Altenwalder Geest bei Cuxhaven und in Nordfriesland: an den Inseln Amrum, Föhr und Sylt sowie am dänischen Emmerlev Klev, an der jütischen Festlandsküste gelegen. Diese drei Punkte bestimmen die heutige Form der Nordseeküste. Bei Sturmfluten drang die Nordsee dann noch an zwei weiteren Punkten zur Geest vor: bei Dangast am Jadebusen und bei Schobüll, nördlich von Husum, wo das schon lange vor dem Nordseevorstoß gebaute «Kirchlein am Meer» seitdem eine eindrucksvolle Geestrandlage besitzt.

Nur für die letzten Jahrhunderte kann die Pegelmarke von Amsterdam als einigermaßen «normal» gelten. Zuvor hatte die Nordsee ganz andere, überwiegend niedrigere Wasserstände. Am Ende der letzten Eiszeit, vor 18 000 Jahren, lagen die Spiegel der Weltmeere bis zu 130 Meter unter dem heutigen Niveau, weil sehr viel Wasser im Gletschereis gebunden war. Dann begannen die Eispanzer der Erde zu schmelzen, und die Meeresbecken füllten sich. Die Nordsee, die damals ihre Küstenlinie nördlich der Doggerbank hatte, wurde zunächst rasch größer. Vor etwa 9000 Jahren öffnete sich der Ärmelkanal; zuvor war man trockenen Fußes vom Kontinent auf die Britischen Inseln gelangt. Das Meer kam der heutigen Küstenlinie immer näher. In den letzten 6000 Jahren schmolz nur noch wenig Eis, und die Meerwasserspiegel stiegen nur noch langsam. Auch damals gab es Sturmfluten, und dann brandete das Meer in immer wieder anderen Niveaus an den Rand der Geest. Das Meer drang mal hier, mal dort weit gegen das Land vor und formte Geestkliffs, und zwar immer dort, wo die Sturmflut gerade wütete. Zwei Orte in Schleswig-Holstein erhielten den Namen «Kleve», weil sie am Geestkliff liegen: der eine zwischen Friedrichstadt und Heide in Dithmarschen, der andere bei Itzehoe. Beide Orte sind von der für «normal» gehaltenen Küstenlinie von heute weit entfernt. Sie waren früher einmal umbrandet; heute aber kommt die Flut nicht mehr an diese Kliffs heran.

Vor dem Geestrand dehnt sich die Marsch aus, deren Böden vom Meer geschaffen wurden. Alles Material, das von den Geestkliffs abgetragen worden war, wurde in den Strömungen der Nordsee immer wieder hin und her bewegt und dabei nach Größe und Gewicht sortiert – abgesehen von den Steinen, die ja gleich am Geestkliff liegen geblieben waren. Der schwerere Sand wurde nur von starken Strömungen transportiert. Wo der Ebbstrom von der nächsten Flutwelle überrollt wurde, so dass die Strömung nachließ, bildeten sich Sandriffe. Wenn sie immer höher wurden, entstanden Sandbänke, die nur noch bei hohen Wasserständen vom Meer bedeckt wurden. Waren sie so hoch geworden, dass sie nicht mehr regelmäßig überflutet wurden, trocknete der Sand ab. Er wurde dann erneut in Bewegung gesetzt, aber nicht vom Wasser, sondern von Wind. Sobald Pflanzen auf dem Sand zu wachsen begannen und ihn festhielten, zuerst die Strandquecke, dann der Strandhafer, entstanden Dünen. Aus vielen Sandbänken und Dünen wurden später Inseln. Vor allem die West- und Ostfriesischen Inseln gingen aus Sandanhäufungen hervor.

Hinter den Sandbänken, wohin sich das Wasser bei Ebbe zurückzog, dehnten sich strömungsberuhigte Wasserflächen aus. Dort blieb sogar ganz feiner, toniger Gesteinsgrus liegen. Daraus wurden die Ablagerungen des Rückseitenwatts. Watt nennt man das amphibische Gebiet zwischen der Hoch- und der Niedrigwasserlinie, Rückseitenwatt die Fläche, die vom Meer aus hinter den Sandbänken liegt. Nicht alle Wattbereiche werden gleich oft von Wasser bedeckt. Dort, wo es sich häufig ausdehnt, gleich hinter den Sandbänken, blieb mehr toniger Gesteinsgrus liegen, näher am Geestkliff weniger. Feiner Ton bedeckte aber schließlich auch die Steine vor dem Geestkliff, so dass man sie nicht mehr sah. Die geringen Höhenunterschiede im Watt hatten zur Folge, dass von der Geest ablaufendes Wasser in der Senke vor dem Kliff stehen blieb und nicht zum Meer gelangte. Im Lauf der Zeit nahm der Salzgehalt des Wassers vor dem Kliff ab, und es entstanden Sümpfe, schließlich Moore, die man Geestrand- oder besser Marschrandmoore nennt. Wenn dann das Wasser erneut zum Kliff und zum Moor vorstieß, wurde Salz ins Moor gespült, und es bildete sich Salztorf.

Auf der Oberfläche des Watts bleiben, wenn sich das Wasser bei Ebbe von dort zurückgezogen hat, zahlreiche mikroskopisch kleine Algen liegen, die sonst als Plankton im Wasser schweben: Kieselalgen oder Diatomeen, dazu Goldalgen. Sie sind von schleimigen Ausscheidungen umgeben, die Wasser für einige Stunden festhalten, bis zur nächsten Überflutung. An der Wattoberfläche steht den Algen auf diese Weise nicht nur Kohlenstoffdioxid aus der Luft zur Verfügung, sondern auch genug Wasser, um im vollen Sonnenlicht optimal Fotosynthese zu betreiben. Das Watt und der Tropische Regenwald sind die produktivsten Ökosysteme der Erde. Das heißt: Nirgends sonst wird durch Fotosynthese so viel organische Substanz aufgebaut. Die Leistung der Gesamtheit der mikroskopisch kleinen Algen ist genauso groß wie die von in mehreren Stockwerken übereinander wachsenden riesigen Tropenbäumen!

Die Algen, organische Stoffe und weitere mineralische Partikel, die die nächste Flut heranträgt, werden vom Schleim an der Wattoberfläche festgehalten. Dafür sorgt auch der anschließend auftretende starke Sog des Ebbstroms, der alle Körnchen und Lebewesen auf die Wattoberfläche zieht und dabei eng aneinanderpresst. Mit jeder Überflutung kann sich auf diese Weise die Oberfläche des Watts erhöhen. Wenn sie sich über den Wasserspiegel erhebt, wird sie schließlich nicht mehr so häufig überflutet. Schließlich breiten sich auch andere Pflanzen aus, die eine tägliche Überdeckung mit Salzwasser nicht ertragen: zuerst Queller, dann die Gräser Andel und Rotschwingel sowie die im Sommer farbenfroh blühenden Strandastern, Strandnelken und Strandflieder. Zwischen diesen Gewächsen bleiben weitere mineralische Partikel und Pflanzenreste, Vogelfedern und manchmal auch Sand hängen. Die Oberfläche wächst weiter nach oben, und aus dem Watt wird während dieses Landwachstums eine Salzwiese.

Watt und Salzwiese entwickeln sich zwar so, dass sie immer seltener überflutet werden. Aber im Prinzip kann die Nordsee unter natürlichen Bedingungen das zuvor abgelagerte Marschland wieder zerstören. Der Ebbstrom reißt beim Zurückweichen der Wassermassen tiefe Scharten in den Marschboden, und es entstehen Priele, Gewässer, die Bächen ähneln.

Alle Pflanzen, die in der Salzwiese wachsen, vertragen Überflutungen mit Salzwasser. Sie unterscheiden sich darin von anderen Landpflanzen; kein mitteleuropäischer Baum kann an Stellen wachsen, die vom Salzwasser erreicht werden. Das im Meerwasser gelöste Kochsalz zieht nämlich Wasser stärker an als die Bäume, holt es gewissermaßen aus allen Teilen der Pflanzen. Sie vertrocknen, obwohl sie mitten im Meerwasser stehen.

Menschen fanden lange Zeit nur auf der Geest ein Auskommen, obwohl dort die Böden sandig und nur wenig fruchtbar sind. Dort gab es aber Holz zum Hausbau, und auf den trockenen Böden konnte man Kulturpflanzen anbauen. Die Menschen trieben ihre Tiere in feuchte Gebiete, sicher auch in Randbereiche der Marsch, denn dort gab es viel saftiges Gras. In der Marsch selbst aber konnten keine Menschen leben. Dort mangelte es an Bauholz, und man konnte niemals sicher sein, dass ausgesätes Getreide vor den Fluten der Nordsee verschont blieb. Bewohnt werden konnten die Marschen erst, als über eine Handels-Infrastruktur die Holzversorgung der Siedler sichergestellt war. Hohe Punkte der Sandbänke wurden zur Gründung von Siedlungen bestimmt. Die Marsch eignete sich sehr gut zur Tierhaltung. Wolle, Felle und Leder, Milchprodukte, Fleisch oder auch lebende Tiere aus der eigenen Nachzucht wurden gegen Holz und Korn eingetauscht. Etwas Ackerbau war aber auch an den Flanken der Sandablagerungen möglich. Dabei nutzte man die Tatsache aus, dass hohe Sturmfluten normalerweise nur im

Kirchwarft auf Hallig Hooge.

Winterhalbjahr auftreten, nicht aber zur Wachstumszeit von Sommergetreide. Es war außerdem schwierig für die Marschbewohner, an Süßwasser zu kommen, das Mensch und Tier zum Überleben brauchen. Selbst auf hohen Sandbänken drohten Überflutungen. Die Marschbewohner errichteten daher künstliche Hügel auf den Sandablagerungen. Südlich des Flusses Eider nennt man sie Wurten, nördlich davon Warften, auf denen man dann die Häuser baute. In der Mitte der Wurt legte man eine Zisterne an, um Regenwasser zu sammeln. Aus einem solchen Fething konnte man auch dann Süßwasser entnehmen, wenn die Wurt vom Meerwasser umgeben war: Mensch und Tier verdursteten nicht.

Zum ersten Mal in eine Infrastruktur, in ein Handelsnetz, war das Nordseeküstengebiet eingebunden, als die Römer ihr Imperium bis an die Rheinmündung ausgedehnt hatten. Damals gelangten viele Gegenstände aus dem Bereich der römischen Kultur an die südliche Nordseeküste. Dies zeigt, dass es einen Warenaustausch gab; er war eine Voraussetzung dafür, dass das Marschengebiet besiedelt werden konnte. Die Siedlungen blieben bis zu mehreren hundert Jahren bestehen: Dann ließ die Stärke des Handelsnetzes nach, und die Belieferung mit Holz und Korn setzte aus. Als der römische Einfluss auf Mitteleuropa schwand, im 4. und 5. Jahrhundert nach Chr., mussten die Marschsiedlungen aufgegeben werden. Zwei Jahrhunderte später, am Beginn des Mittelalters, entstand erneut ein Infrastrukturnetz im Nordseeküstengebiet. Damals entwickelte sich wieder reger Handel: Friesen steuerten mit kleinen Booten die Geestränder und die Wurten an. Dort zog man die Boote ans Gestade, entlud sie, belud sie und fuhr über das Netz der Priele zum nächsten Ziel.

Die Marschbewohner wurden offensichtlich wohlhabend, denn in ihrer Umgebung gab es hervorragende, baumfreie Viehweiden, die fast das ganze Jahr über nutzbar waren. Tierische Produkte wurden nicht nur gegen Holz und Korn getauscht, sondern auch Steine für den Kirchenbau kamen in die Marschen. Ein Kalksteinblock aus Südschweden wurde zum Taufstein von Westerhever auf Eiderstedt, ein anderer Kalkstein kam in der Mitte des 13. Jahrhunderts aus der Umgebung von Namur in Belgien in die Kirche von Waddewarden in Ostfriesland. Man errichtete die Kirchen auf den höchsten Punkten der Wurten. Sie waren die letzten Rückzugsmöglichkeiten für die Warftbewohner, wenn ringsherum das Wasser immer weiter stieg. An den Kirchen legte man Friedhöfe an. Sie mussten einen trockenen Boden haben, damit die Leichen von Bodenmikroorganismen zersetzt wurden.

Wurten oder Warften boten einen optimalen Schutz vor Überflutungen, und das ist bis heute so geblieben. Auf den Halligen Nordfrieslands liegen Warften mit Häusern, die bereits Jahrhunderte überdauert haben, ohne dass eine Sturmflut ihnen etwas anhaben konnte. Aber die Menschen in diesen Häusern fürchteten oft genug um ihr Leben, wenn das Wasser weiter und weiter stieg, und eine völlige Sicherheit gab es für sie nie.

Im Lauf des Mittelalters veränderten die Marschbewohner ihre Landschaft von Grund auf. Sie umgaben zuerst kleine Landstücke mit Dämmen, um das Meerwasser von ihnen fernzuhalten, und dann zogen sie einen Deich quer durch ihr gesamtes Land, vom südlichen Dänemark bis in die Niederlande, viele hundert Kilometer lang. Wie dies vor sich ging, weiß man nicht, auch nicht, wann es geschah – man nimmt an, im 13. Jahrhundert. Man hat bis heute keine Schriftstücke gefunden, die über den frühen Deichbau Auskunft geben. Sichtbar ist «nur» das Resultat, der sogenannte «Goldene Ring» der Deiche. Man weiß auch nicht, warum die Deiche gebaut wurden. Dazu gibt es eine Erklärung, die auf der Hand zu liegen scheint: Deiche boten für die Bewohner der Marschen mehr Sicherheit vor den Fluten der Nordsee als Wurten. Doch das stimmt nicht: Jeder Deich kann brechen, und wenn dies geschieht, läuft Wasser, das auf breiter Front an den Deich brandet, in eine schmale Scharte. Es dringt dann mit viel größerer Gewalt in ein bedeichtes Marschland ein, so dass die Flut in der vom Deichbruch betroffenen Marsch viel höher aufläuft und mehr Verderben über die Menschen und ihr Land bringt. Wurten setzen der Brandung viel weniger Widerstand entgegen als Deiche. Wenn man sie entsprechend hoch baut, sind sie sichere und trockene Wohnorte.

Aus Urkunden, die in späterer Zeit verfasst wurden, geht noch ein weiterer Grund hervor, warum man Deiche baute: Man wollte

Deich am Vareler Hafen (Jadebusen): Das Land vor dem Deich (links) ist höher gelegen als die schon lange eingedeichte und zusammengesackte Marsch (rechts).

in den eingedeichten Flächen eine besonders ertragreiche Landwirtschaft betreiben. Wenn Meersalz aus den Flächen des eingedeichten Landes ausgewaschen und die Böden ausgesüßt waren, gediehen Kulturpflanzen in der Marsch so gut wie sonst nirgends. Alle Mineralstoffe, die Pflanzen zum Wachstum brauchen, waren in großer Menge verfügbar; sie waren vom Meerwasser in den Marschen abgelagert worden. Die Erträge überstiegen alle Erwartungen. Die Marschbauern begannen, nicht nur mit tierischen Produkten, sondern auch mit Korn zu handeln – und wurden noch reicher. Beim Deichbau spielten also wirtschaftliche Gründe mutmaßlich mindestens eine ebenso große Rolle wie der Wunsch nach mehr Sicherheit. Stolz behauptete man schon im Mittelalter: «Deus mare, Friso litora fecit», zu Deutsch: «Gott schuf das Meer, der Friese die Küsten».

Das Leben hinter dem Deich brachte allerdings unerwartete Probleme mit sich. Das Meerwasser sollte nun vom Land ferngehalten sein, aber Wasser, das auf die eingedeichte Marsch, den Polder oder den Koog, regnete, floss nicht ab. Weiteres Wasser kam von der

Geest herunter und staute sich in der Senke der Marschrandmoore. Man fand eine technische Lösung: In den Deich wurden Durchlässe eingebaut, die mit Klappen verschlossen werden konnten. Diese Sieltore werden vom anbrandenden Nordseewasser zugedrückt, aber sie öffnen sich, wenn das Wasser von der Deichlinie zurückweicht. Dann kann Wasser abfließen, das sich in Gräben des Kooges gesammelt hatte. Weil die Polder nicht mehr regelmäßig vom Meerwasser überflutet wurden, trockneten sie in regenarmen Zeiten aus. Die organischen Bestandteile der Böden, die unter dauernd feuchten Bedingungen konserviert worden waren, wurden in der Trockenheit von Mikroorganismen zersetzt. Die Konsequenz: Die Böden sackten in sich zusammen, und die Oberflächen der Köge sanken unter den Meeresspiegel ab. Wenn nun der Deich brach, wurde das Land höher überflutet.

Und es wurde immer schwieriger, die Marsch zu entwässern. Dafür gab es eine weitere technische Lösung: Man baute Windmühlen an den Deich, die eine Archimedische Schraube antrieben. Mit einem solchen schneckenförmigen Gewinde konnte man Wasser um knapp einen Meter anheben. Wenn der Marschboden noch weiter gesackt war, brauchte man mehrere Mühlen, die man zu einer Mühlentreppe verband. Das dafür notwendige Kapital brachte man aber nur in den reichen Niederlanden auf, wo insgesamt viel mehr Entwässerungsmühlen gebaut wurden als an der deutschen Nordseeküste. Ein Problem, das allein von den Marschbewohnern ausgelöst wurde, war die zusätzliche Erniedrigung der Landoberfläche durch den Abbau von Salztorf. Man verbrannte ihn, um Salz zu gewinnen. Auf diese Weise erhielt man einen teuren Rohstoff, und eine Zeitlang war der Salztorfabbau profitabel. Als dann aber wieder einmal der Deich brach, standen vor allem die Salztorf-Abbaugebiete meterhoch unter Wasser.

Noch ein anderes Problem, das nach dem Deichbau rasch gelöst werden musste, war die Verkehrsanbindung der Marschendörfer. Die durch die Marschen führenden Wasserwege der Priele waren durch die Deiche versperrt. Gute Häfen gab es nun nur noch dort, wo Flüsse von der Geest das Marschland erreichten und keine Deiche vor die Küste gesetzt worden waren. Weitere Häfen konnte

man an den Sielen anlegen. Dort floss besonders viel Wasser aus den Poldern ab, und dort war das Wasser vor dem Deich etwas tiefer als anderswo. Vor die Siele baute man Häfen, sogenannte Sielhäfen, die vor allem an der ostfriesischen Küste seit Jahrhunderten den Handel auf sich zogen. Allerdings konnte man dort keine Boote aufs Gestade ziehen. Es gab dort nämlich keinen Strand, sondern nur den fast ebenen Wattboden. Man brauchte neue Wasserfahrzeuge, die man mit einem platten Boden ausstattete: Ewer und Tjalken. Mit diesen Schiffen kann man seichte Gewässer befahren, und sie setzen sich auf dem Boden ab, wenn der Wasserstand bei Ebbe sinkt. Dann hat man ein paar Stunden lang Zeit, um die Frachten zu entladen und neue Ladung an Bord zu bringen. Mit der nächsten Flut schwimmt ein solches Boot auf und davon. Auch die heute an der Nordsee verwendeten Kutter haben einen platten Boden.

Für die Menschen war das Leben in der Marsch ein Glücksspiel;

Theodor Möller fotografierte 1905 die Entwässerungsmühle Neukrug, Poppenbühl, in der Marschlandschaft Eiderstedts.

meistens war ihnen das aber nicht bewusst. Sie waren ständig der Gefahr von Deichbrüchen ausgesetzt. Jede «Wassernot» war schlimm und kostete vielen Menschen das Leben. Die Überlebenden wussten aber auch, wie sie auf die überstandene Katastrophe hinweisen konnten. Ob tatsächlich nach Sturmfluten, die man als «Man(n) dränken» bezeichnete, Tausende von Toten zu beklagen waren, muss man bezweifeln. Man übertrieb bei diesen Angaben. Das im Mittelalter im nordfriesischen Wattenmeer versunkene Rungholt war sicher ein bedeutender Ort, der auf zahlreichen Warften lag, aber keine Stadt, zu der man es in Erzählungen machte. Doch diese Idee ist mit diesem Ort verbunden, spätestens nachdem Detlev von Liliencrons Gedicht «Trutz, Blanke Hans» sehr populär geworden war:

Heut bin ich über Rungholt gefahren,
Die Stadt ging unter vor sechshundert Jahren.
Noch schlagen die Wellen da wild und empört,
Wie damals, als sie die Marschen zerstört.

Die Begriffe «Blanker Hans» und «Mordsee», ebenfalls im Gedicht genannt, charakterisieren das tosende Meer.

Das Mitleid war den Opfern der Sturmfluten stets gewiss, und man half ihnen. Viele Marschen, die nach Deichbrüchen unter Wasser gesetzt worden waren, ließen sich wieder trockenlegen, etwa die Arlaubucht nördlich von Husum, wo der zur Symbolfigur gewordene Deichgraf Hauke Haien aus dem «Schimmelreiter» von Theodor Storm ertrank, oder die Harlebucht nördlich von Jever. Auch große Teile der Zuiderzee und der Leybucht sind inzwischen wieder Land. Andere untergegangene Gegenden wurden nicht wieder eingedeicht, so das Gebiet zwischen den Nordfriesischen Inseln und den Halligen, der Jadebusen und der Dollart. Grund dafür war nicht immer die widrige Natur, sondern auch fehlendes Geld oder der Wunsch, Häfen anzulegen und deren Zufahrten nicht zu versperren.

Bei allen Gefahren, die die Küstenbewohner durchgestanden haben: Meistens lebten sie dort sehr erfolgreich, man kann sagen, dass ihnen das Glücksspiel meistens gelang – und dies auch noch ohne von außen über sie regierende Landesherren. Darauf waren die freien Friesen besonders stolz. Die Marschbauern verkauften so viel Korn und Vieh, dass sie Reichtümer ansammeln konnten, die man heute in den Marschdörfern findet: Sämtliches Holz, jeder Stein musste dorthin gebracht werden. Man leistete sich den Bau moderner Öfen mit Kacheln, die die Wärme besser ableiteten, so dass man weniger Brennholz brauchte, um die gute Stube warm zu bekommen. Wenn man Tee kochte (er musste aus den Tropen über die großen Küstenhäfen importiert werden), war das Wasser hygienisch einwandfrei; wenn man es dagegen einfach so aus dem Fething nahm und nicht abkochte, war das vielleicht anders. Man hatte Gewürze aus fernen Ländern, etwa Ingwer, Muskat, Kardamom, Nelken, Zimt und Piment, kaufte Bücher und sorgte für Bildung: Schulen in vielen Küstenorten gehören zu den ältesten weit und breit. Die Kirchen wurden zu Schmuckstücken: Holz für Altäre, Taufsteine und zinnerne Orgelpfeifen kamen von weither – und mussten bezahlt werden.

Es machte sich eine Geisteshaltung der Marschbewohner breit, an die sich der aus Oldenburg stammende Karl Jaspers erinnerte: «Früher (…) hielt der Marschbauer den Geestbauern für minderwertig. Mein Vater erzählte eine Anekdote, die das rohe Selbstbewußtsein zum Ausdruck bringt. In Berne im Stedingerland saßen an einem Sonntagmorgen eine Anzahl Bauern beim Frühschoppen. Die frischgefüllten Gläser waren gerade zum Anstoßen erhoben, da rief der Wirt ins Zimmer hinein: ‹Et is eben'n doden Keerl ut't Wasser trocken.› Die Bauern setzten still ihre Gläser hin, ohne anzustoßen, und warteten schweigend. Bald darauf kam der Wirt und sagte: 'T is man' n' Geestkeerl.› ‹Na, denn Prost,› sagten die Bauern.» Sie ließen sich nun ihre gute Stimmung nicht mehr zerstören. Zu einem vergleichbaren Vorfall hätte es überall an der Nordseeküste kommen können.

Heute sind die Geestbauern keine «armen Schlucker» mehr, denn es lässt sich – mit Mineraldünger – auch auf der Geest erfolgreich Landwirtschaft betreiben. Die Marschbauern hingegen sind insofern benachteiligt, als sich die Böden aus Marschenklei nur schwer bearbeiten lassen und die Landentwässerung nach wie vor Probleme bereitet. Der traditionelle Schiffsverkehr ist nahezu völlig zum Erliegen gekommen, und an das moderne Straßen- und Schienennetz sind viele Marschgebiete schlecht angebunden. Beim Bau von überregionalen Verkehrswegen mied man den weichen Marschboden und führte sie lieber über die Geest. Nur an einigen Orten ließen sich ehemalige Deiche für den Bau von Straßen und Schienenwegen nutzen. Ein früher wichtiger Handelsraum ist heute großenteils wirtschaftlich bedeutungslos geworden, und vielleicht wurde dies zu einem Grund dafür, über Friesen, die man für rückständig hält, Witze zu reißen. Diese Geschichten stehen aber im eklatanten Widerspruch zur kulturellen Bedeutung der Küstenländer, die immer wieder unterschätzt wurde und wird.

Bis zur zweiten Hälfte des 20. Jahrhunderts deichte man immer wieder neues Land ein und profitierte anschließend von den hohen landwirtschaftlichen Erträgen, die sich auf noch nicht gesacktem Marschboden, in der «jungen Marsch», erzielen ließen. Die Deichlinie und die auf den Landkarten gezeigte Mittlere Hochwasserlinie als Küstenkontur der Nordsee rückten immer näher aneinander.

Heute hat man die Idee, dass der Deich das Land in zwei Teile schneidet: Vor dem Deich ist Natur, dahinter Kulturland. Diesen Zustand will man festhalten. Vor dem Deich liegen Nationalparks, sie sind als Weltnaturerbe anerkannt. Es ist völlig richtig, dieses Land als einmalig auf der Welt zu betrachten. Nirgends sonst gibt es eine so lange sandige Flachlandküste und so ausgedehnte Wattflächen. Aber kann es gut gehen, die Wildnis vor dem Deich strikt durch gedachte Küstenlinien und real gebaute Deiche vom Kulturland abzutrennen? Und sind die Marschgebiete nicht ebenso einmalig auf der Welt wie die Wattflächen? Eigentlich ist das gesamte Land an der Küste sowohl von Natur als auch von Kultur beeinflusst. Steigt der Meeresspiegel, ändert sich keine natürliche Küstenlinie, sondern eine Markierung, die durch jahrhundertelange Kultur gezogen wurde. Die Küstenlinie auf der Landkarte gibt es von Natur aus nicht, man hält an ihr fest, um Gebiete zu schützen, die Menschen seit Jahrhunderten vom Zugriff des Meeres freihalten. Aber das, was man 1683 und 1684 für normal hielt, ist nicht normal. Normal ist es, dass das Wasser natürlicherweise immer wieder bis zur Geest vordringt, und normal ist es auch, dass vom Meer zurückgelassene Gebiete immer wieder neu in Kultur genommen werden. Lassen sich diese komplizierten Sachverhalte wirklich auf einer Landkarte zeigen und durch Messungen demonstrieren? Das muss bezweifelt werden.

Brandungstore und Felsnadeln
HELGOLAND

Zwischen Nordfrankreich, England und Norwegen gibt es nur einen einzigen Felsen, und der liegt mitten in der Nordsee: Helgoland. Das Klima der Insel ähnelt dem einer Ozeaninsel, denn es regnet häufig, und sowohl die jahreszeitlichen als auch die täglichen Temperaturschwankungen sind sehr gering. Aber eine Hochseeinsel ist Helgoland nicht. Auf der europäischen Kontinentalscholle gelegen, ist das Eiland Teil des Kontinents. Die Landoberfläche hat sich bei Helgoland so weit gesenkt, dass sie von der Nordsee überflutet wird, einem flachen Schelfmeer, das einen Teil der europäischen Kontinentalplatte bedeckt.

Die Gesteinsschichten der Insel sind im Meer entstanden. Der rote Buntsandstein ist ein zu Fels erstarrter Strand, an den vor etwa 250 Millionen Jahren Wellen brandeten. Man findet auf Helgoland versteinerte Strandrippel aus dieser Zeit, die den sandigen von heute gleichen. Zehn Millionen Jahre später gab es am gleichen Ort keinen Strand mehr, sondern ein flaches Meer, in dem zahlreiche Tiere mit Kalkschalen lebten. Am Grund des Gewässers setzten sich Kalk sowie die Überreste von Muscheln und Schnecken ab.

Alle abgelagerten Schichten versanken in der Folgezeit tief im Untergrund und wurden zu Stein zusammengepresst, zu Buntsandstein, Muschelkalk und Kreide. Unter ihnen war vor noch längerer Zeit, als das Zechsteinmeer ausgetrocknet war, Salz abgelagert worden. Durch das hohe Gewicht des darüber liegenden Gesteins und den davon ausgehenden enormen Druck wurde das Salz plastisch und verformte sich. Es sammelte sich an einigen Stellen an und drückte von dort aus die darüber liegenden Gesteinsschichten in die Höhe. Auf diese Weise bildete sich ein Salzdom, der von einem

Die Lange Anna ist das Wahrzeichen Helgolands.

Felsen an der Westküste von Helgoland mit dem vorgelagerten Westwatt.

Salzhut aus dem emporgehobenen Gestein bedeckt wird: Helgoland ist ein solcher Salzhut aus Buntsandstein, Muschelkalk und Kreide, die vom Salz weit in die Höhe gehoben wurden.

In der letzten Eiszeit, als der Wasserspiegel der Weltmeere bis zu 130 Meter niedriger lag als heute, war Helgoland von Festland umgeben. Damals schon waren die geologischen Schichten leicht von West nach Ost geneigt, die Buntsandsteinfelsen im Westen ragten besonders hoch auf, darüber lagen die Muschelkalk- und Kreideschichten, die aber von den höchsten Felsmassiven schon damals abgetragen waren; Wind und Wetter beseitigten vor allem die weiche Kreide. Vor einigen Jahrtausenden wurde Helgoland vom Meer erreicht. Damals bestand aber noch eine Landverbindung zwischen Helgoland und der Halbinsel Eiderstedt. Später verschwand auch diese Landbrücke. Man hat immer wieder vermutet, der Untergang dieses Landes habe in der antiken Sage von Atlantis ihren Niederschlag gefunden. Das ist gut möglich: Es gab sicher Augenzeugen dieser Katastrophe, denn als sie sich ereignete, lebten bereits Ackerbauern im nördlichen Mitteleuropa. Berichteten sie also vom Landuntergang, und rannte die Kunde davon wie ein Lauffeuer quer durch Europa?

Seit Jahrtausenden branden Wellen an die Felsen. Sie schaffen Hohlkehlen, die den Buntsandsteinfels unterhöhlen und schließlich in die Tiefe krachen lassen. Die Felsen sind brüchig, denn sie werden von weichen Bändern aus hellem Katersand durchzogen, der schnell verwittert. An den weichen Schichten entstanden Vorsprünge, wo in drangvoller Enge Vögel brüten und ihre Jungen aufziehen: Lummen, Dreizehenmöwen, Basstölpel. Bei der Abtragung der Felsküste durch das Meer wurden immer wieder neue Felstore aus dem Sandstein herauspräpariert. Sie stürzten nach einer Weile ein, und dann blieben nur Felsnadeln oder -pfeiler übrig: So entstand die Lange Anna, das Wahrzeichen der Insel. Sie wird nicht ewig stehen bleiben. Im Lauf der Zeit werden neue Brandungstore und Felsnadeln aus dem Felsen präpariert.

Vor den Felsen dehnt sich das Felswatt aus: Bei Hochwasser ist es überflutet, bei Ebbe zieht sich das Wasser zurück. Große Algen, die man auch Tang nennt und die auf den Felsen fest verankert sind, halten mit einem schleimigen Überzug Wasser fest, so dass sie – genauso wie die kleinen Einzeller im Schlickwatt an der Küste – dann besonders gut Fotosynthese betreiben können, wenn sie nicht vom Meer bedeckt sind. Ihnen steht auch dann Wasser zur Verfügung, sie bekommen besonders viel Kohlenstoffdioxid aus der Luft, und das Sonnenlicht dringt ungehindert zu den Algen vor. Unter den blattähnlichen Phylloiden der Tange finden Meerestiere Schutz, bis die Flut erneut ansteigt und das Watt wieder unter Wasser setzt.

Das maritime Klima lässt auf Helgoland das ganze Jahr über das Wachstum von Gras und Kräutern zu. Einige Pflanzenarten gibt es in Deutschland nur hier: Wilder Kohl, auch Helgoländer Klippenkohl genannt, und Meerfenchel. Die Wilde Rübe hat nur ganz wenige andere Wuchsorte. Die Oberfläche der Insel ist immer grün, die Felsen der Insel rot, der Strand hell: «Grön is dat Land, rot is de Kant, witt is de Sand. Dat sünd de Farven vun't hillige Land.»

Seit Jahrhunderten leben Friesen auf der Insel; ihre Sprache, das «Halunder», ist akut vom Aussterben bedroht. In dieser Sprache kann man die Insel folgendermaßen beschreiben: «Deät Lun bestuut

Wilder Kohl, der sogenannte Klippenkohl. Er ist mit daraus gezüchteten Formen von kultiviertem Kohl verwandt.

it tau Deeln: deät Bopperlun en deät Deelerlun.» Das Land, damit ist Helgoland gemeint, besteht also aus zwei Teilen, dem Oberland und dem Unterland. Die Menschen betrieben früher kärgliche Landwirtschaft auf dem Oberland, auf einem von den Buntsandsteinfelsen gebildeten Hochplateau. Dort befand sich auch eine Bauernsiedlung. Im Unterland, einem schmalen Uferstreifen, standen ihre Hummerbuden, von denen aus sie auf Fisch- und Hummerfang gingen. Es gab also eine Bauernsiedlung und eine nur zeitweilig genutzte Fischersiedlung, ähnlich wie an vielen skandinavischen Küsten; beide Orte waren durch eine steile Treppe verbunden. Die Helgoländer bauten Muschelkalk ab und verkauften ihn an die Festlandsküsten als begehrten Baustoff. Der Kalkabbau wurde übertrieben: In der Neujahrsnacht zum Jahr 1721 drang bei einer Sturmflut das Meer in den Steinbruch ein und teilte Helgoland in zwei Teile, den Buntsandsteinfelsen und eine kleine Nebeninsel, die überwiegend aus Muschelkalk besteht und «Düne» genannt wird. Es gibt dort Dünen, aber die ganze Insel hat einen steinernen Kern, anders als eine ostfriesische Düneninsel, die ausschließlich aus Sand besteht. Pläne, eine neue Landverbindung zwischen Helgoland und Düne zu schaffen, wurden verworfen.

Einige Helgoländer boten ihre Dienste als Lotsen an, und weitere sahen in der Seeräuberei die einzige Möglichkeit, sich das Notwendigste zum Überleben zu beschaffen. Helgoland stand bis 1807 unter dänischer Hoheit und wurde dann von den Engländern erobert. 1773 fuhr Georg Christoph Lichtenberg zur Insel. «Die ganze Insel besteht aus einem rothen sehr verhärteten Mergel, der mit weißen Adern (…) durchlaufen ist», heißt es in Lichtenbergs Reisebericht, einem der ersten, der über eine Helgolandreise verfasst wurde. «Wer so etwas noch nicht gesehen hat, datiert ein neues Leben von einem solchen Anblick, und liest alle Beschreibungen von Seereisen mit einem neuen Sinn.» Heinrich Heine besuchte Helgoland, August Heinrich Hoffmann von Fallersleben dichtete 1841 auf der Insel das «Lied der Deutschen», dessen 3. Strophe heute die deutsche Nationalhymne ist. Über die Gründe seines Aufenthaltes außerhalb Deutschlands gibt es unterschiedliche Angaben: Machte er gewissermaßen Ferien auf der Insel, oder war er wegen seiner nationalliberalen Gesinnung des Landes verwiesen worden, wie später noch mehrmals? Oder hatte man ihn «nur» wegen eines Saufgelages auf die Insel verbannt? 1892 schuf Fritz Schaper das Denkmal Hoffmanns von Fallersleben, das erst aufgestellt werden konnte, nachdem Helgoland 1890 deutsch geworden war. Ebenfalls 1892 wurde die Biologische Anstalt Helgoland gegründet, die bald zu einem der weltweit führenden meereskundlichen Institute avancierte.

Etliche Maler besuchten die Insel und stellten sie dar. Besonders bekannt wurden aber die Bilder von Franz Schensky, einem Pionier der Schwarzweiß-Fotografie, der den Wandel der Insel vom Anfang des 20. Jahrhunderts bis zu ihrer Wiederbesiedlung nach Kriegszerstörungen in den 1950er Jahren eindrucksvoll dokumentierte. Schensky verstand es hervorragend, Helgoland als brandungsumtosten Felsen ohne jegliche Spuren menschlicher Nutzung darzustellen. Dieses Motiv fand seinen Weg auf die Briefmarke «Helgoland 50 Jahre deutsch» von 1940. Damals war die Insel schon längst zur Marinebasis umgebaut worden, aber Schenskys Foto und die Briefmarke zeigten nur das, was die Menschen von der Insel sehen wollten:

ihre spektakuläre «Natur», den roten Felsen in der tosenden Brandung.

Von 1890 an wurde zwar Seebäderverkehr von verschiedenen Häfen an der deutschen Küste betrieben. Ihm haftete stets der Charakter des Provisorischen an, denn bis heute gibt es nicht genug Landungsmöglichkeiten für Seebäderschiffe auf der Insel; die Passagiere werden von den meisten Schiffen aus mit Börtebooten ausgebootet und zur Insel gebracht. Andererseits wurde die Insel aber mit Hochdruck zum Marinestützpunkt ausgebaut, der kein Provisorium sein sollte: Vor den beiden Weltkriegen wurde das Unterland vergrößert und der Buntsandsteinfelsen an vielen Stellen durchbohrt und untertunnelt, damit dort zusätzliche militärische Einrichtungen geschaffen werden konnten. Die Hafenanlagen wurden großräumig ausgebaut. Lange Kaimauern wurden durch das Felswatt gezogen; diese Bauarbeiten bezeichnete man wegen des Aussehens der Mauern als «Unternehmen Krebsschere». Man wollte Platz schaffen für die deutsche Kriegsflotte, die von Helgoland aus in der ganzen Nordsee operieren sollte. Die Insel Düne wurde ebenfalls vergrößert, um einen Flughafen anlegen zu können. Er wird heute von der zivilen Luftfahrt genutzt. Am Ende des Zweiten Weltkriegs wurde die Insel bombardiert und völlig zerstört; die Bevölkerung war evakuiert und ans Festland gebracht worden. Nach dem Krieg nutzte die britische Luftwaffe die Insel als Bombenabwurfplatz, und 1947 führte sie auf Helgoland die größte jemals gezündete nichtatomare Sprengung durch. Dadurch wurde ein großer Teil der Buntsandsteinfelsen beseitigt, und es entstand das «Mittelland», in dem sich heute das Inselkrankenhaus befindet. Doch die Lange Anna und andere charakteristische Felsen überstanden das Bombardement. Erst 1952 wurde die Insel wieder für eine zivile Nutzung freigegeben. Die Bewohner von Helgoland, die streng darauf geachtet hatten, ihre Sprache und andere Traditionen in der Internierung auf dem Festland zu bewahren, kehrten auf eine völlig zerstörte Insel zurück. Bis heute sind die Spuren der militärischen Nutzung und Bombenkrater überall zu sehen.

Die Inselsiedlung wurde innerhalb von wenigen Jahren nach einem einheitlichen Konzept wieder aufgebaut und steht heute weitgehend unter Denkmalschutz. Vom Oberland gelangt man nun

auf einer neuen Treppe ins Unterland mit den Hummerbuden, das im 20. Jahrhundert vergrößerte Unterland wurde ebenfalls bebaut. Wichtiges Prinzip beim Wiederaufbau war es, einen Teil des Oberlandes siedlungsfrei zu halten. Der von Helgoland stammende Schriftsteller James Krüss hat die Insel durch seine Kinderbücher sehr populär gemacht, etwa durch «Der Leuchtturm auf den Hummerklippen» und besonders «Mein Urgroßvater und ich», in denen das Leben auf Helgoland beschrieben ist. Wenn Boy, der Ich-Erzähler des Buches, von seiner im Unterland lebenden «Unter-Großmutter» zur «Ober-Großmutter» gelangen wollte, musste er die 183 Stufen hinauf zum Oberland steigen.

Keine andere Gegend Deutschlands ist so stark von Meer und Felsen geprägt, nirgendwo sonst sieht man aber auch derart deutlich die Spuren der militärischen Nutzung. Wer heute Helgoland besucht, kommt immer noch zum gleichen Fazit wie Georg Christoph Lichtenberg: Man ist überwältigt von Natur, ohne zu erkennen, wie stark die Insel durch Kultur (und, das muss man wohl ergänzen, auch die «Unkultur») des Menschen verändert wurde.

Helgoland mit der Langen Anna, Fotografie von Franz Schensky, um 1920.

700 prachtvolle Bauernhöfe in Einzellage
ARTLAND

Das Artland, nördlich von Osnabrück rings um das Städtchen Quakenbrück gelegen, ist für seine mehr als siebenhundert prachtvollen Bauernhöfe berühmt. Die meisten von ihnen stehen einzeln, nicht in Dörfern zusammen, wie das in anderen Gebieten Mitteleuropas üblich ist. Die großen Höfe demonstrieren Reichtum. Dessen Grundlage sind überaus günstige natürliche Bedingungen.

Im Eiszeitalter durchflossen Urströme das Niederungsgebiet des Artlandes. Sie waren lang: In ihnen strömten sehr große Schmelzwassermengen von den Gletscherrändern in westliche Richtung, dazu das Wasser aus der Elbe, der Saale, der Weser und vieler anderer Flüsse, denen die weiter im Norden liegenden Eismassen den Weg zum Meer versperrten. Alles Wasser konnte nur nach Westen rinnen, ins Gebiet der heutigen Niederlande, wo es die Nordsee erreichte. Nach der letzten Eiszeit, als keine Schmelzwassermengen mehr abflossen, legte sich ein kleines Flüsschen in das breite Tal, die Hase: Ihr Unterlauf fließt von Quakenbrück ziemlich genau in westliche Richtung, nach Meppen, wo sie die Ems erreicht.

Bei Quakenbrück mündete ein kleiner Fluss in den Urstrom. In ihm befand sich nur eine geringe Menge Wasser, viel weniger als im Urstrom, der zudem eine gewaltige Strömung hatte. Daher wurde der kleine Fluss vom Urstrom gestaut. Dieser Fluss ist heute der Oberlauf der Hase, in ihm floss schon damals, genauso wie heute, Wasser aus dem Teutoburger Wald und dem Wiehengebirge nach Norden. An seiner Mündung erlahmte die Kraft des gestauten Flusses; feine Gesteinspartikel, die er bis dahin mit sich geführt hatte, also Sand, Schluff und Ton, blieben an der Mündung des Oberlaufs der Hase in den Urstrom liegen. Zwischen seinen eigenen Ablage-

Artlandhof Meyer zu Devern an der Hase bei Badbergen-Wulften.

rungen musste sich der Fluss immer wieder neue Abflussbahnen suchen. Dabei entstand ein ausgedehntes Binnendelta, das einer Aufspaltung eines Flusses an seiner Mündung ins Meer ähnelt, sich aber im Binnenland befindet. Heute gibt es den Urstrom nicht mehr, aber das Binnendelta blieb als Relikt aus der Eiszeit erhalten. Dort mündet nun gewissermaßen die obere Hase mit zahlreichen Flussarmen in die untere Hase. Und dort liegt das Artland.

Das Wasser der oberen Hase schwemmte fruchtbare Bodenbestandteile von den Hängen der Hügel um den Teutoburger Wald und das Wiehengebirge ab. Diese Mineralstoffe wurden in den Senken des Artlandes deponiert. Nicht alle Gewässerbahnen des Binnendeltas wurden mit gleicher Geschwindigkeit durchströmt; in einigen staute sich das Wasser, einige verlandeten sogar, und es entstanden dort Niedermoore. Sie sind dann, wenn sie gut mit Mineralstoffen versorgt sind, von Erlen bewachsen. An deren Wurzeln leben Bakterien, die Stickstoff aus der Luft binden. Stickstoffverbindungen und Mineralstoffe werden von der Erle aufgenommen und in allen Teilen des Baumes eingelagert, auch in den Blättern. Im Spätsommer und Herbst fallen sie nach und nach zu Boden; der Laubfall der Erle dauert länger als bei anderen Bäumen. Die nach dem Abwurf am Boden liegenden Blätter sind zum Teil noch grün, sie enthalten noch Chlorophyll und zahlreiche Mineralstoffe. In der Erle werden also nicht wie bei anderen Bäumen wertvolle Mineralstoffe aus den Blättern abgezogen, bevor sie fallen. In der Umgebung des Baumes gibt es so viele Mineralstoffe, dass ein sparsamer Umgang mit ihnen nicht notwendig ist. Und die Bakterien an den Wurzeln fixieren jederzeit genügend Stickstoff aus der Luft.

Werden die Blätter zersetzt, gelangen die Mineralstoffe in den Boden. Im Lauf der Zeit werden die Böden unter den Erlen dadurch enorm fruchtbar. Dort wachsen natürlicherweise Brennnesseln, Klettenlabkraut, große Ampferarten und Kratzdisteln. Daher sieht es in einem Erlenbruchwald wie auf einem Abfallhaufen aus. Aber eine solche Feststellung ist aus biologischer Sicht falsch. Man müsste eher konstatieren, dass auf einem Abfallhaufen ebenso große Mengen an Mineralstoffen freigesetzt werden wie in einem Erlenbruchwald. Daher haben Pflanzenarten, die ursprünglich in Erlenbruchwäldern wuchsen, auf Abfallhaufen zusätzliche, neue Wuchsorte gefunden. Wenn man Erlenwälder rodet, kann man sehr gut Wiesen anlegen: Mineralstoffe zur Düngung sind in großen Mengen vorhanden, und die Erträge der Heuernte sind entsprechend hoch. Aber Vieh lässt sich auf den Flächen, wo einmal Erlenbruchwälder standen, nicht auf die Weide schicken: Der Boden ist dort moorig und so weich, dass die Tiere im Boden versinken würden.

Zwischen den einzelnen Gewässerarmen des Hasedeltas liegen flache, oft kaum erkennbare Hügelchen, sogenannte Horste. Dort ist der Boden trockener. Daher wachsen dort keine Erlen, sondern andere Laubbäume, vor allem Stieleichen, aber auch Buchen. Auf diesen Horsten wurden Wälder gerodet, um Bauernhöfe zu bauen und Äcker anzulegen. Die Böden der Horste sind nicht so fruchtbar wie die der Niederungen, denn auf den Kuppen waren von der Hase keine Mineralstoffe abgelagert worden. Die Felder mussten daher gedüngt werden. Deshalb begannen die Bauern damit, in den feuchten Senken Grünlandsoden abzustechen. Die Soden, die man Plaggen nannte, wurden entweder direkt auf die Ackerflächen gebracht, oder die Soden kamen zunächst in die Ställe als Einstreu. Im Lauf des Winters, wenn die Tiere im Stall gehalten wurden, mischte sich ihr Kot mit dem Material der Plaggen. Der Mist wurde im Frühjahr auf die Felder gebracht; sie wurden dadurch gedüngt und aufgehöht, und es entstand ein Esch. Eine Eschflur hat eine deutlich höher gelegene Oberfläche; man erkennt das besonders gut an seinem Rand, an dem er an Niederungen angrenzt.

Die Hase brachte stets neue Mineralstoffe mit in das Binnendelta. Die Bauern gestalteten dort das Wiesengelände um, damit sie die Flächen besser nutzen konnten. Das Wasser wurde am Rand der Niederungen entlanggeleitet; von dort rieselte es über die leicht abgeschrägten Oberflächen der Senken. So lagerten sich immer wieder neue Mineralstoffe in den Senken ab, Gras und Kräuter wuchsen weiterhin üppig. Wasser, das nicht in den Boden eingedrungen war, wurde an der anderen, tiefer liegenden Seite der Talsenke in einem Graben aufgefangen. Kurz vor der Heuernte musste man die Berieselung der Wiesen enden lassen; sonst hätte man auf den Wiesen nach der Mahd nicht das Gras trocknen lassen können.

Die Erträge der Heuernten waren hervorragend; und es war möglich, wieder neue Plaggen aus den Senken zu holen, um sie zur Düngung auf den Esch zu packen. Im Lauf der Zeit wurden der Esch immer höher, die Oberflächen der Feuchtgebiete niedriger. Auf diese Weise wurden die Höhenunterschiede im Land von den Bauern stärker akzentuiert.

Die meisten Horste sind so klein, dass nur ein einziger Bauernhof, allenfalls ganz wenige Bauernhöfe von seiner Bewirtschaftung existieren können. Größere Dörfer gibt es daher in der Gegend nur wenige. Die Eschflächen kann man als Kämpe oder Blöcke bezeichnen; so nannten die Bauern etwa quadratische Ackerfluren. Die Weideflächen für Tiere auf den Horsten waren klein. Man nutzte die hofnahen lichten Wälder dafür. Das ist daran zu erkennen, dass in ihrem Unterholz zahlreiche Stechpalmen wachsen, die sich vor allem dort ausbreiteten, wo Tiere weideten: Rinder oder Schafe fressen zuerst Gras und die Triebe und Blätter von anderen Laubbäumen ab, bevor sie an das stachelige und bittere Laub von Stechpalmen gehen. Abgebissen werden nur die im Frühjahr zusätzlich erscheinenden frischgrünen Blättchen der immergrünen Stechpalme. Die Bauern nutzten die kleinen Wäldchen auf den Horsten außerdem zur Gewinnung von Brennholz. Dabei war wichtig, dass dort auch einige hohe Eichen wuchsen. Denn deren Holz brauchte man, wenn der Hof ausgebessert oder erweitert werden sollte. Besonders wichtig war es, auf diese Eichen zugreifen zu können, wenn der Hof abgebrannt war und man viel neues Bauholz brauchte. Brände waren keine Seltenheit, denn die Bauernhäuser hatten ein hölzernes Skelett, und ihre Dächer waren mit Stroh oder Reet gedeckt. An vielen Artlandhöfen haben die Gehölzhaine inzwischen eher einen gartenähnlichen Charakter angenommen: Ihre Besitzer pflanzten Rhododendren und andere Büsche in die Wäldchen und steckten Blumenzwiebeln in die Böden, so dass im Frühjahr bunte Blumenteppiche an den Artlandhöfen zu sehen sind, bevor dann die Rhododendren ihre Blütenpracht entfalten.

Das Wirtschaftssystem der Artlandbauern funktionierte: Das Grünland warf reiche Erträge ab, dank der Plaggendüngung gab es auf den Eschen gute Getreideernten: Das Artland wurde zur Kornkammer Osnabrücks. Der Wohlstand der Bauern ist an der Größe ihrer Höfe ablesbar, auch an dem reichen Schmuck der Giebel, die sich in vielfältiger Weise unterscheiden. Sie werden nicht überall von Pferdeköpfen bekrönt; man erkennt hier auch Drachen oder Schlangen.

Drachen sind im Artland schon vor Jahrhunderten dargestellt worden, auch auf Möbeln und dem Chorgestühl der Kirche Sankt Sylvester in Quakenbrück, sie tauchen auf den Wappen der Artlandorte auf, und der bekannte Basketballclub von Quakenbrück nennt sich «Artland Dragons». Drachen hat man immer für reptilienähnliche Wesen gehalten; im Artland haben sie weder Flügel noch Beine. Die Vorbilder für solche Drachen könnten daher Schlangen sein: Für Ringelnattern ist ein Binnendelta mit seinen vielfältigen, feuchten und trockenen Orten ein idealer Lebensraum. Man hat sie in der Gegend während der letzten Jahrzehnte nicht oft gefunden, aber es kann durchaus sein, dass diese Tiere im Artland früher häufiger vorkamen. Und wer einmal gesehen hat, wie eine Ringelnatter schwimmend ein Gewässer durchquert, wird das nicht wieder vergessen. Eine ähnlich große Bedeutung haben Schlangen übrigens in einem anderen bekannten Feuchtgebiet, das ebenfalls ein Binnendelta ist: im Spreewald südöstlich von Berlin.

Artlandhof Elting-Bußmeyer bei Badbergen.

Neben Badbergen und Menslage ist vor allem Quakenbrück der zentrale Ort des Artlandes. Geht man durch die Stadt, erkennt man, dass ihr Untergrund dem des Umlandes gleicht: Kleine Horste trockenen Landes werden von Senken umgeben, in denen Gewässerarme der Hase verlaufen. Man staute sie in der Stadt, um Mühlen zu betreiben. Die Große Mühle wurde restauriert, und es dreht sich dort heute auch wieder ein unterschlächtiges Mühlrad, dessen Basis vom Wasser angetrieben wird. Im Mittelalter konnte man als Müller in Quakenbrück seine Dienste zum Kornmahlen für das gesamte Umland anbieten. Die Bauern des Artlandes brachten Korn und damit Wohlstand in die Stadt, weil sie das Kornmahlen als Dienstleistung bezahlen mussten. Wenn Mühlen in der Stadt lagen, konnte man aber auch deren Bevölkerung mit Mehl versorgen, so dass zu jeder Zeit Brot gebacken werden konnte. Im Fall einer Belagerung war es wichtig, dass die Stadt über genügend Vorräte an Korn verfügte, um die Bevölkerung ausreichend lange mit Nahrung zu versorgen – vielleicht so lange, bis die Belagerer aufgaben.

Die Kirche und der Markt mussten auf trockenem Boden angelegt werden. Bei der Kirche war das deswegen so wichtig, weil die Toten im daneben liegenden Friedhof nur dann zu Erde wurden, wenn der Boden durchlüftet war. Die Stiftskirche Sankt Sylvester ist wie die meisten mittelalterlichen Gotteshäuser von West nach Ost ausgerichtet, die Lange Straße als Hauptstraße der Stadt verläuft im rechten Winkel zur Kirche von Süd nach Nord. Andere Straßen folgen den Gewässerarmen der Hase, die die Stadt von Südost nach Nordwest durchziehen. Daher gibt es in Quakenbrück zwei Richtungen von Straßen, die sich nicht im rechten Winkel kreuzen.

Quakenbrück und das Artland waren lange Zeit von ihrer Umgebung isoliert, weil ihre Bevölkerung im Gegensatz zu derjenigen in angrenzenden Gebieten traditionell evangelisch war. Man hielt viel auf gute Schulbildung, auch vor Jahrhunderten konnten viele Bewohner des Artlandes lesen und schreiben. Die Überwindung der Isolation mag ein Grund dafür gewesen sein, warum man in Quakenbrück ein auffälliges Denkmal für den Krieg von 1870/71 und damit die Gründung des Zweiten Deutschen Kaiserreiches vor das Rathaus setzte. Denn auf diese Weise kam der Aufschwung in die Stadt: In den ersten Jahren des Kaiserreichs wurde Quakenbrück an das Eisenbahnnetz angeschlossen. 1876 war die Bahn fertig. Dass dies ein wichtiges Ereignis für die Stadt war, zeigt sich daran, dass man Jahre später ein sehr repräsentatives Bahnhofsgebäude errichtete; als Bahnreisender hat man den Eindruck, in einer Großstadt anzukommen, aber dahinter liegt dann doch nur eine kleinstädtische Bahnhofstraße, auf der man ins Zentrum des Städtchens gelangt.

Von der Entstehung der Buchenwälder
DAS LAND LIPPE

Viele Menschen, die nicht aus dem Land Lippe stammen, haben Schwierigkeiten, es auf der Landkarte zu finden. Und in der Tat: Der Begriff «Lippe» bezeichnet verschiedene Regionen, auch solche, die mit dem Land Lippe nichts zu tun haben. Lippe wurde von der Residenzstadt Detmold aus beherrscht, es ist also das Land in der Umgebung dieser Stadt. Es gibt außerdem noch das Land Schaumburg-Lippe, das von einer Nebenlinie der Lipper Herren regiert wurde, aber nicht zu Lippe gehört; es liegt heute im Bundesland Niedersachsen. Schließlich gibt es noch den Fluss Lippe, der aber auch nichts mit dem Land Lippe zu tun hat, sondern in der Nähe von dessen Westgrenze entspringt und dann seinen Lauf zum Rhein nimmt und sich dabei vom Land Lippe entfernt.

Detmold ist heute die Hauptstadt des Regierungsbezirkes Ostwestfalen-Lippe im Bundesland Nordrhein-Westfalen. Auch der Name des Regierungsbezirkes ist für Ortsfremde nicht einfach zu verstehen. Ursprünglich gab es die germanisch besiedelten Regionen Westfalen (westlich der Weser), Engern (an der Weser) und Ostfalen (zwischen Weser und Elbe). Ostfalen gehört heute zu den Bundesländern Niedersachsen und Sachsen-Anhalt; Ostwestfalen hat damit nichts zu tun, sondern ist der Osten Westfalens im Bundesland Nordrhein-Westfalen.

Das Land Lippe umgibt die Städte Detmold und Lemgo, ferner Bad Salzuflen, Lage, Horn, Blomberg und Schwalenberg. Die größeren Städte Bielefeld, Herford oder Paderborn sind in das Gebiet des Landes Lippe gerade eben nicht mehr eingeschlossen. Wer nach Lippe reisen will, wird aber bei diesen Städten den schnellen Zug oder die Autobahn verlassen, um dann in das Lipper Land zu fahren.

Externsteine bei Holzhausen.

Das Land Lippe ist eine abwechslungsreiche Mittelgebirgslandschaft. Das bedeutet aber nicht, dass das gesamte Gebiet ein Bergland ist; vielmehr liegen zwischen den einzelnen Berg- und Hügelketten auch kleinere und größere Senken. Zwei Höhenzüge rahmen das Lipper Land ein, das Weserbergland im Nordosten und der Teutoburger Wald im Südwesten. Der Nordostteil des Teutoburger Waldes wird auch als Lippischer Wald bezeichnet, an den sich weiter nach Bielefeld zu der Osning anschließt; am Südwesthang des Teutoburger Waldes liegt die weithin ebene Sandebene der Senne. Die Gebirgskämme bestehen aus hartem Sandstein, der in verschiedenen geologischen Epochen (Buntsandstein und Keupersandstein aus der Trias, weiterer Sandstein aus der Kreidezeit) entstand. Böden auf Sandstein sind in der Regel unfruchtbar, und daher entwickelten sich auf ihnen keine idealen Gebiete für die Landwirtschaft. Die meisten Bergkämme sind vielmehr von Wäldern bestanden, die kein ursprüngliches Bild mehr aufweisen: In ihnen überwiegen nicht mehr Laubbäume wie in den ersten Jahrtausenden nach der letzten Eiszeit. Die heutigen Wälder wurden aufgeforstet, und dabei verwendete man Fichten und Kiefern, die natürlicherweise an ihren jetzigen Wuchsorten nicht vorkommen würden. Erdgeschichtlich ähnlich alte Ablagerungen von weicherem Ton, den man nicht an den Bergkämmen, sondern in niedriger liegenden Regionen findet, wurden und werden in Tongruben gefördert. Aus dem Ton werden in bekannten Ziegeleien Ziegelsteine hergestellt.

Etwas mehr Mineralstoffe gibt es in den Böden auf Muschelkalkhöhen des Lipper Landes, etwa im Hohenhausener Bergland im Nordosten, rings um den Hauptort der Gemeinde Kalletal im Weserbergland. Muschelkalk ist nicht ganz so hart wie Sandstein und bildet daher keine markanten Bergkämme. Im geringfügig wasserlöslichen Kalkstein können sich Klüfte bilden, durch die Wasser versickert. Kalkflächen sind daher recht trocken und eignen sich nicht überall für den Ackerbau. Auch hier gibt es Wald, in dem aber mehr Buchen stehen als auf dem harten Sandsteinuntergrund.

Im Gegensatz zu den Berg- und Hügelzügen weisen viele Senken des Lipper Landes fruchtbaren Ackerboden auf: Dort wurde nämlich vielerorts Löss abgelagert, der zahlreiche Mineralstoffe enthält. Diese Gebiete sind wegen ihrer guten Eignung für die Landwirtschaft waldärmer als die Gebirge. Die größte Senke ist das dicht besiedelte Land um die Städte Bad Salzuflen, Lage, Lemgo und Detmold. Nach Südosten zu wird das Land hügeliger; dort sind die Senken weniger stark ausgedehnt, und die Besiedlungsdichte ist geringer. An der Verteilung von Wald und Ackerland lässt sich im Lipper Land ebenso wie in benachbarten Gebieten gut erkennen, wo die Böden mineralstoffreich und fruchtbar oder arm und für den Ackerbau nur eingeschränkt nutzbar sind. Generell gilt: Fruchtbares Land wird von der Landwirtschaft, weniger fruchtbares von der Forstwirtschaft genutzt.

Die Gesteine der Gebirge sind in diversen geologischen Epochen entstanden. Zunächst ragten die Berge noch nicht in die Höhe, sondern an ihrer Stelle befanden sich Senken, in denen sich Kalk oder Sand ansammelten. Kalk setzte sich am Grund flacher Meere ab, die die Senken ausfüllten. Sand blieb im Wasser dort liegen, wo Strömungen erlahmten, entweder an einem Strand oder an Mündungen von Flüssen in ein Meer. Auch wenn eine Senke trockenfiel, sammelte sich dort Sand an: Dann wehte ihn der Wind herbei.

Auf solche Prozesse der Sedimentation folgte eine Phase der Lithogenese oder Gesteinsentstehung. Durch immer weitere Ablagerung von Sand oder Kalk wurden die unter ihnen liegenden Sedimente zusammengepresst und schließlich zu Stein verfestigt. Erst danach bildete sich – in einer Phase der Orogenese – das Gebirge: Durch Kräfte aus dem Erdinneren wurden Kontinentalschollen übereinandergeschoben. Einzelne Gesteinsschichten wurden in die Höhe gehoben, schräg gestellt und damit zu einem Gebirge.

Das Stück Erde, das später einmal zum Lipper Land wurde, hob sich mehrfach, vor allem im Zuge der variskischen Gebirgsbildung im Erdaltertum und im Tertiär. Je weiter das Bergland in die Höhe gehoben worden war, desto stärker war und ist es der Erosion unterworfen: Winterlicher Frost sprengt kleine Steine oder große Felsen von den Bergen ab, vor allem von deren Steilabbrüchen. Fließendes Wasser bewegt die kleinen Gesteinsbruchstücke, die der Frost aus dem Untergrund löste. Dabei werden kantige Steine zu Kieseln abgerundet.

Einzelne Gesteinsschollen wurden, als sie gehoben wurden, sogar senkrecht gestellt, beispielsweise die aus kreidezeitlich gebildetem Osning-Sandstein bestehenden Externsteine. Die anschließende Erosion durch Frost und Regenwasser führte zum heutigen Erscheinungsbild dieser besonders skurrilen Berg- und Felsenformen, die zu den bekanntesten und auch sagenumwobenen Sehenswürdigkeiten des Lipper Landes gehören.

Sand und Löss bedecken seit dem Eiszeitalter als lockere Ablagerungen das feste Gestein, und zwar vor allem in den Senken. In der ersten Phase der vorletzten Eiszeit, in der Drenthe-Phase der Saaleeiszeit, drangen Gletscher bis in das Lipper Bergland vor. Moränen aus vielfältigem Gesteinsschutt, die die Gletscher aus dem Norden Europas mitgebracht hatten, blieben beispielsweise bei Krankenhagen am Rand des Weserberglandes liegen. Zeitweise wurde der gesamte Teutoburger Wald von Eis bedeckt. Damals floss an dessen Südwestabdachung eine Menge an Schmelzwasser ab. Es riss Sande aus dem vergletscherten Bereich ein Stück weit mit sich. Wo die Strömung nachließ, blieb der Sand liegen, und nur noch feinere Gesteinsbestandteile, Schluff und Ton, wurden weitertransportiert. Aus dem Schmelzwassersand, der im Vorfeld der Gletscherfront liegen blieb, wurde das Sandgebiet der Senne. Immer dann, wenn der Sand trockenfiel und nicht von Vegetation festgelegt wurde, konnte er vom Wind verlagert werden. Das war in kalten und trockenen Witterungsphasen schon während der Eiszeit der Fall, schließlich auch wieder in der Zeit seit dem Mittelalter, als das Land weiträumig beweidet und zum Heidegebiet wurde. Die Tiere zerstörten die Vegetation, der Sand lag offen da, der Wind konnte ihn aufnehmen und formte Flugsandflächen und Dünen. Weite Teile der Senne sind seit Jahrzehnten militärisches Übungsgelände. Fahren Panzer über den Sand, wird die Vegetationsdecke zerstört und der Wind kann den Sand aufnehmen: Immer neue Dünen entstehen, die immer wieder von Dünenvegetation besiedelt werden können, beispielsweise vom Silbergras und von der Sandsegge. Wenn Pflanzen auf den Dünen wachsen, werden sie festgelegt. Das heißt, dass dann der Sand nicht mehr verweht wird.

Der Wind verlagerte auch feinere Bestandteile aus trockenen

Gletschervorfeldern und deponierte ihn andernorts als Löss. Der feine Löss wurde weiter getragen als der schwere Sand, der unmittelbar in den Gletschervorfeldern und auch entlang von trockengefallenen Schmelzwasserflüssen deponiert wurde. Am Rand von Gletschern bildeten sich Windströmungen vom vereisten zum nicht vereisten Bereich. Denn über dem kalten Gletscher lag ein Bereich hohen Luftdrucks. Niedriger war der Luftdruck im Gletschervorfeld. Dort konnte sich Luft nämlich leichter erwärmen und aufsteigen. Wind weht immer von Hochdruck- zu Tiefdruckgebieten; er nahm feine Gesteinsbestandteile aus den trockenen Gletschervorfeldern mit sich und trug sie weiter ins Umland. Sie blieben dort liegen, wo der Wind nachließ, vor allem am Rand der Bergländer. Der Staub sank auch zwischen den einzelnen Berg- und Hügelzügen auf den Untergrund, in den sogenannten intramontanen Senken. Auf den Höhen wurden geringere Mengen des feinen Gesteinsstaubs abgelagert; den größten Teil davon spülte das Regenwasser bald schon in die Senken, so dass auf den Berghöhen heute kaum noch etwas davon zurückgeblieben ist und das harte Gestein zutage tritt.

Löss enthält zahlreiche Mineralstoffe, die Pflanzen zum Wachstum benötigen. Daher sind Lössgebiete fruchtbar. Wo kein Löss abgelagert wurde oder wo er nach seiner Ablagerung wieder abgeschwemmt wurde, sind die Landflächen in der Regel weniger ertragreich. Auf die Ausbildung der Landschaft hat das Vorhandensein oder Fehlen von Löss immense Auswirkungen. Denn Lössgebiete wurden später in aller Regel zu fruchtbarem Ackerland. Für die Bauern hatte aber ursprünglich eine andere Eigenschaft von Lössgebieten größere Bedeutung: Sie sind leicht zu bearbeiten, weil sie kaum Steine enthalten.

Trotz des Niederschlagsreichtums der Gebirge wird das Lipper Land nur von kleinen Flüssen durchzogen. Aber es gibt eine ganze Menge von ihnen, beispielsweise Bega, Werre, Emmer und Exter. Sie gehören zu den wenigen Nebenflüssen der Weser in Nordrhein-Westfalen. Die Emmer mündet südlich von Hameln unmittelbar in die Weser, die Exter in Rinteln. Die Bega fließt durch Lemgo und mündet bei Bad Salzuflen in die Werre, den Fluss, an dem Detmold und Lage liegen. Die Werre erreicht bei Löhne die Else; dieser Fluss mündet östlich von Bad Oeynhausen in die Weser. Zahlreiche Quellen, die an der Südwestabdachung des Teutoburger Waldes entspringen, bringen Gewässer hervor, die entweder über die Ems oder die Lippe und den Rhein die Nordsee erreichen. Die Ems entsteht aus mehreren Quellbächen, die im Gebiet der Senne entspringen. Die Quelle der Lippe ist eine Karstquelle bei Bad Lippspringe, in der Wasser wieder zutage tritt, nachdem es in einem Kalkgebiet des Teutoburger Waldes versickert war. Weitere Bäche, die den Flusslauf der Lippe bald verstärken, stammen aus der südlichen Senne.

Nach der letzten Eiszeit, der Weichseleiszeit, kamen zunächst Kiefern und Birken in den Wäldern hoch, dann Haselbüsche, Eichen, Linden, Ulmen und Eschen. Kiefern hielten sich nur noch dort, wo die Böden ungünstig für Laubbäume waren: auf den trockensten Sandflächen und am Rand von Mooren. Wo heute mit Kiefern aufgeforstet wurde, nämlich im Bergland, wurden die Nadelbäume damals von Laubbäumen verdrängt.

Das Lipper Land gehört zu den besonders früh von Ackerbauern besiedelten Landstrichen in Mitteleuropa. Pollenfunde von Getreide belegen, dass es bereits vor über 6000 Jahren Kornfelder in der Gegend gab. Um sie anzulegen, musste man den Wald roden. Das geschlagene Holz war ein wertvoller Rohstoff: Man verwendete lange Eichenstämme zum Hausbau, das Kleinholz zum Heizen und Kochen. Frühe Siedlungen der damaligen Jungsteinzeit wurden in der Regel nur in den Lössgebieten gegründet. Denn allein dort konnten die Böden mit den Ackerbaugeräten der damaligen Zeit bearbeitet werden, die aus Stein, Holz und Knochen bestanden. Dagegen war es unmöglich, mit solchem Gerät steinige Böden zu bewirtschaften.

Die Lössflächen reichten bis an den Rand der Täler. Dort wurden typischerweise die Siedlungen gegründet. Unterhalb der Siedlungen, wo man den vom Wasser freigelegten steinigen Boden nicht beackern konnte, ließ man Vieh weiden, oberhalb, auf den Lössflächen, wurden Felder bestellt. Die Siedlung lag zwischen Acker- und Weideland. So bildete sich eine charakteristische Lage ländlicher

Siedlungen heraus, die immer wieder aufgesucht wurde: an der Nahtlinie zwischen Lössflächen und lössfreien Tälern.

Bis zum Mittelalter bestand wie auch andernorts in Mitteleuropa ein Landbewirtschaftungssystem, das aus heutiger Sicht schwer zu verstehen ist. Keine Siedlung existierte auf Dauer. Nach einigen Jahrzehnten wurden Siedlungen und ihre Wirtschaftsflächen wieder aufgegeben und verlagert. Warum dies geschah, wissen wir nicht; vielleicht ließen die Erträge auf den Äckern nach, oder, was wahrscheinlicher ist, es mangelte nach einigen Jahrzehnten an Holz zur Reparatur oder zum Neubau von Häusern. Man hätte in einiger Entfernung zur bestehenden Siedlung Bäume fällen können; dann hätte man die Stämme vom Ort der Rodung zur bestehenden Siedlung transportieren müssen. Wenn man aber dort, wo man die Bäume schlug, auch die neuen Häuser errichtete, erspart man sich den Holztransport.

Wenn Siedlungen und Äcker verlassen wurden, bildeten sich auf den Brachflächen erneut Wälder. In ihnen konnten sich auch Baumarten, die bisher nicht am Ort vorgekommen waren, rascher aus-

Buchenwald im Lipperland.

breiten als dort, wo die Gehölze stets dicht geschlossen blieben. Die immer wieder stattfindenden Verlagerungen von Siedlungen und Wirtschaftsflächen und die damit zusammenhängenden Neubildungen von Wäldern förderten die Ausbreitung der Buche. Sie zog sich über die gesamte Epoche hin, in der in Mitteleuropa Siedlungsflächen neu geschaffen und wieder verlassen wurden, nämlich von etwa 5000 vor Chr. bis zum Beginn des Mittelalters.

Die fruchtbaren Lössflächen in den Senken des Lipper Landes blieben stets die Kernbereiche von Besiedlung und Ackerbau. Doch im Verlauf der Jahrtausende mehrten sich die technischen Fähigkeiten der Ackerbauern: Sie verwendeten in der Bronze- und Eisenzeit Metalle als neue Werkstoffe, und sie begannen auch, weniger fruchtbare, steinigere Böden zu beackern. Vor allem das Aufkommen der Eisenbearbeitung wirkte sich direkt auf die Art und Weise der Landbewirtschaftung aus. Denn mit eisernen Pflügen konnte man steinigeres Land pflügen, und mit ebenfalls aus Eisen hergestellten Sicheln oder Sensen war es möglich, Felder und Wiesen besser zu mähen. Je mehr Heu man hatte, desto länger konnte man Vieh während des Winters im Stall halten. Im Stall gewann man Dünger, der im Frühjahr auf den Feldern ausgebracht wurde.

In der Zeit um Christi Geburt standen sich in Mitteleuropa nicht nur Römer und Germanen gegenüber, sondern auch zwei verschiedene Landnutzungssysteme, die nicht miteinander kompatibel waren: Im Bereich des Imperium Romanum blieben Siedlungen stabil bestehen, außerhalb davon nicht. Die Römer drangen mehrmals in Gebiete vor, die außerhalb des Limes lagen. Dort kam es zu Auseinandersetzungen mit einheimischen Menschen, von denen einige als Germanen bezeichnet wurden. Ihre Lebensweise wurde von den Römern offenbar nicht völlig verstanden; nach Tacitus lebten sie in Wäldern, bauten aber dennoch Getreide an. Dies ist nicht möglich, denn Korn kann nur auf künstlich frei geschlagenen Flächen gedeihen und reifen, aber keineswegs im Wald. Tacitus fand aber keine anderen Worte für das Leben von Menschen, die nicht völlig dauerhaft am gleichen Ort lebten, sondern nach einer gewissen Zeit Siedlungen aufgaben und deren Areal der Wiederbewaldung überließen.

Fortan hielt man sich an die Schriftquelle des Tacitus und meinte viele Jahrhunderte später, die dichten Wälder hätten die Germanen davor bewahrt, von den Römern unterworfen zu werden. Diese Ansicht ist genauso wenig belegt wie die Annahme, dass überhaupt dichte Wälder im Land der Germanen bestanden. Beides lässt sich aus den Informationen des Tacitus nicht ableiten. Die Meinung ist weit verbreitet, dass es im Teutoburger Wald zur Varusschlacht gekommen sei, in der die Germanen unter ihrem Feldherrn Hermann (oder Arminius) die Römer entscheidend schlugen. Ob das eine Schlacht oder eher nur ein Gefecht war, wo der Kampf genau stattfand, ob die Germanen einen «Feldherrn» hatten, ob das Gemetzel wirklich die Bedeutung hatte, die ihm in nationalistischem Hochgefühl beigemessen wurde: All das ist nicht genau historisch belegt. Aber der Mythos lebt: Im 19. Jahrhundert entstand – weithin sichtbar – das über 53 Meter hohe Hermannsdenkmal auf der Höhe des Teutoburger Waldes bei Detmold. Das Denkmal des monumentalen Hermann wurde 1875 fertiggestellt.

Hermann der Cherusker wurde zu einer Symbolfigur für deut-

Schatten des Hermannsdenkmals bei Detmold, das zur Erinnerung an die Schlacht zwischen Römern und Germanen im Teutoburger Wald von Ernst von Bandel geschaffen wurde.

schen Nationalismus. Heinrich von Kleist hatte ihn 1808 in seinem Drama «Die Hermannsschlacht» besungen. In Hermanns Schlussmonolog heißt es:

Ihr aber kommt, ihr wackern Söhne Teuts,
Und Laßt, im Hain der stillen Eichen,
Wodan für das Geschenk des Siegs uns danken! –
Uns bleibt der Rhein noch schleunig zu ereilen,
Damit vorerst der Römer keiner
Von der Germania heilgem Grund entschlüpfe:
Und dann – nach Rom selbst mutig aufzubrechen!
Wir oder unsre Enkel, meine Brüder!

1808 und 1875 richtete man diese Botschaft keineswegs nur an Rom. Hermann blickt nach Westen, in die Richtung von Frankreich; die Franzosen hatte man, weil sie eine romanische Sprache sprachen, immer wieder mit den Römern verglichen. Man meinte, sowohl die Römer als auch die Franzosen könnten mit deutschen Wäldern nicht umgehen; die Säulen am Hermannsdenkmal sind von Kapitellen aus dichtem Laub bekrönt. Tatsächlich hatten die Römer das Land um den Teutoburger Wald nicht unterworfen, und die Franzosen sollten davor gewarnt werden, Ähnliches zu versuchen. 1808 hatten sie unter Napoleon gerade Preußen besiegt, wurden aber wenige Jahre später aus Mitteleuropa vertrieben. Kurz vor 1875 waren die Deutschen weit nach Frankreich eingedrungen, und im Schloss von Versailles war Kaiser Wilhelm I. gekrönt worden. Wer 1875 an Hermanns Sieg über die Römer dachte, sah auch die Entwicklung hin zum Zweiten Deutschen Kaiserreich. Das Land um das Hermannsdenkmal war damals zu einer wichtigen symbolischen Landschaft geworden. Doch diese Bedeutung erhielt es erst im 19. Jahrhundert und nicht in römischer Zeit. Man weiß, dass die Römer immer wieder in das Land östlich des Limes vorstießen. Den Grund dafür, dass sie das Land nicht unterwarfen, meinte man im 19. Jahrhundert zu kennen, aber das war und ist eine Illusion.

Mit dem Beginn des Mittelalters bildete sich im Lipper Land – wie überall in Mitteleuropa fortschreitend von Ost nach West – ein neues Landnutzungssystem heraus, das am Mittelmeer schon lange Zeit zuvor bestanden hatte. Einmal gegründete Siedlungen blieben in aller Regel ortsfest bestehen. Sie und ihre Wirtschaftsflächen wurden nun nicht mehr verlagert. Mittelalterliche und spätere ländliche Siedlungen befanden sich aber so gut wie immer am Rand der Täler, zwischen Ackerland und Grünland, genauso wie ihre prähistorischen Vorgängerorte.

Im Lauf des Mittelalters wurde das Ackerland jeder Siedlung in mehrere Felder aufgeteilt, die ihrerseits in schmale Ackerbeete zerlegt wurden. Auf diesen Flächen wurde eine Fruchtwechselwirtschaft etabliert, meistens eine Dreifelderwirtschaft. Ihre Einführung war die Voraussetzung dafür, dass im ländlichen Bereich Überschüsse an Erntegut erzielt werden konnten, die als Abgaben in die Städte gelangten. Weideland und Wälder wurden dagegen nicht geteilt. Sie bildeten die Allmenden oder die Gemeinheiten, die alle Mitglieder einer Dorfgemeinschaft nutzen durften. Wegen der ungeregelten Holzentnahme und der Beweidung der Gebiete wurden die Wälder immer lichter oder schließlich sogar völlig zurückgedrängt.

Die Städte wurden erst zu einem Zeitpunkt gegründet, als bereits ländliche Siedlungen in der Umgebung vorhanden waren, von denen aus die Städte versorgt werden konnten. Viele Stadtbewohner hatten aber auch ihre eigene Landwirtschaft, als sogenannte Ackerbürger. Städte entwickelten sich nicht direkt aus Dörfern; das lässt sich daran erkennen, dass sie anders als Dörfer gelegen sind. Die meisten mittelalterlichen Städte entstanden unmittelbar am fließenden Wasser und nicht abgesetzt davon am Talhang. Die unmittelbare Nachbarschaft zwischen Stadt und Wasser war einerseits für die Versorgung mit frischem Wasser und die Entsorgung von Abwasser wichtig, auch für die Verteidigung der Stadt, denn das Wasser ließ sich in Gräben um die Städte leiten – in Detmold ist das gut zu erkennen. Andererseits ergab sich durch die unmittelbare Lage am fließenden Wasser die Möglichkeit, Wassermühlen zu betreiben. Dort ließ sich jederzeit Korn für die Stadtbevölkerung verarbeiten, so dass stets Brot gebacken werden konnte. Vielleicht nimmt der Stadtname von Detmold sogar auf die Mühlen Bezug, die sich unmittelbar am Rand der Stadt, an der Werre, befanden.

Auch Lemgo liegt dicht am Wasser, und zwar an der Bega, einem Nebenfluss der Werre. Auf ihrem gesamten, etwas über 40 Kilometer langen Lauf von der Quelle südöstlich von Barntrup bis zur Mündung bei Bad Salzuflen verläuft die Bega nur ein kurzes Stück genau in Ost-West-Richtung, und exakt dort wurde Lemgo gegründet. Diese topographische Lage war für die Planung einer mittelalterlichen Stadt besonders günstig, denn dort konnten Kirchen und Straßen genau parallel zum Fluss positioniert werden. Der Fluss wurde im Mittelalter aus der tief gelegenen Stadtmitte an den höheren Stadtrand verlegt. Dabei wurde die Bega gestaut; sie fließt seitdem oberhalb der Stadtmitte an Lemgo vorbei.

Die mittelalterliche Landnutzung wandelte sich allmählich immer mehr zu einer Übernutzung: Das Ackerland reichte nicht aus, Holz- und Weidenutzung auf den identischen Flächen der Allmenden oder Gemeinheiten widersprachen einander. Wo Holz geschlagen wurde, trieben anschließend keine neuen Bäume aus, weil das Vieh junge Triebe abbiss. Seit dem 17. Jahrhundert setzten daher Landreformen ein, die zu einer völligen Umgestaltung der Landschaft führten. Die Umgebung der Residenzstadt Detmold wurde besonders offensichtlich verändert, etwa durch die Anlage von Gärten, Alleen und Kanälen. Das Wasser des Friedrichstaler Kanals wurde auf Mühlräder geleitet. Alles das, was nützlich war, sollte aber auch schön sein. Daher wurde der Kanal aufwendig gestaltet, und der lippische Graf Friedrich Adolf lud seine Gäste zu Lustfahrten auf ihm ein. «Es war eine hübsche, reinliche Stadt,» schrieb Malwida von Meysenburg über Detmold, «an einem der malerischsten Punkte des nördlichen Deutschland gelegen, von Hügeln, mit herrlichen Buchenwäldern bedeckt, umgeben, an die sich historische Erinnerungen ferner Vorzeit knüpften.» Historische Erinnerungen? Da bezog sich die Schriftstellerin auf die Hermannsschlacht, die den größten Teil ihrer nationalistisch aufgeladenen Bedeutung, wie wir gesehen haben, erst zu Lebzeiten von Meysenburgs erhielt, nämlich im 19. Jahrhundert.

Nicht nur die repräsentativen Gärten, Parks und deren Umgebung in der Nähe der Städte und Schlösser wurden umgestaltet, sondern fast das ganze Land wurde von einer Innovationswelle er-

fasst. Schmale Ackerbeete wurden zu großen Feldern aneinandergekoppelt; dieser Prozess wird Verkoppelung genannt. Viele Koppeln wurden von Hecken eingefasst; einige von ihnen sind im Lipper Land bis heute zu erkennen. Man umhegte die Koppeln, auf denen man profitableren Ackerbau betrieb oder Vieh hielt, nicht mit Zäunen, sondern mit Gebüsch, um Holz zu sparen und zugleich den Bauern eine Möglichkeit zu geben, an den Hecken Brennholz zu gewinnen. Denn Wälder durften fortan nicht mehr von jedermann genutzt werden. Über sie wachten die Förster, die auf nachhaltige Bewirtschaftung bedacht waren: Keinem Wald durfte mehr Holz entnommen werden, als zur gleichen Zeit nachwuchs.

Zwischen Wald und Weideland wurde strikt getrennt. Weite Teile der Allmenden wurden im Zuge der Gemeinheitsteilungen in privaten Besitz überführt. Wo sich Landwirtschaft nicht lohnte, gab man sie auf und überließ die Flächen dem Wald oder forstete sie auf: Vielerorts findet man Spuren schmaler Äcker aus dem Mittelalter, auf denen heute Wälder stocken. An solchen Stellen kann besonders gut demonstriert werden, wie sehr die Verteilung von Wald und

Detmold, Friedrichstaler Kanal.

Offenland durch die Umgestaltungen der Landschaft in den letzten Jahrhunderten bestimmt wurde; erst seit den Reformen des Landes ist es zur Herausbildung der uns heute vertrauten klaren Musterbildung von Wald und Offenland gekommen. Nur wenige Gemeinheiten blieben ungeteilt erhalten: als Heideflächen und Hudewälder, beispielsweise die offene Fläche des Biesterberges bei Lemgo. Man meint, dort «Natur» zu erkennen, aber eigentlich ist das Gelände eine durch frühere Kultur geprägte Landschaft, die nicht weiter reformiert wurde.

Zur Herausbildung der Landschaft der Neuzeit trug eine immer feiner verästelte Infrastruktur bei. Manufakturen und kleine Industriebetriebe wurden gegründet; ihre Produkte konnten verkauft werden, und mit den Erlösen gelang es, Waren zu erwerben, die es im eigenen Land nicht gab. Das Lipper Land wurde zuerst von kleinem Gewerbe, dann von kleinen Industriebetrieben besonders stark geprägt, etwa durch Ziegeleien, Weberei oder Holz verarbeitende Industrie. In allen diesen Betrieben wurden Rohstoffe des Landes verarbeitet.

Einige dieser ehemals kleinen Betriebe sind heute groß geworden, andere von der Bildfläche verschwunden. Diese Tendenz lässt sich allgemein beobachten; Zentralisierung und Marginalisierung prägen die Landnutzung. Große Städte wachsen, in kleinen Orten stehen Häuser leer, Hauptbahnen und Hauptstraßen werden ausgebaut, Nebenstrecken verschwinden oder werden vernachlässigt, die Landnutzung wird in den Kernbereichen intensiviert, in entlegenen und weniger fruchtbaren Regionen aufgegeben. Deutlich wird daran, wie sehr die Landschaftsgeschichte nicht nur durch den natürlichen Wandel geprägt wird, sondern auch vom Wandel der Landnutzung.

Als man Deutschlands Wohl aus Rheinweinkrügen trank

DER DRACHENFELS AM RHEIN

Der Rheinlauf, wie wir ihn heute kennen, entstand in einem Zeitraum von «nur» einigen Millionen Jahren; der Rhein ist deshalb noch ein junges Gewässer. Ausgehend vom flachen Niederrheingebiet wurde der Fluss sukzessive länger, und sein Tal schnitt sich tiefer in den Untergrund. Befährt man den Rhein von der Mündung her aufwärts, kommt man zunächst in seine ältesten Abschnitte, dann in immer jüngere Bereiche. Die Quellen des Rheins lagen vor Jahrmillionen im Siebengebirge, dann im Rheinischen Schiefergebirge, im Bereich des Oberrheingrabens, schließlich in den Alpen. Einen Fluss nach dem anderen machte er der Donau und anderen Gewässern abspenstig: Solche Flüsse erkennt man daran, dass ihre Oberläufe zur Donau weisen und dann in Richtung Rhein umknicken: Neckar, Wutach, Doubs, Aare, auch die heutigen Quellflüsse Vorder- und Hinterrhein in den Alpen. Und wer weiß, welche Flüsse der Rhein noch anzapfen wird? Im Rhein sammelt sich mehr Wasser als in anderen Flüssen: Er nimmt die kürzeste Strecke zum Meer, und er hat daher ein größeres Gefälle als andere mitteleuropäische Flüsse.

Das Siebengebirge mit dem Drachenfels (321 m), dem markant unmittelbar am Fluss aufragenden Felsen, ist ein vulkanisches Gebirge. Von einigen Aussichtspunkten des Umlandes erkennt man tatsächlich sieben Berge, aber die Zahl steht auch als Synonym für «mehrere» oder ähnliche Mengenangaben. Mit der Bezeichnung «Sieben Sachen» meint man ebenfalls nicht immer genau sieben Gegenstände. Und tatsächlich gibt es im Siebengebirge mehr als sieben Kegel. Der Drachenfels als einer der vor rund 25 Millionen Jah-

Drachenfels und Drachenburg.

ren entstandenen Vulkane besteht aus Trachyt, einem vulkanischen Gestein, das man als einen sehr guten Baustein nutzen kann. Der jüngste Vulkan, auch schon mehrere Millionen Jahre alt, ist der etwas höher aufragende Petersberg (336 m), den man vom Drachenfels aus sieht. Die höchste Erhebung des Siebengebirges ist der 460 Meter hohe Große Ölberg.

Viel Wasser läuft im Rhein vor allem im Sommer ab, wenn in den Alpen der Schnee schmilzt. Wenn die Schneeschmelze in den Alpen mit starkem Regen in den Mittelgebirgen zeitlich zusammenfällt, kann es zu katastrophalem Hochwasser kommen: Das Wasser des Rheins steigt in kürzester Zeit um mehrere Meter. Aber das Hochwasser geht nachher wegen des großen Gefälles im Fluss auch schnell wieder zurück. Das bedeutet, dass alle Hochwasserschutzanlagen nur für relativ kurze Zeit belastet werden; Deiche an anderen Flüssen, etwa der Elbe oder der Oder, müssen für keine so hohen Wasserstände, aber für eine längere Überflutungsdauer ausgelegt sein.

Seine große natürliche Wassertiefe und der Zeitraum des hohen Wasserstandes in der warmen Jahreszeit machten den Rhein schon in römischer Zeit zu einem besonders günstigen Weg für die Schifffahrt und damit zu einer besonders wichtigen Infrastrukturachse für die Versorgung weiter Landstriche. Die Römer dehnten das Gebiet ihrer Zivilisation und ihren Wirtschaftsraum, in dem Menschen dauerhaft mit Gütern des täglichen Bedarfs versorgt wurden, bis

zum Rhein und bis zur Donau aus. Wesentlich weiter in den Norden und Osten konnten die Römer nicht vorstoßen, denn dort ließen sich keine entsprechenden Handelswege nutzbar machen.

Entlang von Rhein und Donau zogen die Römer eine Grenzmarkierung: den Limes. Die Tatsache, dass Reste von Wällen und anderen Wehranlagen bis heute erhalten blieben, zeigt, wie mächtig die Befestigungen dieser Grenze einst gewesen waren und welche Bedeutung sie hatten. Und die gesamte Anlage des Limes beweist, dass Flüsse allein keine gute Grenze sind. Weitere Befestigungen wurden benötigt, die nämlich nicht nur das von ihnen begrenzte Gebiet, sondern auch die Flüsse schützten. Flüsse wurden nie als Grenzen aufgefasst, und wenn man sagte oder sagt, dass ein Gebiet bis zum Rhein reicht, so war immer klar, dass man sich den Fluss als in das Gebiet eingeschlossen dachte. Flüsse waren stets nicht die Grenzen, sondern die für die Infrastruktur benötigten verbindenden Handelswege. Das ist bis heute so geblieben, obwohl immer wieder von Grenzen an Flüssen gesprochen wird.

Zur römischen Zeit mussten Rhein und Donau gegenüber Menschen geschützt werden, die in das Imperium Romanum nicht integriert waren. Der Limes war nicht nur die Grenze des Römischen Reiches, sondern auch die Nahtstelle, an der vor zwei Jahrtausenden unterschiedliche Lebensweisen und unterschiedliche Landnutzungssysteme aufeinanderstießen. Innerhalb des Imperium Romanum gab es beständige Siedlungen, die über Wasser- und Landwege

Blick auf das Siebengebirge im Herbst.

in Handelsnetze eingebunden waren. Außerhalb des Limes herrschte eine solche Staats- und Wirtschaftsstruktur nicht, es gab keine entsprechenden Wege, die der Infrastruktur und dem Handel dienten. Siedlungen mussten verlagert werden, wenn es an lebensnotwendigen Gütern mangelte.

Der Rhein behielt in nachrömischer Zeit seine große Bedeutung als Handelsweg. Dies fand in zahlreichen Sagen seinen Niederschlag, etwa im Nibelungenlied oder in der Sage vom Rheingold und dem Nibelungenhort. Die Sage von diesem Schatz könnte durch die geringen Mengen an Gold angeregt worden sein, die man immer wieder im Flussbett des Rheins findet; es kommt aus den Alpen und wird vom Wasser flussabwärts transportiert. Eine weitere Sage bezieht sich auf den Drachen, der entweder auf dem Drachenfels oder aber auch am Grund des Rheins gewohnt haben soll. Siegfried besiegte ihn nach sagenhafter Vorstellung am Drachenfels. Diese Erzählung könnte tatsächlich etwas mit dem Charakter der Landschaft zu tun haben. Der Drachenfels ist nämlich der letzte steil aufragende Berg, den man, von Süden kommend, auf der gefährlichen Schiffs- oder Floßreise durch das eng gewundene, streckenweise schluchtartig eingetiefte Mittelrheintal mit seinen starken Strömungen und Klippen passiert. Wer auf dem Weg nach Bonn, Köln oder in die Niederlande am Drachenfels vorbeigekommen ist, hat dem Rhein gegenüber gewonnen und damit vielleicht auch den Drachen besiegt. Die Anzahl der Versionen der Nibelungensage und die Menge ihrer Deutungen sind unübersehbar. Der einen oder anderen Erklärung allein zuzuneigen ist ausgeschlossen. Und man muss bedenken, dass es um eine Sage und um Ideen geht, nicht um die Aufdeckung von Realitäten. Auf was sich der Name des Berges Drachenfels tatsächlich bezieht, ist nicht klar. Lange Zeit meinte man, der am Berg gewonnene Trachyt habe dem Berg seinen Namen gegeben, aber das ist nicht möglich, denn das Gestein wurde erst zu Beginn des 19. Jahrhunderts entdeckt und mit einem Namen versehen, als der Berg schon längst als Drachenfels bekannt war. Die Bezeichnung für den Berg ist bereits aus dem 12. Jahrhundert überliefert.

Im Mittelalter entwickelten sich zwischen den Flusssystemen von Rhein und Rhone sowie über die Alpenpässe hinweg zahlreiche neue Handelswege quer durch Europa. Sehr große Bedeutung hatte der Handel mit Holz, das aus den Gebirgen am Oberlauf des Rheins in das Rheinmündungsgebiet, vor allem in die Niederlande, geflößt wurde. Der Handelsweg wurde von vielen Burgen geschützt. Zu ihnen gehörte auch die 1138 erstmals genannte Burg auf dem Drachenfels. Die zahlreichen Städte am Rhein und seinen Nebenflüssen, die teilweise schon in römischer Zeit bestanden hatten, konnten auf dem Wasserweg sehr gut mit Gütern des täglichen Bedarfs versorgt werden. Am tief eingeschnittenen Mittelrhein war dies die Voraussetzung dafür, dass dort überhaupt Menschen siedeln konnten. Beidseits des Stromes waren nur schmale Streifen Landes verfügbar, so dass dort zwar die Häuser der Siedlungen Platz fanden, nicht aber auch Felder zum Anbau von Nahrungspflanzen. Stattdessen konzentrierte man sich bereits in römischer Zeit auf eine Spezialkultur, den Weinbau; im Mittelalter spielte er eine noch viel größere Rolle. Die steilen Hänge des Mittelrheintals erhielten genauso viel Sonne wie ebene Flächen weiter im Süden, so dass die Früchte des wärmeliebenden Weinstocks zur vollen Süße heranreiften. Die Weinbauern am Rhein gaben den Wein in den Handel und bekamen dafür Korn und andere Grundnahrungsmittel. Die Weinorte am Rhein nahmen einen besonderen Charakter an: Sie sind eng und winklig, weil es wenig Platz für Gehöfte, Weinschenken, Straßen und Plätze gibt. Weitere Produkte, mit denen man Handel trieb, waren Bausteine und Holz. Überall an den Hängen, wo Wein nicht gedieh, wuchsen Eichenwälder. Die Bäume wurden immer wieder nahe am Boden gefällt. Dann wuchsen neue Triebe in die Höhe, aber nicht gerade, sondern stärker oder schwächer gebogen. Dieses Krummholz konnte man sehr gut an Schiffbauer verkaufen, die daraus Spanten für Schiffe machten. Das Krummholz wurde oft als sogenannte Oblast auf Flößen nach Holland mitgenommen, und die Eichen aus den rheinischen Niederwäldern waren weithin bekannt.

Vom Rhein ausgehend wurde im Mittelalter das Gebiet der Zivilisation und ihres Landnutzungssystems nach Osten und Norden ausgeweitet. Landwege wurden in die Infrastruktur stärker eingebunden. Besonders große Bedeutung bekam der Hellweg, der am Rhein, in Duisburg, einen seiner Anfangspunkte hatte und eine

Verbindung zur Elbe und weiter östlich gelegenen Gebieten herstellte. Auch auf diesem Landweg wurden Wein und Steine vom Rhein in den Norden und Osten Europas transportiert.

Ein Bauwerk, für das man Trachyt vom Drachenfels verwendete, war der gotische Kölner Dom, der auf älteren Grundmauern seit 1248 entstand, in einer Zeit der wirtschaftlichen Blüte in vielen Teilen Europas. Jahrhundertelang wurde am Kölner Dom gebaut, aber die Kirche blieb bis zum 19. Jahrhundert unvollendet. Viele Burgen am Rhein verfielen, denn man brauchte sie zur Sicherung des Handels nicht mehr. Die Burg auf dem Drachenfels wurde 1634 geschleift.

Immer wieder kam es aus unterschiedlichen Gründen zu kriegerischen Auseinandersetzungen zwischen Franzosen und Deutschen am Rhein oder um den Rhein. 1794 drangen die Truppen Napoleons bis zum Rhein vor, und Köln wurde besetzt. Das unfertige Dombauwerk litt unter der zweckentfremdenden Verwendung als Lagerraum und Unterstand für Pferde der napoleonischen Truppen; es kam zu Zerstörungen. Der Rhein (und nicht etwa der Limes öst-

Weinberge bei Bacharach.

lich davon wie in römischer Zeit) war nun tatsächlich zur Grenze geworden. In deutschen Landen sah man Parallelen zwischen den Franzosen unter Napoleon und den Römern, die 1800 Jahre zuvor ebenfalls zum Rhein gekommen waren. Napoleon trat in römischer Tradition als Kaiser auf, seine Soldaten sprachen wie die Römer eine romanische Sprache, und man sagte den Franzosen nach, dass sie ebenso wie die Römer nichts vom Wald verstünden. Friedrich Ludwig Jahn, der «Turnvater», forderte daher, man möge an der Grenze zu Frankreich undurchdringliche Wälder pflanzen. Er vertrat diese Ansicht in Kenntnis der «Germania» des Tacitus wohl deswegen, weil er und auch viele andere erwarteten, dass sich die Franzosen ebenso wie die Römer in dichten Wäldern nicht orientieren könnten.

Napoleon aber gelang es im Gegensatz zu den Römern, seine Truppen über den Rhein zu führen und weite Teile Europas zu unterwerfen. Gegen Napoleon und die Franzosen formierte sich Widerstand, und dabei wuchs der deutsche Patriotismus. Die Franzosen sollten vom Rhein vertrieben werden, die Deutschen wünschten sich Freiheit und eine erneuerte staatliche Identität.

Diese Wünsche waren mit der Rheinromantik von Anfang an verbunden. Man entdeckte die alten Burgen wieder, besserte sie aus, baute sie um, und schuf weitere an mittelalterliche Burgen erinnernde Bauwerke, man sammelte und ergänzte Märchen und Sagen, aber nicht nur, um sich für das Alte zu begeistern, sondern auch um damit eine deutsche Identität zu stärken, und dies besonders am Rhein. Clemens Brentano und Achim von Arnim hatten 1802 eine Rheinreise unternommen und sich für Landschaft, Geschichte und Geschichten am Fluss begeistert. Brentano war am Mittelrhein, in Ehrenbreitstein bei Koblenz, geboren worden, der Mittelrhein war seine Heimat aus Kindertagen. Kurz nach 1800 erfand er gemeinsam mit Achim von Arnim die Figur der Loreley. In den Jahren 1810 bis 1812 schrieb er «Die Mährchen vom Rhein». Sie werden dem «Vater Rhein» erzählt, damit er einen Menschen, der von den Erfindern der Geschichten geliebt wird, wieder freigibt. Die Figur «Vater Rhein» war wohl vom römischen Flussgott Rhenus inspiriert. Möglicherweise war Brentano der erste, der diese fiktive Figur so benannte. Das Gedicht «Heimatsgefühl» ist in Brentanos Rheinmärchen enthalten; der Dichter sehnt einen Zustand herbei, der noch nicht erreicht war, sondern erst später, nach der Zurückdrängung der Franzosen, Realität wurde: Der (deutsche) Sohn war wieder bei seinem Vater (Rhein), der nun nicht mehr von den Franzosen beherrscht wurde:

Wie klinget die Welle!
Wie wehet ein Wind!
O selige Schwelle,
Wo wir geboren sind!

Du himmlische Bläue!
Du irdisches Grün!
Voll Lieb und voll Treue,
Wie wird mein Herz so kühn!

Wie Reben sich ranken
Mit innigem Trieb,
So, meine Gedanken,
Habt hier alles lieb!

Da hebt sich kein Wehen,
Da regt sich kein Blatt,
Ich kann draus verstehen,
Wie lieb man mich hat.

Ihr himmlischen Fernen,
Wie seid ihr mir nah!
Ich griff nach den Sternen
Hier aus der Wiege ja.

Treib nieder und nieder,
Du herrlicher Rhein!
Du kommst mir ja wieder,
Läßt nie mich allein.

O Vater! wie bange
War mir es nach dir,
Horch meinem Gesange,
Dein Sohn ist wieder hier!

Du spiegelst und gleitest
Im mondlichen Glanz,
Die Arme du breitest:
Empfange meinen Kranz!

Das Land am Rhein sollte neu entdeckt werden; die Burgen wurden nun zu schmückenden Elementen der Landschaft, allenfalls sah man noch bedrohliche Raubritter als ihre Bewohner, oder man hielt die Burgen für Grenzfesten. Aber das waren sie nie, denn sie ragten an beiden Hängen des Rheintals auf, und sie wurden auch nicht nur von Raubrittern bewohnt. Dass sie einst gebaut worden waren, um einen Handelsweg zu sichern, war niemandem mehr so recht bewusst.

Nicht nur die Deutschen kamen nach dem Sieg über Napoleon an den Rhein und begründeten dort die Ideen der Rheinromantik, sondern daran beteiligten sich auch Engländer und Amerikaner. In der napoleonischen Ära waren die Engländer lange vom übrigen Europa isoliert gewesen; die Franzosen hatten eine Kontinentalsperre ihnen gegenüber errichtet. Nach dem Wiener Kongress, der 1815 zu Ende ging, stand den Engländern der europäische Kontinent wieder offen.

Lord George Gordon Byron brach im Frühjahr 1816 von England aus auf, um nach Europa zu reisen. Er besuchte zuerst das Schlachtfeld von Waterloo, dann fuhr er am Rhein entlang. Zunächst sah er flache Landschaften, die sich von denjenigen seiner Heimat noch wenig unterschieden: Flandern, die Niederlande und die Ebenen am Niederrhein, durch die sich der Fluss in weiten Schlingen wand. Hinter Köln tauchten die ersten Berge am Rhein auf: die markanten vulkanischen Kegel des Siebengebirges. Byron war begeistert, als er am 11. Mai 1816 vom linken Rheinufer aus den Drachenfels erblickte. 1818 schrieb er das Gedicht «The casteld crag of Drachenfels/Der turmgekrönte Drachenfels», das in Deutschland unter anderem in der Übersetzung von August Mommsen aus dem Jahr 1885 bekannt wurde. Die erste Strophe des Gedichts lautet:

Weit droht ins offne Rheingefild
Der turmbekrönte Drachenstein;
Die breite Brust der Wasser schwillt
An Ufern hin, bekränzt vom Wein;
Und Hügeln, reich an Blüt' und Frucht
Und Au'n, wo Traub' und Korn gedeihn,
Und Städten, die an jeder Bucht
Schimmern im hellen Sonnenschein:
Ein Zauberbild! – Doch fänd ich hier
Zwiefache Lust, wärst du bei mir!

In der vierten und letzten Strophe heißt es über den Rhein:

Der stolze Strom er braust und fließt,
Der schönen Sagen Zaubergrund;
In tausend Windungen erschließt
Sich neue Schönheit, reich und bunt;
Wer wünschte nicht mit Herz und Mund
Ein Leben lang zu rasten hier?
Kein Raum wär' auf dem Erdenrund
So teuer der Natur und mir,
Wenn deine lieben Augen nur
Noch holder machten Strom und Flur.

Byron und andere schrieben zwar über die Natur des Siebengebirges, darunter verstanden sie aber nicht den Untersuchungsgegenstand von Naturwissenschaftlern, sondern eine Idee von Natur, die sie unmittelbar berührte.

Nur wenige Wochen nach dem Dichter kam moderne Technik aus England an den Rhein: Der Schaufelraddampfer «Defiance» befuhr den Fluss und legte am 12. Juni 1816 in Köln an. Aus der geplanten Weiterfahrt nach Frankfurt wurde nichts, weil es Probleme

mit der starken Strömung auf dem Rhein gab. 1817, ein Jahr später, kam James Watt jr. mit dem Dampfschiff «Caledonia» bis Koblenz; nur für den letzten Teil seiner Reise benötigte er den Vorspann durch Treidelpferde. James Watt jr. war der Sohn des englischen Erfinders, der 1769 das Patent für die Konstruktion einer Dampfmaschine erhalten hatte; in diesem Jahr wurde sein Sohn geboren, der ebenfalls James Watt hieß.

Im gleichen Jahr wie James Watt jr., 1817, reiste der englische Maler William Turner den Rhein entlang; er malte den Drachenfels als den ersten markanten Berg, den er auf seiner Reise zu Gesicht bekam. Die Entdeckung des Rheins, seine Erschließung als Verkehrsweg von Dampfschiffen und der Beginn des Tourismus verliefen in den Folgejahren gewissermaßen Hand in Hand. 1826 wurde die Preußisch-Rheinische Dampfschifffahrtsgesellschaft gegründet. Zu deren Aktionären gehörten der Kölner Kaufmann Johann Bernhard Caspar Boisserée und der Verleger Johann Friedrich Cotta. Aus dieser Gesellschaft ging später die Köln-Düsseldorfer Deutsche Rheinschifffahrt AG hervor, die noch heute die Schifffahrt auf dem Rhein betreibt. 1827 wurde der Linienverkehr mit Raddampfern

William Turner, «Der Drachenfels». Aquarell, um 1823/24.

auf dem Rhein aufgenommen. Das neue Verkehrsmittel erleichterte Reisen auf dem Fluss enorm, und es kamen Scharen von Touristen, zunächst vor allem aus England. Ein Tourist war übrigens ursprünglich ein Reisender, der seine «Grand Tour» unternahm, eine Reise nach Italien, die von England aus entweder über Paris und andere Orte Frankreichs oder den Rhein entlang zu den Alpen und dann nach Florenz und Rom führte. So manchen Reisenden mögen die Berge der Alpen und am Mittelmeer, vielleicht die ebenfalls als Vulkan entstandenen Albaner Berge bei Rom, schon vor Augen gestanden haben, als sie das Siebengebirge und den Drachenfels passierten.

Der Drachenfels wurde im 19. Jahrhundert zu einem nationalen Symbol der Deutschen. Immer wieder wurde an die Befreiung von der französischen Besatzung erinnert und die Schaffung eines zweiten deutschen Kaiserreichs gefordert, das an das Kaisertum des Mittelalters anknüpfen sollte. Immer wieder fanden sich Gruppen auf dem Drachenfels und an anderen Orten am Rhein ein, die von einem neuen starken Deutschland träumten. Heinrich Heine beobachtete das Treiben im Revolutionsjahr 1830 mit gemischten Gefühlen und schrieb darüber sein Gedicht «Die Nacht auf dem Drachenfels»:

Um Mitternacht war schon die Burg erstiegen,
Der Holzstoß flammte auf am Fuß der Mauern,
Und wie die Burschen lustig niederkauern,
Erscholl das Lied von Deutschlands heil'gen Siegen.

Wir tranken Deutschlands Wohl aus Rheinweinkrügen,
Wir sahn den Burggeist auf dem Turme lauern,
Viel dunkle Ritterschatten uns umschauern,
Viel Nebelfraun bei uns vorüberfliegen.

Und aus den Trümmern steigt ein tiefes Ächzen,
Es klirrt und rasselt, und die Eichen krächzen;
Dazwischen heult des Nordsturms Wutgebrause…

Sieh nun, mein Freund! So eine Nacht durchwacht' ich
Auf hohem Drachenfels, doch leider bracht' ich
Den Schnupfen und den Husten mit nach Hause.

Heine war nicht durchweg begeistert von der nationalen Idee der Deutschen, die sie da hoch über dem Rhein zum Ausdruck brachten. Er sah die Vergänglichkeit damit verbunden; das brachte er schon dadurch zum Ausdruck, dass er seine Gedanken in die Form eines Sonettes kleidete, ehe er dann zu dem ganz banalen Schluss seines Gedichtes kam.

In den Jahren danach fasste man den Entschluss, den Kölner Dom fertig zu bauen, und zwar als ein weiteres nationales Symbol der Deutschen. Am Beginn des 19. Jahrhunderts fehlte dem Gebäude immer noch ein großer Teil des Mittelschiffs, und von den Türmen bestanden nur Stümpfe. 1814 hatte man in Darmstadt einige Pläne aus dem Mittelalter entdeckt, nach denen die Kathedrale gebaut werden sollte, und 1816 war der Kunstsammler Johann Sulpiz Melchior Dominikus Boisserée auf einen anderen Teil der Pläne in einem Pariser Antiquariat gestoßen. Sulpiz Boisserée war ein Bruder des bereits erwähnten Kaufmanns und Finanziers der Rheinschifffahrt. Bei der Fertigstellung des Domes wollte man das gleiche Baumaterial wie im Mittelalter nutzen: Trachyt vom Drachenfels. Der Drachenfels mit seiner Burgruine war aber inzwischen ebenfalls zum Symbol geworden, und als ein Stück der Ruine oberhalb des Steinbruchs abzurutschen drohte, regte sich der Widerstand gegen den weiteren Abbau von Baustein. 1836 kaufte der preußische Staat, zu dem die Rheinprovinz seit dem Wiener Kongress gehörte, den Drachenfels und schützte ihn auf diese Weise vor weiterer Veränderung. Daher wird der Drachenfels für das älteste Naturschutzgebiet Deutschlands gehalten, obwohl es auch dabei eigentlich um die Bewahrung von Landschaft ging, nicht anders als dann, wenn romantische Dichter von Natur sprachen oder schrieben. Sie war keine Wildnis, sondern es war akzeptiert, dass Menschen in ihr lebten und sie auch gestalteten, solange sie sie nicht zerstörten. Vor allem aber sollte der Drachenfels als ein nationales Symbol bewahrt bleiben. Für die Vollendung des Kölner Doms – er wurde bis 1880, also am

Kölner Dom mit Hohenzollernbrücke

Ende bereits in der Zeit des Zweiten Deutschen Kaiserreichs, fertiggestellt – holte man Baumaterial aus anderen Steinbrüchen des Siebengebirges, die den Besuchern weniger stark ins Auge fielen. Man baute aber auch Stahl in die Fassaden des Doms ein. Die Wände des Kölner Doms wurden dadurch besonders stabilisiert, womöglich ein Grund dafür, dass das Bauwerk bei den Bombardierungen Kölns im Zweiten Weltkrieg zwar beschädigt wurde, aber nicht einstürzte.

Der Kölner Dom steht unmittelbar gegenüber vom Kölner Hauptbahnhof, und die Bahnlinien über den Rhein führen direkt auf den Chor des Kölner Doms zu. Die 1859 gebaute Dombrücke wurde von 1907 bis 1911 durch die Hohenzollernbrücke ersetzt. Vier monumentale Reiterstandbilder stehen an der Brücke, auf der rechten Rheinseite die Monumente für den preußischen König Friedrich Wilhelm IV. und Kaiser Wilhelm I., auf der linken Rheinseite für Kaiser Friedrich III. und Kaiser Wilhelm II., dem als dem damals Regierenden der Ehrenplatz vor dem Chor des Kölner Doms zukommt. Der Rhein, der im rechten Winkel dazu stehende Kölner Dom, die Hohenzollernbrücke und die Reiterstandbilder: Sie sind seit dem Anfang des 20. Jahrhunderts ein besonders bemerkenswertes Stadtlandschaftsensemble. Man hatte nun zwei nationale Symbole der Deutschen am Rhein, die durch den Baustein miteinander verbunden waren, den Drachenfels und den Kölner Dom. Deshalb hatte man den Kölner Dom zu Ende gebaut, und deshalb hatte man den Drachenfels geschützt. Sowohl den Dom mit seinen hohen Türmen als auch den hohen vulkanischen Kegel mit seiner Burgruine konnte man von weither erkennen.

Als der Dichter Ferdinand Freiligrath 1839 den Drachenfels als bekanntesten Berg des Siebengebirges besuchte, war der Begriff Romantik in aller Munde und der Drachenfels ein Inbegriff dafür. Unter der Überschrift «Auf dem Drachenfels» dichtete Freiligrath:

Hoch stand ich auf dem Drachenfels;
Ich hob die Hand, ich biss die Lippen.
Mein Jagdhund, freudigen Gebells,
Schlug an im Widerhall der Klippen.
Er flog hinab, er flog hinan,
Er flog, als ob ein Wild ihm liefe;
Ich aber stand, ein froher Mann,
Und bog hinab mich in die Tiefe.

In seiner Trauben lust'ger Zier,
Der dunkelroten wie der gelben,
Sah ich das Rheintal unter mir
Wie einen Römer grün sich wölben.
Das ist ein Kelch! – Die Sage träumt
An seinem Rand auf moos'ger Zinne;
Der Wein, der in dem Becher schäumt,
Ist die Romantik, ist die Minne!

Ha, wie er sprüht: – Kampf und Turnier!
Die Wangen glühn, die Herzen klopfen!
Es blitzt der Helm und das Visier
Und schöne, frische Wunden tropfen!
Und hoch im Erker sinnend steht,
Vor der sich senken alle Fahnen; –
Was bin ich so bewegt? – Was weht
Durch meine Brust ein sel'ges Ahnen?

In den folgenden Jahrzehnten hielten sich amerikanische Maler am Niederrhein auf. Dort wurden sie an der Düsseldorfer Akademie ausgebildet, an der unter anderem Carl Friedrich Lessing, Johann Wilhelm Schirmer und Emanuel Leutze lehrten. Einige der aus Nordamerika an den Rhein kommenden Maler, unter anderem

Albert Bierstadt und Charles Ferdinand Wimar, stammten aus deutschen Familien, die ausgewandert waren. In Düsseldorf befassten sie sich mit romantischen Landschaften; in der Tradition der Düsseldorfer Malerschule bildeten sie später die Hudson River School in den USA und schufen romantische Bilder vom Wilden Westen.

Im 19. und 20. Jahrhundert kam am Rhein der Massentourismus auf. Man reiste nicht nur mit dem Schiff, sondern auch mit der Eisenbahn. Auf beiden Seiten des Flusses gab es seit der Mitte des 19. Jahrhunderts Bahnlinien, in den Orten am Rhein wurden Hotels errichtet und Promenaden angelegt. Zum Drachenfels und später auch zum Petersberg baute man Zahnradbahnen.

Bis zu diesem Zeitpunkt kam es kaum einmal zur Gegnerschaft zwischen Menschen mit dem «romantischen Blick» auf die Landschaft und denjenigen, die sie durch technische Neuerungen zum Teil erheblich veränderten. Dampfschiffe und Eisenbahnen, Fabriken und neue Siedlungen wurden nicht bekämpft, sondern viele romantische Maler bezogen sie sogar in ihre Darstellungen ein. In späterer Zeit aber hielt man auch beim Blick zurück, in die Vergangenheit, Industrialisierung und die Auseinandersetzung mit schöner Landschaft für nicht miteinander vereinbare Gegensätze. Zu den ersten Bauwerken, gegen das sich Widerstand regte, gehörte die Drachenfelsbahn.

Der Musiker Ernst Rudorff, der aus einem Elternhaus stammte, das mit romantischen Dichtern bekannt war, schrieb 1880 einen Aufsatz «Über das Verhältnis des modernen Lebens zur Natur». Unter anderem durch die Gedanken, die er in diesem Artikel äußerte, wurde er zu einem der Gründerväter des Naturschutzes. Rudorff schrieb: «Seit einiger Zeit durchläuft die öffentlichen Blätter eine Notiz des Inhalts: es sei der Plan gefaßt worden, auf den Drachenfels, den berühmtesten Punkt des rheinischen Siebengebirges, eine Eisenbahn nach dem Muster der Rigibahn zu bauen (…). Dieses alles natürlich, ohne daß bis heute irgendwo nur eine leiseste Andeutung darüber laut geworden wäre, daß das angepriesene Unternehmen auch eine Kehrseite haben könnte. Mit der Natur und den Denkmälern der Geschichte, die in gewissem Sinne, soweit sie malerisch und poetisch wirken, als ein Stück Natur gelten können,

wird heutzutage ein eigentümliches Doppelspiel getrieben. (Man) ignoriert (…) ihre Reize und tritt sie in grausamer Rücksichtslosigkeit um des materiellen Vorteils willen mit Füßen.» Und an anderer Stelle heißt es: «Man will den Drachenfels, den man bereits zu Fuß, zu Pferde, zu Esel und zu Wagen in kurzer Zeit bequem besteigen kann, auch noch mit einer Eisenbahn beschenken, damit unter dem allgemeinen Getümmel endlich auch der letzte Rest der Poesie, die Berg, und Ruine ehedem umfloß, erstickt werde und verstumme.»

Der aufkommende Protest verhinderte nicht, dass die Bahn 1883 eröffnet und seitdem zu einer Attraktion des Berges wurde, die von vielen Touristen genutzt wird. Auf halber Strecke zum Gipfel wurde zur gleichen Zeit, zwischen 1882 und 1884, die Drachenburg gebaut, und zwar als repräsentativer Wohnsitz des Kaufmanns Stephan von Sarter, der aber später selbst dort nicht Wohnung nahm. Beim Blick auf den Berg fällt das Schloss sofort auf, die Zahnradbahn hingegen nicht. Dennoch ging Rudorff zwar auf die Zahnradbahn,

Königswinter am Rhein mit der Drachenfelsbahn, um 1900.

nicht aber auf den Bau der Drachenburg ein, die den Blick auf den Drachenfels eigentlich viel mehr veränderte als die Bahn: Dagegen protestierte er nicht, vielleicht weil der Bau im «Stile des Mittelalters» aufgeführt wurde, daher poetisch wirkte und «als ein Stück Natur» gelten konnte. 1913, zum einhundertsten Geburtstag Richard Wagners, wurde neben der Drachenburg ein weiteres Bauwerk errichtet, in dem die Vergangenheit des Rheins und seiner Sagengestalten verehrt wurde: die Nibelungenhalle. In ihr werden Szenen aus Wagners Opernzyklus «Der Ring des Nibelungen» gezeigt. Neben der «Halle» wurde ein Reptilienzoo angelegt, in dem man gewissermaßen die dem Berg den Namen gebenden «Drachen» auch in natura sehen kann.

Nach dem Zweiten Weltkrieg war Bonn jahrzehntelang der Sitz der deutschen Bundesregierung. In Bad Godesberg, dem Drachenfels gegenüber, wohnten viele Diplomaten, auch in den Orten des Siebengebirges. Auf dem Petersberg wurde ein Gästehaus der Bundesregierung eingerichtet, das bis heute immer wieder genutzt wird.

Der Rhein gilt gewissermaßen als das Maß aller Dinge für die europäische Binnenschifffahrt. Mehrere Nebenflüsse des Rheins wurden auf eine Weise kanalisiert, die es erlaubt, dass Rheinschiffe auch auf ihnen fahren können. Kanäle wurden ebenfalls so gebaut, dass sie für Rheinschiffe nutzbar waren. Weitere Flüsse sollen für diese großen Binnenschiffe befahrbar gemacht werden, darunter Donau und Elbe. Dies ist aber nur mit erheblichen Eingriffen in die Hydrologie dieser Flüsse möglich; sie würden dabei zu einer Kette von einigermaßen tiefen Seen gemacht werden, die durch Schleusen miteinander verbunden sind.

Zu einem der größten Probleme des gesamten Mittelrheintals zwischen Mainz und Bonn wurde der Eisenbahnverkehr, der immer weiter zunimmt. Der Fernverkehr wird inzwischen zum großen Teil über eine Neubaustrecke geleitet, die östlich des Rheins verläuft. Aber vor allem Güterzüge verkehren am Rhein entlang, und zwar unter enormer Geräuschentwicklung. Das Leben am Fluss verlor an Attraktivität, auch die Touristen blieben mehr und mehr aus. Am Mittelrhein macht sich manchenorts Verfall bemerkbar. Neue Initiativen sind nötig, um diese einmalige Landschaft wieder aufzuwerten.

Petrihaus und Mainhattan
FRANKFURT AM MAIN

Frankfurt am Main ist vielleicht die deutsche Stadt, die sich in den letzten Jahrzehnten am meisten verändert hat. Denn sie ist nicht nur im Zweiten Weltkrieg schwer zerstört und neu wieder aufgebaut worden, sondern auch erheblich gewachsen: in die Fläche und in die Höhe. Nirgends sonst in Deutschland stehen so viele Hochhäuser auf engem Raum nebeneinander.

«Denkt man an Frankfurts Lage am Main», schrieb Ricarda Huch, «der die deutschen Lande in eine nördliche und südliche Hälfte teilt, und daß es Goethes Heimat ist, so darf man es wohl einen Mittelpunkt des alten Reiches nennen. (…) Die Entstehung Frankfurts hängt mit dem Namen Karls des Großen zusammen, der auf der Flucht vor den Sachsen hier eine Furt gefunden haben soll, die ihn und sein Heer rettete. Daß eine bequeme Übergangsstelle schon früh zum Entstehen einer Ortschaft Anlaß gegeben hat, ist wahrscheinlich und sicher, daß Karl der Große sich gern dort aufhielt und dem von ihm leidenschaftlich betriebenen Jagdvergnügen in dem großen Reichsforst nachging, von dem noch Teile um Frankfurt erhalten sind. (…) Die Entstehung Sachsenhausens wird darauf zurückgeführt, daß eine Anzahl sächsischer Familien am jenseitigen Ufer angesiedelt wurden, was den Bau der Brücke notwendig machte.» Frankfurts Stadtkern liegt nördlich des Mains, der Vorort Sachsenhausen südlich. Die Verbindung zwischen beiden Ufern war zunächst eine Furt, das erkennt man am Namen der Stadt. Aus Urkunden kann man erschließen, dass es an der gleichen Stelle seit dem hohen Mittelalter eine Brücke gibt. Aber eine weitere gute Voraussetzung für die Gründung der Stadt wird in schriftlichen Quellen nicht erwähnt. Das wird ausschließlich bei der Analyse der

Skyline mit Ignatz-Bubis-Brücke.

Landschaft klar: Der Fluss strömt dort, wo Frankfurt entstand, genau von Ost nach West. An einem solchen Ort konnte man die Kirchen, die im Mittelalter immer genau nach Osten orientiert waren, parallel zum Fluss bauen. Alle Straßen verlaufen, weil die Kirchen den Stadtgrundriss bestimmen, ebenfalls von West nach Ost. Das gilt auch für die Zeil, Frankfurts wichtigste Einkaufsstraße.

Es gibt in Deutschland noch ein weiteres Frankfurt, das an der Oder gelegen ist. Diese Stadt ist auf ähnliche Weise wie Frankfurt am Main an einem Flussübergang entstanden. In den Urkunden lesen sich die Entstehungsgeschichten beider Städte im Prinzip gleich, aber es besteht ein wesentlicher Unterschied zwischen beiden Orten: Frankfurt an der Oder entstand dort, wo der Fluss genau von Süd nach Nord verlief. Auch an einer solchen Stelle konnte man sehr gut eine Stadt bauen. Die Kirchen stehen genau im rechten Winkel zum Fluss, die Hauptstraßen verlaufen entweder parallel zu ihm, oder sie sind die Verlängerungen von Brücken, über die man den Strom queren kann. Es gibt viele Städte, die so wie die beiden Frankfurts gelegen sind, an westöstlich verlaufenden Flussabschnitten entstanden Hamburg, Wittenberg, Regensburg, Nürnberg und Lemgo, an nordsüdlichen Fließstrecken Magdeburg, Lüneburg, München, Augsburg und Köln.

Eine Stadt konnte nur dort gebaut werden, wo sich Mühlen im Stadtgebiet oder unmittelbar an deren Rand betreiben ließen. Auch dies war in Frankfurt möglich. Die Mühlen lagen an der jahrhundertelang einzigen Mainbrücke in der Stadt. Der südliche Teil des Flusses war vom Hauptlauf abgetrennt und wurde Müllermain genannt. Am Sachsenhäuser Ufer entlang wurde auf diesem Flussarm Wasser zu den Brückenmühlen und zur etwas weiter flussabwärts gelegenen Sachsenhäuser Mühle geleitet. Der nördliche Arm des Flusses blieb für Wasserfahrzeuge passierbar. Nicht nur Schiffe waren auf dem Main unterwegs, sondern auch Flöße aus dem Fichtelgebirge und dessen Umgebung, wo – wie der Name verrät – Fichten wuchsen. Das war eine Besonderheit; es gibt diese Nadelbäume in vielen anderen Gebirgen Süddeutschlands nicht. Ihr Holz hat ein geringes spezifisches Gewicht und schwimmt auf dem Wasser; das Holz der Flöße diente auch zur Versorgung Frankfurts. Oft waren die Flöße aber auf dem Weg in die Niederlande, wo es viel zu wenig Holz gab. Schiffe legten am Nordufer des Flusses an, direkt vor der Stadt, am Mainkai, wo Kräne zum Be- und Entladen der Waren standen. Johann Wolfgang von Goethe erinnerte sich an einen Familienausflug seiner Kindertage: «Gewöhnlich ward alsdann durch Sachsenhausen spaziert und die Überfahrt für einen Kreuzer gar behaglich genossen. Da befand man sich nun wieder diesseits, da schlich man zum Weinmarkte, bewunderte den Mechanismus der Krane, wenn Waren ausgeladen wurden; besonders aber unterhielt uns die Ankunft der Marktschiffe, wo man so mancherlei und mitunter so seltsame Figuren aussteigen sah.»

Frankfurt hätte mehrmals in seiner Geschichte deutsche Hauptstadt werden können, besonders in den vielen Jahrhunderten, in denen hier die Kaiser römisch-deutscher Nation gewählt und gekrönt wurden, ferner 1848/49, als sich das erste frei gewählte deutsche Nationalparlament in der Frankfurter Paulskirche einfand, oder auch nach dem Zweiten Weltkrieg, als es darum ging, den Regierungssitz für die Bundesrepublik Deutschland auszuwählen. In Frankfurt wurde bereits ein Plenarsaal gebaut, dann fiel doch die Entscheidung, Bonn zum Sitz der Regierung zu machen. Das Plenarsaalgebäude in Frankfurt wurde dann der Sitz des Hessischen Rundfunks.

Frankfurt war lange Freie Reichsstadt und ist seit Jahrhunderten eine sehr wichtige Handelsmetropole, in der sich zahlreiche Handelswege trafen. Vor allem reiche Bürger hatten viel Macht. Sie besaßen zum Teil große Grundstücke in der Stadt. Goethe sah sie beim Blick aus seinem Elternhaus am Hirschgraben und schrieb darüber in seinen «Dichtung und Wahrheit» genannten Erinnerungen: «Die Hinterseite des Hauses hatte, besonders aus dem oberen Stock, eine sehr angenehme Aussicht über eine beinahe unabsehbare Fläche von Nachbarsgärten, die sich bis an die Stadtmauern verbreiteten.» Und an anderer Stelle heißt es: «Was aber die Aufmerksamkeit des Kindes am meisten an sich zog, waren die vielen kleinen Städte in der Stadt, die Festungen in der Festung, die ummauerten Klosterbezirke nämlich, und die aus früheren Jahrhunderten noch übrigens mehr oder minder burgartigen Räume: so der

Nürnberger Hof, das Kompostell, das Braunfels, das Stammhaus derer von Stalburg, und mehrere in den spätern Zeiten zu Wohnungs- und Gewerbsbenutzungen eingerichtete Festen. Nichts architektonisch Erhebendes war damals in Frankfurt zu sehen, alles deutete auf eine längst vergangene, für Stadt und Gegend sehr unruhige Zeit. Pforten und Türme, welche die Grenzen der alten Stadt bezeichneten, dann weiterhin abermals Pforten, Türme, Mauern, Brücken, Wälle, Gräben, womit die neue Stadt umschlossen war, alles sprach noch zu deutlich aus, daß die Notwendigkeit, in unruhigen Zeiten dem Gemeinwesen Sicherheit zu verschaffen, diese Anstalten hervorgebracht, daß die Plätze, die Straßen, selbst die neuen, breiter und schöner angelegten, alle nur dem Zufall und der Willkür und keinem regelnden Geiste ihren Ursprung zu danken hatten. (…) Von den Putz- und Schaugärten des Reichen zu den Obstgärten des für seinen Nutzen besorgten Bürgers, von da zu Fabriken, Bleichplätzen und ähnlichen Anstalten, ja bis zum Gottesacker selbst – denn eine kleine Welt lag innerhalb des Bezirks der Stadt – ging man an dem mannigfaltigsten, wunderlichsten, mit jedem Schritt sich verändernden Schauspiel vorbei, an dem unsere kindische Neugier sich nicht genug ergötzen konnte.» Viele Gartenbesitzer mögen damals übrigens schon Kräuter angebaut haben, die sie für ein mit Frankfurt namentlich verbundenes Gericht benötigten: Frankfurter Grüne Soße. Sie enthält traditionell sieben verschiedene Gewürzkräuter, nämlich, in alphabetischer Reihenfolge, Borretsch, Kerbel, Kresse, Petersilie, Pimpinelle, Sauerampfer und Schnittlauch. Das Rezept für diese Spezialität brachten wohl im 18. Jahrhundert Hugenotten aus Frankreich nach Frankfurt. In späterer Zeit verlegten sich Gärtner im Stadtteil Oberrad auf den Anbau dieser Kräuter. Ihre kleinen Felder legten sie auf fruchtbarem Schwemmland des Mains an; man kann einen Blick darauf werfen, wenn man mit der Eisenbahn von Frankfurt nach Offenbach fährt.

Da Frankfurt keine Residenzstadt war, gab es dort weder ein Schloss noch einen großen Schlosspark. Einige Nachbarstädte, die ganz in der Nähe von Frankfurt liegen, waren aber Residenzen mit Schlössern und Parks: die hessische Landeshauptstadt Wiesbaden, Hanau und Darmstadt. Einzelne Kaufleute, die zu großem Reichtum gekommen waren, bauten sich schlossähnliche Villen mit großen Parks vor den Mauern von Frankfurt: Dort liegen der Bethmannpark, der Solmspark, der Holzhausenpark, der Rothschildpark, der Brentanopark.

Der Brentanopark befindet sich im Stadtteil Rödelheim, am Flüsschen Nidda, das westlich von Frankfurt in den Main mündet. Die Brentanos waren sehr erfolgreiche Kaufleute, die aus Tremezzo am Comer See nach Frankfurt gekommen waren. Georg Brentano, der Bruder von Clemens und Bettina, erwarb das Anwesen 1808. Die Brentanos trafen sich mit ihren zahlreichen Dichterfreunden auf Gut Trages bei Hanau, dem Besitz der Familie von Savigny, und in Rödelheim bei Georg Brentano. Der Maler Ludwig Emil Grimm, jüngerer Bruder von Jacob und Wilhelm und Freund von Georg Brentano, schrieb darüber 1819: «Ein paar Tage war ich in Rödelheim bei der Familie Brentano; ich hatte da ein freies Leben, konnte spazieren reiten und fahren, wenn ich Lust dazu hatte, ging auch einige Male mit dem Grafen von Rödelheim auf die Jagd, die da sehr gut war. Das Brentano'sche Landhaus war sehr schön; ein großes steinernes Haus – man sagt, Goethe hätte selbst den Plan dazu gemacht. Vor dem Haus, in einem Zirkel, große Orangenbäume, worunter Tisch und Bänke, wo der Thee und Kaffee getrunken wurde, zu dem Mittags meist Gesellschaft aus Frankfurt kam, Gesandte, Gelehrte und Künstler. Die schönsten Blumen überall, schöne große Baumgruppen, dunkle lange Lauben, Spaziergänge aller Art, Treibhäuser, Fasanerie, Badhaus, eine Menge Gartenhäuser in Schweizer und Tiroler Bauart, Rehe, Pfauen usw. Ein Fluß (die Nidda) ging ums Landgut, darauf schöne Barken, Brücken in aller Art. Man konnte stundenweit spazieren gehen in den Gärten und Wiesen, die alle zum Gut gehörten.»

Das Landhaus Georg von Brentanos steht nicht mehr. Ein auch aus landschaftlicher Sicht besonders interessantes Gebäude ist das Petrihaus, das Brentano gehörte und zu einem Schweizer Haus umgestaltet wurde, unter anderem nach Plänen von Karl Friedrich Schinkel. Der Park liegt auf der einen Seite der Nidda, das Schweizer Haus auf der anderen. Man muss den Park verlassen, um auf einer Brücke den Fluss zu überqueren und zum Schweizer Haus zu kommen. Es gibt mehrere Schweizer Häuser, die außerhalb von Gärten stehen und dennoch zu ihnen gehören. Aber es ist bedeutsam, dass eine Grenze überwunden werden muss, um zum Schweizer Haus zu gelangen. Denn es liegt außerhalb der Zivilisation des Gartens, in der Freiheit, die man an den Schweizern bewunderte. Die Schweizer hatten sich schon 1291 von der Herrschaft der Habsburger Könige und Kaiser losgesagt; dies war das Thema des Theaterstücks «Wilhelm Tell» von Friedrich Schiller. Es war am Beginn des 19. Jahrhunderts unter anderem deswegen so populär, weil viele Deutsche damals die Habsburger Herrschaft über ihr Land ebenfalls beenden wollten. Man wünschte sich die Bildung eines deutschen Staates unter preußischer Führung als sogenannte «Kleindeutsche Lösung». Ein Schweizer Haus, das in der Freiheit außerhalb eines Parks ein Refugium, ein Ort des Rückzuges war, hatte daher eine besondere symbolische Bedeutung.

Auch in der Heimat der Brentanos, in Norditalien, wollte man sich von den Habsburgern lossagen und Teil eines italienischen Nationalstaates werden. Dort hatte Heinrich Mylius, ein Frankfurter Kaufmann, seine Wahlheimat gefunden. 1829 erwarb er eine Villa in Menaggio am Comer See, nicht weit entfernt von Tremezzo. Das Haus ist heute die Villa Vigoni, Deutsch-italienisches Zentrum für europäische Exzellenz. Mylius gestaltete den Park um seine Villa mit großem Aufwand, und auch er baute ein Schweizer Haus als Freiheitssymbol und Refugium. Um dorthin zu gelangen, muss man auch heute noch den Park verlassen und auf einen Berg steigen. Sowohl in Rödelheim als auch in Menaggio lagen die Schweizer Häuser außerhalb der Parks und gehörten dennoch zu ihnen.

In Rödelheim steht neben dem Petrihaus der mutmaßlich älteste in Deutschland gepflanzte Ginkgobaum. Der Ginkgo ist in Ostasien heimisch und wurde von dort im frühen 18. Jahrhundert nach Europa gebracht. Der Rödelheimer Ginkgo soll seit etwa 1750 vor dem Petrihaus stehen. Er muss schon eine recht stattliche Größe gehabt haben, als ihn Goethe, der zu Besuch nach Rödelheim gekommen war, am Anfang des 19. Jahrhunderts besang:

Petrihaus in Frankfurt-Rödelheim mit dem von Goethe besungenen Ginkgobaum in Herbstfärbung.

Dieses Baumes Blatt, der von Osten
Meinem Garten anvertraut,
Gibt geheimen Sinn zu kosten,
Wie's den Wissenden erbaut.

Ist es ein lebendig Wesen,
Das sich in sich selbst getrennt?
Sind es zwei, die sich erlesen,
Dass man sie als eines kennt?

Solche Fragen zu erwidern
Fand ich wohl den rechten Sinn.
Fühlst du nicht an meinen Liedern,
Dass ich eins und doppelt bin?

Das Schweizer Haus und der Ginkgo passten zueinander; sie waren beide mehr oder weniger exotische Symbole für Freiheit und Ursprünglichkeit.

Heute sind viele ehemalige große Privatgärten Frankfurts öffentliche Parks, die von den Bürgern gerne besucht werden, ebenso wie der Frankfurter Stadtwald im Süden der Stadt. Er ging aus einem kaiserlichen Bannforst hervor und kam schon ausgangs des Mittelalters in Frankfurter Besitz. Ursprünglich dominierten hier Eichen und Buchen, aber man begann auch wohl schon im 15. Jahrhundert, Kiefernsaat auszubringen. Im Stadtwald weidete im Mittelalter und auch danach noch das Vieh der Frankfurter, und im Herbst wurden die Schweine unter die Eichen zur Eichelmast getrieben. Die Frankfurter Bürger bekamen aus diesem Wald ihr Holz zugeteilt. Traditionell große Bedeutung hat der Wäldchestag, ein Volksfest am Dienstag nach Pfingsten, an dem die Frankfurter Bevölkerung «ihren» Wald besucht.

Die exotische Welt der Tiere konnten die Frankfurter seit 1858 im Zoo bewundern, die exotische Pflanzenwelt wird seit 1871 im Palmengarten präsentiert. Beide Einrichtungen entstanden – wie viele andere Einrichtungen der Stadt – durch private Initiative.

In Frankfurt und Umgebung kreuzen sich zahlreiche Verkehrs-

wege, die die Landschaft stark verändert haben. Der Frankfurter «Centralbahnhof» war zum Zeitpunkt seiner Eröffnung 1888 der größte Bahnhof Europas. Heute gehört der Hauptbahnhof immer noch zu den wichtigsten deutschen Bahnknotenpunkten. Bei Frankfurt kreuzen sich mehrere Autobahnen. Das Kleeblatt eines Autobahnkreuzes wurde für das Frankfurter Kreuz entwickelt.

Unmittelbar an die Autobahn grenzt der Frankfurter Flughafen. Er wurde 1936 eröffnet; große Bedeutung bekam er nach dem Zweiten Weltkrieg als Militärbasis der Amerikaner und als Startpunkt der sogenannten «Rosinenbomber», die zur Zeit der Blockade Westberlins durch die Sowjets in den Jahren 1948 und 1949 die Luftbrücke unterhielten. An den Flughäfen Berlin-Tempelhof und Frankfurt wurden identische Denkmäler zur Erinnerung an die Luftbrücke aufgestellt. In den Jahrzehnten danach wuchs der Frankfurter Flughafen zum größten in Deutschland und zum viertgrößten in Europa heran.

Frankfurts Landschaft wird immer stärker von Verkehrsanlagen

Heinrich Hasselhorst, «Wäldchestag». Öl auf Leinwand, 1871.

geprägt, dazu von zahlreichen Hochhäusern, die in der Innenstadt gebaut wurden. Man begann, von «Mainhattan» zu sprechen. Damit ist Frankfurts Stadtlandschaft wohl zu derjenigen in Deutschland geworden, die man am ehesten als global geprägt bezeichnen kann. Aber im Grunde genommen tragen dazu nicht nur die Hochhäuser und der Flughafen sowie weitere Verkehrsanlagen bei. Exotik kam auch schon früher in die Stadt, indem Menschen aus zahlreichen Ländern sich in Frankfurt niederließen, man dort weltweit agierende Banken gründete und Bäume aus fernen Ländern pflanzte. Das Petrihaus in Rödelheim wurde zum Schweizer Haus, die Wolkenkratzer hält man für Mainhattan. Man muss sich fragen, wo da der Unterschied liegt. In beiden Fällen wurden bestehende Bauten umgedeutet, und man nannte ihre Landschaften nach mehr oder weniger fernen Ländern, mit denen man sich vergleichen wollte oder nach denen man Sehnsucht hatte.

Stadt der Philosophen
HEIDELBERG UND DAS UNTERE NECKARTAL

Vor 65 Millionen Jahren begann der Einbruch des Oberrheingrabens. An seinen beiden Seiten wurde zur gleichen Zeit Land emporgehoben, so dass deutliche Geländekanten entstanden, im Westen des Grabens an der Weinstraße, im Osten an der Bergstraße. An den Grabenrändern traten Gesteinsschichten ans Tageslicht, die zuvor tief im Untergrund gelegen hatten: Grundgebirge aus Granit und Gneis, darüber Ablagerungen aus Buntsandstein und Muschelkalk. Das Land wurde nicht überall gleich weit in die Höhe gedrückt. Im Süden, im Hochschwarzwald, stiegen die Felsmassen am weitesten auf. Dort kam das Grundgebirge aus der Tiefe zum Vorschein. Buntsandstein und Muschelkalk, die einmal darüber lagen, wurden schon längst wieder von Wind und Wetter abgetragen. Weniger hoch wurden die Berge im Nordschwarzwald und im Odenwald emporgehoben. Dort blieb das Grundgebirge vielerorts im Untergrund verborgen, und der Buntsandstein ist am Rand des Grabens erkennbar; auch hier wurde der Muschelkalk allerdings abgetragen. Zwischen dem Nordschwarzwald und dem Odenwald wurde das Land noch weniger weit in die Höhe gedrückt. Dort, im Kraichgau, liegt Muschelkalk an der Oberfläche; Buntsandstein und das Grundgebirge blieben in der Tiefe. Im Eiszeitalter wurden im Kraichgau so große Lössmengen abgelagert wie nirgends sonst in Deutschland: Bis zu 33 Meter des feinen Staubs mit seinen zahlreichen Mineralstoffen bedecken den Muschelkalk. Auf dem Löss entwickelten sich sehr fruchtbare Ackerböden. Man hat dieses für die Landwirtschaft sehr günstige Gebiet schon als «Deutsche Toskana» verklärt.

Heidelberg und die Neckarmündung liegen nur ein Stück weit

Blick auf den Stadtkern von Heidelberg mit der Alten Brücke über den Neckar, Heiliggeistkirche und Schloss.

nördlich des Kraichgaus. Zwischen dem Kraichgau und Heidelberg erheben sich ein paar wenige, von Wald bedeckte Berge, die man als Kleinen Odenwald bezeichnet. Unter ihnen ist der Königstuhl, der eine Hausberg von Heidelberg. Der andere Hausberg der Stadt ist der Heiligenberg, der nördlich von ihr aufragt und zum eigentlichen Odenwald gehört. Dieses ebenfalls waldreiche Gebirge ist ungleich größer als der Kleine Odenwald.

Als sich die Oberrheinebene und die angrenzenden Gebirge bildeten, entstanden zugleich auch Bäche. Je weiter die Berge in die Höhe ragten, desto mehr regnete es dort: Der Steigungsregen nahm zu. Das Wasser sammelte sich in Bächen und floss in die Oberrheinebene ab. Alle Fließgewässer ähneln sich; ihre Oberläufe haben ein starkes Gefälle. Entlang des Bachlaufs wird es immer geringer: So wird aus jedem munteren Bächlein ein träger Strom. Diese Tendenz verstärkt sich im Lauf der Zeit, denn jeder Bach schneidet sich unablässig weiter in den Untergrund ein; im Oberlauf eines Fließgewässers hat das Wasser nicht nur das größte Gefälle, sondern daher auch die größte Erosionskraft. Steine werden abgesprengt, vom Wasser mitgenommen und zu Kieseln abgerundet. Im Unterlauf nimmt die Wasserkraft so weit ab, dass zuerst die Kieselsteine, dann Sand, schließlich noch feinere Partikel abgelagert werden.

Der Oberlauf des Gewässers wird nicht nur tiefer, der Bach kann auch länger werden, indem sich seine Quelle verlagert. Man nennt das rückschreitende Erosion. In den Berg- und Hügelländern, die an die Oberrheinebene grenzen, gab es natürlich auch schon Bäche und Flüsse, bevor die Berge in die Höhe gehoben wurden. Als sich dann in den mittlerweile emporgehobenen Bergen neue Bäche bildeten und sich deren Quellen rückwärts verlagerten, zapften sie bereits bestehende Täler an und lenkten das darin abfließende Wasser um. Dadurch wurden einige Bäche, die sich am Rand der Oberrheinebene gebildet hatten, rasch breiter und länger, und es konnten sogar Flüsse daraus entstehen, zum Beispiel der Neckar. Er lenkte das Wasser aus zahlreichen Tälern um, in denen zuvor Flüsse zur Donau geströmt waren. Einer dieser Flüsse ist die Enz. Sie fließt immer noch ein ganzes Stück weit nach Osten, in Richtung Donau, doch dann zapfte der Neckar ihr Tal an: Der weitere Enzlauf zur

Donau wurde unterbrochen. Auch der Oberlauf des Neckars floss einmal zur Donau; das zeigt dessen Fließrichtung bis zum Plochinger Neckarknie an. Dort lenkte der neu entstandene untere Neckar das Wasser aus seinem viel älteren Oberlauf nach Nordwesten, zum Rhein hin.

Der untere Neckarlauf ist zu zahlreichen Mäandern gewunden. Vor allem die Prallhänge an deren Außenseiten wurden abgetragen; denn dort verlief die Hauptströmung des Flusses. Sie riss Hangfüße mit sich, und von oben brachen Gesteinsmassen nach, bis der Hang wieder stabilisiert war. Aber er hielt sich nicht dauerhaft; von unten nagte der Fluss weiter. Etwas weniger stark geneigt sind die gegenüberliegenden Gleithänge; dort kann sich Schotter ablagern. Je mehr Wasser aus dem heutigen Schwabenland der Neckar im Lauf der Jahrmillionen mit sich nahm, desto breiter wurde er, und desto stärker trug er die Berghänge an seinen Seiten ab. Manche der engen Neckarschlingen zerstörten Bergrücken von beiden Seiten, bis zwei Prallhänge aneinanderstießen. Schließlich war der Berg an beiden Seiten so weit abgetragen, dass der Fluss hindurchbrach: Auf

Neckarschleife bei Neckarsteinach.

diese Weise wurden Mäanderschleifen abgeschnitten. Dies geschah während des Eiszeitalters, in den letzten beiden Millionen Jahren, einige Male am unteren Neckar. Vor 450 000 Jahren floss der Neckar noch um den südlich von Neckargemünd gelegenen schmalen Höhenrücken des Hollmuths herum, am Ort Mauer vorbei. Dann brach er durch den Hollmuth, und der Neckarlauf wurde um etwa zwanzig Kilometer kürzer. Im westlichen Teil der alten Neckarschlinge verläuft heute das Flüsschen Elsenz nach Neckargemünd. Andere alte Flussabschnitte des Neckars fielen trocken. Auch die Uferstreifen des Flusses wurden bei niedrigen Wasserständen nicht überflutet. Doch überall am Grund eines Tales droht jederzeit die nächste Überschwemmung: Schließlich ist das ganze Tal vom Fluss geformt worden. Kurz vor dem Eintritt des Flusses in die Oberrheinebene ist er nicht mehr gewunden. Der Neckar fließt dort gerade nach Westen. Sein Tal weitet sich ein wenig; an seinem Südufer liegt eine nicht allzu große ebene Fläche, die aber wie gemacht für die Anlage einer Stadt ist: Heidelberg.

Der Neckar mündete lange Zeit nicht bei Mannheim in den Rhein, wo er seinen Lauf heute beendet, sondern bei Trebur, etwa auf halber Strecke zwischen Darmstadt und Mainz gelegen. Nach der letzten Eiszeit, die vor 18 000 Jahren zu Ende ging, mögen ihm ausgedehnte Dünenfelder den Weg versperrt haben. Der Sand stammte aus dem Bett des Rheins, der damals längst nicht mehr so breit war wie in der Zeit, als in den Alpen gewaltige Mengen an Gletschereis schmolzen. Der Rhein fiel weithin trocken, so dass der Wind den Sand verblasen konnte und ihn in unmittelbarer Nähe wieder ablagerte. Die Sandhausener Dünen, wenige Kilometer südwestlich von Heidelberg, geben heute noch einen guten Eindruck von der damaligen viel stärker ausgedehnten Dünenlandschaft. Der Durchbruch des Neckars durch die Dünenfelder ist wohl Menschenwerk: Vielleicht gruben schon die Römer einen direkten Wasserabfluss von Heidelberg in Richtung Mannheim, vielleicht geschah dies auch erst in späteren Jahrhunderten.

Nirgends sonst nördlich der Alpen sind schon so lange Menschen nachgewiesen wie im Umland von Heidelberg. Am Anfang des 20. Jahrhunderts fand man in einem Steinbruch bei Mauer einen menschlichen Unterkiefer. Archäologen und Naturwissenschaftler untersuchten ihn gründlich: Er ist 600 000 Jahre alt und gehörte zu einem Menschen, der damals am unteren Neckar lebte, denn die Flussschlinge bei Neckargemünd war damals noch nicht abgeschnitten. Das Fossil wurde als zu «Homo heidelbergensis» gehörig wissenschaftlich beschrieben, und der Heidelbergmensch wird für einen Vorläufer des Neandertalers gehalten. Vielleicht war der Heidelbergmensch nur zufällig am unteren Neckar unterwegs, als er starb. Sesshaft waren diese Menschen nicht; sie lebten von der Jagd und vom Sammeln von Pflanzenteilen. Ein großer Zufall war es außerdem, dass man einen Teil eines so alten Skeletts in einem Steinbruch bei Heidelberg fand.

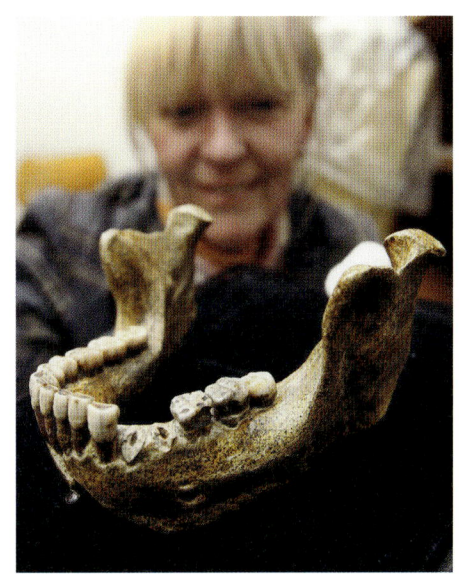

Johanna Kontny, Präparatorin am Geologisch-Paläontologischen Institut der Universität Heidelberg, zeigt den etwa 600 000 Jahre alten Unterkiefer des Steinzeitmenschen Homo heidelbergensis.

In der frühen Nacheiszeit bevorzugten die Menschen vor allem den Kraichgau und die Oberrheinebene zum Leben. Frühe Ackerbauern in Mitteleuropa besiedelten die Lössgebiete, deren steinfreie Böden sie mit ihren Ackerwerkzeugen aus Stein, Knochen und Holz bearbeiten konnten. Im Kraichgau lebten im 4. Jahrtausend vor Chr. Bauern, die man nach einem Fundort in der Gegend benannt hat. Sie waren Träger der sogenannten Michelsberger Kultur, deren Hinterlassenschaften man unter anderem auf dem Michaelsberg bei Bruchsal gefunden hat. Ganz ähnliche Formen von Keramik fand man in vielen Teilen Süddeutschlands und Ostfrankreichs. Bis in die Römerzeit hinein verlagerten die Ackerbauern von Zeit zu Zeit ihre Siedelplätze: Sie gaben Siedlungen und Wirtschaftsflächen auf und siedelten sich an anderen Orte neu an.

Seit der Römerzeit gab es beständige Siedlungen in Mitteleuropa. Die Römer siedelten beispielsweise auf dem Heiligenberg, vor allem aber in Lopodunum, der Vorläufersiedlung von Ladenburg im Osten der Oberrheinebene. Ein solcher Ort musste auch dann weiterbestehen können, wenn es in seiner Umgebung kein Holz mehr gab oder die Böden der Äcker ausgelaugt waren. Das funktionierte nur dann, wenn die Siedlungen in ein Handelsnetz eingebunden waren. Lopodunum konnte versorgt werden; es lag am Neckar und an Straßen, so dass man Güter in die Stadt bringen konnte.

Aus Urkunden des 8. Jahrhunderts weiß man, dass es im frühen Mittelalter eine ländliche Siedlung Bergheim westlich der Heidelberger Altstadt gab, am Rand der Oberrheinebene, in der Nähe des heutigen Heidelberger Hauptbahnhofs. Dort hatte man genügend Platz für Felder, so dass die Bewohner der Siedlung sich selbst versorgen konnten; in Zeiten des Mangels an Holz oder Korn war es allerdings möglich, Versorgungsgüter über das auch damals bestehende Handelsnetz herbeizuschaffen, auf Wasser- und Landwegen. Auf der ebenen Fläche neben dem Neckar, wo später Heidelberg entstand, konnte man damals noch nicht siedeln. Denn dort gibt es keine Flächen, auf denen sich Korn oder andere Kulturpflanzen anbauen ließen. In der zweiten Hälfte des 9. Jahrhunderts wurde das Michaelskloster auf dem Heiligenberg oberhalb von Heidelberg gegründet, und zwar vom sehr alten Kloster Lorsch bei Darmstadt aus. Das Michaelskloster musste komplett aus dem Umland versorgt werden. Oben auf dem Berg baute man sicher kein Getreide an.

Heidelberg gehört zu den vielen Städten in Mitteleuropa, die erst lange Zeit nach den Dörfern in ihrem späteren Umland gegründet wurden. 1196 wird Heidelberg erstmals urkundlich erwähnt. Im hohen Mittelalter waren die Wirtschaftsnetze so weit ausgebaut, dass eine Stadt, in deren direkter Umgebung kein Ackerbau möglich war, von außen her versorgt werden konnte. Für eine planmäßig gegründete Stadt war das Gelände an dem in die Oberrheinebene austretenden Neckar aber wie geschaffen: Man richtete Kirchen und Straßen der Stadt parallel zum Fluss aus, von West nach Ost. Diese Straßen wurden von anderen im rechten Winkel gekreuzt, die zur Brücke oder zum Fluss führten. Heidelberg dürfte ziemlich von Anfang an eine Neckarbrücke besessen haben; urkundlich bezeugt ist ihre Existenz seit dem späten 13. Jahrhundert. Sie wurde im Lauf der Jahrhunderte immer wieder durch Eisgang zerstört und dann so schnell wie möglich wieder aufgebaut.

Etwa zur gleichen Zeit wie die Stadt oder nur ein wenig später wurde über ihr, am Nordhang des Königstuhls, eine Burg gebaut, die in den folgenden Jahrhunderten zum weltberühmten Heidelberger Schloss erweitert wurde. Seit dem 14. Jahrhundert war es die kurpfälzische Residenz. Der Kurfürst entstammte seit dem hohen Mittelalter dem Geschlecht der auch in Bayern regierenden Wittelsbacher. Von Heidelberg aus beherrschte er ein in mehrere Teilregionen zerfetztes Gebiet zwischen der Mosel und dem Kraichgau, zu dem mal die eine, mal eine andere Gegend hinzugeschlagen wurde. Nur wenn man sich vor Augen hält, welches Gebiet «die Pfalz» war, versteht man die Worte, die Clemens Brentano, der in Ehrenbreitstein bei Koblenz geboren wurde, an Neujahr 1805 aus Heidelberg an Achim von Arnim schrieb: «Mehrere Tage bin ich nun wieder in meiner Heimat (…). Ein wunderbares Jauchzen ergriff mein Herz, da ich die Pfalz betrat.» Brentano fühlte sich in der gesamten Pfalz beheimatet, was nur jemandem möglich war, der sich mit einem Territorium identifizierte. Aus heutiger Sicht naheliegender wäre es, entweder Heidelberg oder Koblenz als seine Heimat anzusehen; diese Orte sind schließlich sehr verschieden.

1386 wurde die Heidelberger Universität gegründet. Sie ist zwar nicht die älteste deutsche Universität (das ist die Universität Prag), aber sie ist die älteste Universität auf deutschem Boden. Davon gingen wesentliche Impulse für die Entwicklung der Stadt aus. Nur wenige Jahre später, 1392, wurde sie um eine Neustadt erweitert. Auf Anordnung des Kurfürsten mussten die Bewohner von Bergheim damals ihre Siedlung aufgeben und in die ummauerte Residenzstadt umziehen. Die Stadterweiterung und die Umsiedlung der Bevölkerung aus dem Dorf mögen mit der Entwicklung der Residenz und der Gründung der Universität zusammengehangen haben, waren aber an sich nicht ungewöhnlich. In der Umgebung vieler Städte wurden ländliche Siedlungen aufgegeben, und die Städte nahmen dabei an Größe zu. Das lässt sich auch in Stuttgart, Ulm, Hildesheim oder Hannover nachweisen.

Während sich am dafür geeigneten Südufer des Neckars die Stadt entwickelte, gab es nördlich des Flusses nur wenig Platz für Gebäude. Dort und auch auf dem Südhang des Tales blieben Wälder bestehen. Am Hang des Heiligenberges führt der berühmte Philosophenweg entlang, der seinen Namen wohl daher bekam, weil Studenten gerne hier spazieren gingen. Sie wurden ursprünglich alle für Philosophen gehalten, weil sie die «Weisheit liebten» – nichts anderes wird ja mit dem Begriff Philosophie ursprünglich zum Ausdruck gebracht.

Heidelberg wurde im Pfälzischen Erbfolgekrieg (1688–1697) zweimal von französischen Truppen zerstört, Teile des Schlosses wurden gesprengt. Nach dem Ende des Krieges begann der Kurfürst, das Schloss wieder aufbauen zu lassen. Als dann auch noch 1764 der Blitz in dem Gebäude einschlug, wurden die Aufbauarbeiten eingestellt, und das Schloss blieb bis heute so erhalten, wie es damals aussah, zum Teil als Ruine. Damit hängt die symbolische Bedeutung des Heidelberger Schlosses zusammen: Jedermann weiß, dass es von Franzosen zerstört wurde, und also ist es ein wichtiger Beleg für die Jahrhunderte währende Feindschaft zwischen Deutschen und Franzosen.

Die Kurfürsten wollten aber sowieso eine andere Residenz haben: Sie sollte repräsentativer gestaltet sein, und dafür brauchten sie mehr Platz als im engen Neckartal von Heidelberg. 1720 verlegten sie ihren Regierungssitz nach Mannheim. Dort bestand seit dem frühen Mittelalter ein kleines Dorf, das allmählich wuchs und zu Beginn des 17. Jahrhunderts Stadtrechte erhielt. Damals bereits wurde das für die Stadt sehr charakteristische Straßengitter geplant. Es passte zum Aufbau einer barocken Residenzstadt, in der ein Fürst von Gottes Gnaden regierte. Das Mannheimer Schloss, an dem bis 1760 gebaut wurde, wuchs zum zweitgrößten Barockschloss Europas heran. Nur Versailles bei Paris ist ein wenig größer; daran konnte auch die Tatsache nichts ändern, dass Mannheims Schloss ein Fenster mehr bekam als die «Konkurrenzanlage» in Frankreich.

Ganz in der Nachbarschaft von Mannheim wurde zur gleichen Zeit ein weiteres Schloss als Sommerresidenz gebaut: in Schwetzingen. Die Bauten entstanden anstelle älterer Vorgängergebäude. Besonders große Berühmtheit erlangte der prächtige Barockgarten. Das Gelände bot für seine Anlage beste Voraussetzungen: In der Ebene konnte man weitläufige Blickachsen anlegen, der sandige

Untergrund war leicht zu gestalten, und Wasser ließ sich aus den Flüssen der Umgebung in den Park leiten. Der sandige Boden war übrigens auch die Voraussetzung dafür, dass sich bei Schwetzingen eines der wichtigsten Spargelanbaugebiete Deutschlands herausbildete.

Mannheim und Schwetzingen erlebten im 18. Jahrhundert eine Glanzzeit des kulturellen Aufschwungs, die aber nur kurz anhielt. 1778 verlegten die Wittelsbacher Kurfürsten ihre Residenz nach München; die Pfalz wurde nun von dort aus regiert. Heidelberg entwickelte sich vor allem als Universitätsstadt weiter, das Gelände des alten Bergheim wurde wieder überbaut. Mannheim wurde zur Industriestadt: In der Ebene war es möglich, besonders weitläufige Industrieanlagen zu schaffen. Die großen Flüsse Rhein und Neckar ließen sich zur Wasserversorgung anzapfen. Außerdem waren die Voraussetzungen für die Entwicklung des Verkehrs sehr günstig, einerseits durch den Hafen am Rhein, andererseits durch die Lage in der Ebene: Mannheim wurde zu einem der wichtigsten Eisenbahn- und Autobahnknotenpunkte Deutschlands.

Während Mannheim im Zweiten Weltkrieg schwer zerstört wurde, blieb Heidelberg dieses Schicksal erspart. Aber einige Anstrengungen waren nötig, um die Stadt an den modernen Verkehr anzubinden. Der alte Hauptbahnhof war im Wesentlichen ein Kopfbahnhof nahe der Innenstadt und aus vielen Gründen ein Verkehrshindernis. Der neue Hauptbahnhof, ein Durchgangsbahnhof, wurde 1955 weit westlich der Innenstadt eröffnet. Straßenbahnen, Buslinien und auch der Individualverkehr werden heute aus dem alten Stadtkern weitgehend herausgehalten. Dort wird das Leben nicht nur von Geschäften, sondern ganz weitgehend von der Universität und vom Tourismus geprägt. Heidelberg ist eines der wichtigsten Ziele für Reisende aus aller Welt, die Deutschland besuchen.

Der Mythos von der Stadt entstand im 19. Jahrhundert. Besonders berühmt ist das Heidelberg-Gedicht Joseph Victor von Scheffels, das zu einem bekannten Studentenlied wurde:

Alt Heidelberg, du feine,
Du Stadt an Ehren reich,
Am Neckar und am Rheine
Kein' andre kommt dir gleich.

Stadt fröhlicher Gesellen,
An Weisheit schwer und Wein,
Klar zieh'n des Stromes Wellen,
Blauäuglein blitzen drein.

Und kommt aus lindem Süden
Der Frühling übers Land,
So webt er dir aus Blüten
Ein schimmernd Brautgewand.

Auch mir stehst du geschrieben
In's Herz gleich einer Braut,
Es klingt wie junges Lieben
Dein Name mir so traut.

Und stechen mich die Dornen,
Und wird mir's draus zu kahl,
Geb' ich dem Roß die Spornen
Und reit in's Neckartal.

Von einem Ausflug mit diesem Ziel schrieb Clemens Brentano in einem Brief an Achim von Arnim vom 1. Juni 1806: «Ich habe mit meiner Frau Pfingsten einen herrlichen Spaziergang gemacht, der allein wert wäre, daß Du ihn machtest. Um drei Uhr morgens über Ziegelhausen und Schönau (...) durch ein überirdisch schönes Tal nach Neckarsteinach, wo in einem Halbkreis um den Fluß auf einem Bergrücken vier wunderschöne alte Ruinen lauern. Vier Brüder, die Landschaden von Steinach genannt, erbauten sie. Der die vierte erbaute, muß ein seltsames Genie gewesen sein: sie hängt wie eine Auster an dem steilen Fels und ist inwendig so nett und fest und eng und rein wie aus einem Stück geschnitten.»

Neckarsteinach nennt sich heute die Vierburgenstadt. Die Bauwerke stehen an den steilen, weitgehend bewaldeten Hängen des Neckartals. Fluss, Burgen und Wald, sie sind in dieser Gegend bis heute faszinierend geblieben, und das macht auch die landschaftlich besondere Lage von Heidelberg aus.

Die Burgruine Schadeck bei Neckarsteinach trägt auch den Namen Schwalbennest.

Auf der Bruchnaht
DER KAISERSTUHL

Der Kaiserstuhl ist ein kleines Gebirge inmitten der Oberrheinebene. Mit dem südlich angrenzenden Tuniberg zusammen bildet er die einzige nennenswerte Erhebung im sonst fast völlig ebenen Tiefland zwischen Frankfurt und Basel. Um aber keine falschen Erwartungen zu wecken: Vielleicht sollte man den Kaiserstuhl lieber nicht als Gebirge, sondern als Hügelland bezeichnen, denn die beiden benachbarten Mittelgebirge Schwarzwald und Vogesen ragen mehr als doppelt so weit aus der Ebene auf. Doch wer die Hügel des Kaiserstuhls erklimmt, kann rasch aus der Puste kommen. Sie sind steil, und eine Berg-und-Tal-Wanderung über den Kaiserstuhl kann schweißtreibend sein. An kaum einem anderen Ort in Mitteleuropa gibt es so hohe Temperaturen. Aber das muss nicht immer so sein. Vor allem auf den kahlen Berghöhen ist es manchmal windig und kalt, richtig ungemütlich.

Die Oberrheinebene gehört zur Mittelmeer-Mjösen-Zone, wie die Geologen sagen, zu einem Grabenbruch, der sich von Südeuropa bis nach Norwegen verfolgen lässt. Dort begann der europäische Kontinent auseinanderzubrechen, und zwar in der gleichen Zeit, als sich in der Nähe auch die Alpen bildeten. Der Kaiserstuhl liegt auf der Bruchnaht von zwei riesigen Schollen der Erdkruste, die begannen, sich voneinander zu entfernen. Dabei wurden an den Rändern der Ebene die Gesteinsschichten von Schwarzwald und Vogesen weit in die Höhe gedrückt. Mitten in der Ebene blieb der Kaiserstuhl als ein felsiger Bergstock stehen. An seinem Rand entstanden Vulkane, aus denen Magma aus der Tiefe aufstieg. Man kann diese Vulkane mit solchen vergleichen, die sich auf dem Mittelatlantischen Rücken ausbildeten, einer viel älteren Bruchnaht,

Berge des südlichen Kaiserstuhls mit dem Totenkopf, der höchsten Erhebung.

von der aus sich Amerika nach Westen, Eurasien nach Osten bewegten. Dort, im mittleren Atlantik, befinden sich Jan Mayen, Island, die Azoren und weitere vulkanische Eilande als die höchsten Gipfel des sonst unter Wasser liegenden Gebirgszugs. So wie diese Inselgruppen könnte der Kaiserstuhl einmal aussehen, wenn sich Vogesen und Schwarzwald weiter auseinanderbewegen würden und sich zwischen ihnen ein Ozean auftäte. Dass dies aber tatsächlich geschieht, ist sehr unwahrscheinlich, und wenn es dazu kommt, dann erst in allerfernster Zukunft.

Die Höhen des Kaiserstuhls bilden ein nach Westen offenes Hufeisen, das von Buchenwäldern bestanden ist. Am weitesten ragt der 557 Meter hohe Totenkopf in die Höhe, auf dem ein weithin sichtbarer Fernmeldeturm steht. Der Name dieses Berges ist genauso sagenumwoben wie der des gesamten Hügellandes. Zum «Kaiserstuhl» könnte es dadurch geworden sein, dass der König und spätere Kaiser Otto III. hier einen Gerichtstag abhielt. Manche meinen, damals seien verurteilte Verbrecher auf dem Totenkopf hingerichtet worden. Der Name Kaiserstuhl könnte auch auf den möglichen Geburtsort von Rudolf von Habsburg verweisen. Er erblickte 1218 das Licht der Welt. Man weiß nicht genau, wo er geboren wurde, aber einer der dafür in Betracht gezogenen Orte ist die den Habsburgern gehörende Limburg, die auf dem Limberg gelegen ist, etwas abgesetzt im Nordosten des Kaiserstuhls. Man könnte sich außerdem einen riesenhaften Kaiser vorstellen, der umgeben vom «Hufeisen» der Buchenwaldberge auf dem Land sitzt und die Beine gen Westen ausstreckt. Auch diese Vorstellung könnte dem Hügelland seinen Namen verliehen haben.

Wäre dem so, hätte der «Kaiser» den weithin unbewaldeten Badberg zwischen den Knien, ein Dorado für Freunde von Orchideen und anderen seltenen Pflanzen aus dem Mittelmeergebiet und Südosteuropa. Nirgends sonst in Deutschland gibt es so viele Orchideenarten wie am Badberg und in seiner Umgebung: Brandknabenkraut, Helmknabenkraut und Affenorchis, Bocksriemenzunge, Fliegen- und Spinnenragwurz. Smaragdeidechsen huschen am Boden entlang, im Gras und auf Büschen sitzen die seltsamen, mit Heuschrecken verwandten Gottesanbeterinnen – wie am Mittelmeer. An den warmen Südhängen wachsen Flaumeichen mit behaarten Blättern, an deren Oberfläche Wasser nicht so rasch verdunstet wie bei anderen Eichen. Die Feuchtigkeit wird zwischen den Härchen festgehalten. Am Fuß des Berges gibt es außerdem eine Quelle, aus der das ganze Jahr über etwas über zwanzig Grad warmes Wasser hervorsprudelt. Schon die Römer kannten sie, und das an der Quelle gelegene Bad gab dem Berg seinen Namen.

Die vulkanischen Felsen des Kaiserstuhls waren im Eiszeitalter ein Staubfänger. Damals waren sie völlig kahl. Der Wind trug feinen Staub aus den Vorfeldern der Gletscher und aus trockengefallenen Flusstälern heran. Am Kaiserstuhl blieb er als Löss liegen. Ursprünglich bedeckte Löss den gesamten Kaiserstuhl. Von den Höhen wurde er später wieder abgeschwemmt, in den Tälern sammelte er sich an, manchenorts mehrere Meter dick. Löss hat viele günstige Eigenschaften für die Landnutzung: Er enthält keine Steine, sieht man von den Lösskindeln ab, Kalkausscheidungen, die zu seltsamen steinähnlichen Gebilden wurden. Man kann Löss gut auch mit einfachen Pflügen und Hacken bearbeiten, selbst dann, wenn die Geräte nicht aus Metall, sondern aus Holz, Knochen oder Stein gefertigt sind. Im Löss sind vielerlei Mineralstoffe vorhanden, die Pflanzen unbedingt zum Wachstum benötigen, Kalium und Magnesium zum Beispiel. Nach einem starken Regen kann der Boden sich mit Wasser vollsaugen und das Nass für trockene Zeiten zurückhalten. Am Kaiserstuhl haben Menschen im Lauf von Jahrhunderten zahlreiche Höhlen in den Löss getrieben, um Vorräte aufzubewahren: Dort bleibt nicht nur Weißwein auch an heißen Tagen kühl.

Vor allem am Westrand des Kaiserstuhls, wo der Rhein entlangfließt, gibt es bedeutende Burgen und Städte mit wehrhaften Mau-

Die Pyramiden-Hundswurz (Anacamptis pyramidalis) ist eine charakteristische Kaiserstuhl-Orchidee.

ern: Breisach mit dem Münsterberg, Burkheim, Sponeck und die schon erwähnte Limburg. Der Kaiserstuhl gehört zum Heimatgebiet der Habsburger, die im Mittelalter Land sowohl am Oberrhein als auch rings um ihre Stammburg in der Schweiz besaßen. Vom Kaiserstuhl zur Habsburg kamen sie auf eigenem Gelände nur über die Schwarzwaldhöhen; die Umgebung von Basel stand unter fremder Herrschaft. Unter Rudolf von Habsburg begann die enorme Vergrößerung des Habsburger Reiches, von dem man Jahrhunderte später, zu Zeiten Karls V., sagte, es sei so groß, dass dort die Sonne nicht unterging. Weit herumgekommen in diesem Reich war Lazarus von Schwendi. Er diente Karl V. sowie dessen Nachkommen Philipp II., Maximilian II. und Ferdinand I. Lazarus machte aus der Burg von Burkheim ein Renaissanceschloss, von dem er die Oberrheinebene weit überblicken konnte. Als der aus dem Schwäbischen stammende Edelmann in Burkheim lebte, war Jörg Wickram dort Ratsschreiber. Von ihm stammt das «Rollwagenbüchlein», eine Sammlung von Schwänken, die man sich auf Reisen (im «Rollwagen») erzählte. Die kleine Stadt Burkheim hat sich im Kern seit Jahrhunderten nur wenig verändert. Doch das Schloss des Lazarus von Schwendi wurde im 17. Jahrhundert von den Franzosen zerstört; es ist seitdem eine Ruine.

Auch Endingen im Nordosten des Kaiserstuhls ist eine kleine Stadt, und viele weitere Siedlungen des Kaiserstuhls sind keine echten Dörfer, sondern in vieler Hinsicht städtisch geprägt. Im Lauf der Jahrhunderte bekam nämlich überall der Weinbau immer größere Bedeutung. Auch Obst und Gemüse werden kultiviert. Das bedeutete, dass die speziellen Produkte vom Kaiserstuhl auf den Märkten der umliegenden Städte verkauft werden mussten, damit sich die Bewohner des kleinen Berglandes Brot oder Korn kaufen konnten. Zwar bauten sie auf kleinen Flächen auch früh schon den aus Amerika importierten Mais an, den sie unter den Vordächern ihrer Häuser trockneten, aber für Weizen, Roggen oder Gerste hatten sie keinen Platz. Bauern vom Kaiserstuhl waren daher nicht nur Experten für den Anbau und die Verarbeitung von Wein, Gemüse und Obst, sondern mussten auch wissen, wie man Handel treibt. Ständiger Kontakt mit den Städten prägte die Ansiedlungen: Genauso wie in einer Stadt stehen die Gehöfte der Weinbauern dicht bei dicht nebeneinander. Viele Häuser wurden an steilen Hängen errichtet und mussten ebenso aufwändig fundamentiert werden wie Bauwerke in einer Stadt.

Fuhr man von den Siedlungen in die Weinberge, gruben sich die Wagenspuren tief in den weichen Löss ein. So entstanden mit der Zeit Hohlwege mit steil aufragenden Seitenwänden, viele Meter hoch. Einen besonders eindrucksvollen Hohlweg gibt es am östlichen Ortsrand von Bickensohl zu bestaunen.

Jahrhundertelang formten die Weinbauern kunstvolle Terrassen, um ihre Reben von der Sonne verwöhnen zu lassen; so heißt es in einem Slogan über badischen Wein. Genauso edel wie ihr Geschmack sind die Namen der Kaiserstühler Weinlagen. Einen «Vulkanfelsen» gibt es an mehreren Orten, auch ein «Gestühl», etwa das Leiselheimer Gestühl. Bickensohler Herrenstück, Ihringer Doktorgarten und Oberbergener Baßgeige sind weitere bekannte Weinlagen.

Bis zur Neuordnung Europas durch Napoleon und den Wiener Kongress gehörte das Land am Kaiserstuhl zu «Vorderösterreich», war also Teil des Habsburgerreiches. Im 18. Jahrhundert kam der Vorarlberger Baumeister Peter Thumb in das Hügelland, um dort das Schlösschen Kiechlinsbergen zu bauen. Im 20. Jahrhundert hatte es berühmte Bewohner: Den einen Flügel erwarb der jüdische Schriftsteller Karl Wolfskehl, der andere gehört der Familie der Grafen Schenk zu Stauffenberg.

Vor einigen Jahrzehnten wurden umfangreiche Reblandumlegungen durchgeführt, vor allem an der Mondhalde im Westen. Dadurch sollte der Weinanbau erleichtert werden, doch viele meinten, aus der Mondhalde sei dadurch eine Mondlandschaft geworden.

Lösshohlweg bei Bickensohl.

Manche der damals geformten gigantischen Lössterrassen rissen damals ab und rutschten zu Tal. Heute haben sie sich weitgehend stabilisiert, denn ihre Steilhänge sind nun ebenso bewachsen wie die Terrassenkanten älterer, kleinerer Weinberge. Vielerorts hat man die Reblandumlegungen eingestellt, und dadurch blieb das kleinteilige Landschaftsbild aus früheren Jahrhunderten weitgehend erhalten. Kaiserstühler Wein ist und bleibt berühmt. Die Nachtigallen singen noch immer in der Rheinniederung und den Kaiserstuhltälern. Grasige Berghänge sollten öfter beweidet werden, damit dort auch in Zukunft Orchideen gedeihen. Viele der Flächen werden heute nur noch gemäht. Doch dabei werden alle Pflanzen in gleicher Weise und zur gleichen Zeit gekürzt. Anders ist der Einfluss der Beweidung auf die Vegetation. Schafe und andere Tiere fressen vor allem Gras und solche Kräuter, die ihnen gut schmecken. Pflanzen, die bittere oder sogar giftige Stoffe enthalten, lassen die Tiere stehen. Zu diesen Gewächsen gehören Orchideen und Enzian. Wichtig ist es allerdings, die Weidetiere nicht allzu lange an der gleichen Stelle festzuhalten, denn dann würden sie auch Pflanzen fressen, die sie nicht zu sich nehmen sollten. Giftige Inhaltsstoffe von Orchideen lassen Tiere erkranken, und die prächtigen Pflanzen verschwinden. Am besten für Tiere, Pflanzen und Landschaft wäre es, wenn von Zeit zu Zeit ein Schäfer seine Tiere über die Grashänge treiben würde. Doch diese Art der Schafhaltung lohnt sich nicht, und kaum ein Mensch hat Zeit dazu – vor allem nicht am geschäftigen Kaiserstuhl, dessen Ortschaften sich seit Jahrzehnten bereits von Weinbausiedlungen zu Pendlerquartieren für Menschen wandeln, die im nahen Freiburg ihrer Arbeit nachgehen.

Tannen, Buchen, Fichten
DER SCHWARZWALD

Vielen Menschen, die in den Schwarzwald kommen, fällt zunächst einmal die «schöne Natur» auf: rauschende Bäche inmitten von viel Grün im Sommer, viel Schnee im Winter, auf den Höhen die Nadelwälder, die dem Schwarzwald seinen Namen gaben; «Schwarzholz» ist ein anderes Wort für Nadelholz. Eine solche «schöne Natur» ist eine Idee, vielleicht sogar ein Ideal, zu dem sich besonderes Menschenwerk gesellt: Bollenhut und Kuckucksuhr, Schwarzwaldhöfe und die viel besungene «Mühle im Schwarzwälder Tal». Bilder, die mit alledem zusammenhängen, entstehen im Kopf des Schwarzwaldbesuchers, mit ihnen lässt sich seine Sehnsucht nach einer fiktiven Ursprünglichkeit des Lebens illustrieren, obwohl der Schwarzwald erst viel später besiedelt wurde als sein Umland, seine Besiedlung also gewissermaßen moderne Züge trägt.

Die Werbung spielt mit den Begriffen, die Emotionen hervorrufen. Aber mit der alltäglichen Realität haben sie wenig zu tun, und sie lassen sich wissenschaftlich kaum untersuchen. Man sollte genauer hinsehen: Der Schwarzwald ist gleichermaßen von natürlichen wie von kulturellen Prozessen geprägt, deren Resultat keine Naturlandschaft oder Kulturlandschaft, sondern das Miteinander von beidem ist, nämlich Landschaft. Symbole dafür sind Nadelwälder und Schwarzwaldhäuser: Nur wenige andere Bauernhöfe sind so ideal in ihre Umwelt eingebunden, man kann auch sagen, in die Natur integriert.

Die natürlichen Prozesse, die Landschaft prägen, laufen mit unterschiedlichen Geschwindigkeiten ab. Besonders lange Zeiträume beanspruchen geologische Vorgänge. Im Westen und Süden des Schwarzwaldes trifft man auf Granit und Gneis, Gesteine, die bei

Der Schwarzwald erhielt seinen Namen vom Schwarz- oder Nadelholz.

der Erstarrung der Erdkruste entstanden sind, lange vor der Entstehung des Lebens. Sie bilden das sogenannte Grundgebirge. Seit dessen Erstarrung wird die Erdoberfläche durch Erosion abgetragen: Frost und später auch Pflanzenwurzeln zersprengen das Gestein, fließendes Wasser und Wind tragen Gesteinsbruchstücke davon. Sie werden vor allem im Wasser weiter zerkleinert und dann, nach Größe und Gewicht sortiert, dort abgelagert, wo die Transportkräfte von Wind oder Wasser nicht mehr groß genug sind, um sie weiterzubewegen.

Im Lauf der Jahrmillionen wurden große Sandmengen zu Buntsandstein zusammengepresst, auf den man im Schwarzwald vor allem im Norden und Osten stößt. Dort bedeckt er das Grundgebirge. Sandmengen konnten sich nicht hoch oben im Gebirge, sondern nur in Senken sammeln. Und aus ihnen wurden nur dann Sedimentgesteine, wenn sich – in der Senke – weitere Ablagerungen über sie legten. Zur Zeit der Bildung des Buntsandsteins war der Schwarzwald also noch kein Gebirge, sondern es dehnte sich dort eine Niederung aus, in der sich Sedimente sammelten. Erst als der ehemals lockere Sand zu Gestein verfestigt war, konnte es emporgehoben werden und ein Gebirge daraus werden. Dazu kam es, als der Oberrheingraben entstand und die Erdkruste an seinen beiden Seiten schräg in die Höhe gehoben wurde: an seiner Ostseite der Schwarzwald, im Westen gewissermaßen als ein Spiegelbild dazu die Vogesen, wenn sie auch heute einen völlig anderen Landschaftscharakter aufweisen, weil sie in anderer Weise genutzt wurden.

Je weiter die Gesteinsschichten in die Höhe gehoben wurden, desto stärker wurden sie erneut von Wind und Wetter abgetragen. Unmittelbar am Rand des Oberrheingrabens ragen die Schwarzwaldhöhen besonders weit auf. Das Gebirge hat dort eine klar erkennbare Grenze, etwa dort, wo man das tief eingeschnittene, enge und früher für einsame Wanderer furchterregende Höllental verlässt und ins «Himmelreich» kommt: Diesen Namen trägt ein kleiner Weiler mit einer Bahnstation der Höllentalbahn, der unmittelbar vor dem Gebirge liegt.

Der auch im Westen des Schwarzwalds ursprünglich vorhandene Buntsandstein ist durch Erosion längst beseitigt worden. Das unter ihm zum Vorschein gekommene Grundgebirge wurde von Wind und Wetter zu Kuppen geformt. Sie bilden, obwohl der Buntsandstein auf ihnen nicht mehr vorhanden ist, dennoch die größten Höhen des Schwarzwaldes, Feldberg, Herzogenhorn, Belchen. Weitere hoch aufragende Kuppen sind Kandel und Blauen. Der Feldberg (1493 m) ist der höchste Gipfel der deutschen Mittelgebirge. Er ist von Natur aus unbewaldet, das vermeldet der Name des Berges. Oberhalb der Waldgrenze gedeihen zahlreiche Pflanzen, die man sonst nur aus den Alpen kennt: Goldfingerkraut, Soldanelle, Scheuchzers Glockenblume, Gelber Enzian. Gemeinsam mit einem krähenden Hahn wurden die Grundgebirgskuppen zum Symbol der beliebten Fernsehserie «Die Fallers», die im Schwarzwald spielt.

Für den Buntsandstein-Schwarzwald dagegen sind ebene Flächen typisch, die allmählich von West nach Ost abfallen. Daher hat der Schwarzwald keine klare Ostgrenze. Oder man konstruiert sie. Jeder tut dies auf seine Weise, und ich kann dies mit einer persönlichen Erinnerung belegen: Als Kind kam ich zum ersten Mal aus dem Osten, von Donaueschingen aus, in den Schwarzwald. Es ging durch ein kleines Dorf mit dem verheißungsvollen Namen «Hausen vor Wald», hinter dem das Gelände tatsächlich waldreicher wurde. Und, sehr wichtig, dort sah ich zum ersten Mal ein Gebäude mit einem Walmdach und einem hölzernen Balkon, das Züge eines Schwarzwaldhauses trug. Klar: Das musste der Rand des Gebirges sein. Kartographen, die dem Gebirge auf einer Landkarte eine Ostgrenze geben müssen, sammeln solche Eindrücke, die interessanterweise nicht nur durch die Geologie und den Waldreichtum entstehen, sondern auch durch Bauwerke. Über sie verstärkt sich ein zuvor schon vorhandener Landschaftseindruck, der von der Natur des Landes bestimmt war.

Aus ökologischer oder naturwissenschaftlicher Hinsicht ist es wichtig, darauf zu verweisen, dass der Schwarzwald keine exakt definierbare östliche Begrenzung hat. Kartographen müssen sie auf der Grundlage möglichst vieler persönlicher Eindrücke entwickeln, weil man ohne diese Grenze auf einer Landkarte nicht erklären kann, was der Schwarzwald ist. Doch diese Grenze ist eine Idee. Nimmt man sie, um «genau» zu ermitteln, wie groß die Entfernung vom

Westrand zum Ostrand des Schwarzwaldes ist, oder um gar zu berechnen, welche Fläche der Schwarzwald umfasst, geht man einen Schritt zu weit. Das kann man zwar in vielen Lexika nachlesen, aber es ist nutzloses Wissen. Man braucht die konstruierten Grenzen, um Landschaften auf der Landkarte zu beschreiben; aber sie existieren in der Natur nicht.

Den Übergang vom Grundgebirgs- zum Buntsandsteinschwarzwald erkennt man beim Blick über die Schwarzwaldhochfläche. Dort wandeln sich die Oberflächen des Gebirges: Auf der einen Seite erkennt man Kuppen, auf der anderen sanft geneigte Ebenen. An der Grenze zwischen Grundgebirge und Buntsandsteindecke befindet sich ein Quellhorizont, der für den Schwarzwald vielerorts Bedeutung hat. Im zerklüfteten Buntsandstein sammelt sich Wasser. In den darunter liegenden, dicht gepackten Granit kann es nicht eindringen. Deshalb quillt unmittelbar an der Grenze zwischen den beiden Gesteinen viel Wasser aus dem Untergrund, auch solches, das von nachsickerndem Regenwasser allmählich an der Gesteinsgrenze in die Höhe gedrückt wird. Quellen an der Grenze zwischen Grundgebirge und Buntsandstein können in beträchtlichen Höhen liegen und dann eine derart hohe Wasserschüttung haben, dass es in mächtigem Schwall zu Tal rinnt. Viele der zum Teil hoch gelegenen Wassermühlen werden von solchem Wasser angetrieben. Das Moosenmättle oberhalb von Wolfach im mittleren Schwarzwald trägt seinen Namen wegen des sumpfigen («moosigen») Charakters des Gebietes, das sich unmittelbar an der Grenze zwischen Grundgebirge und darauf lagerndem Buntsandstein befindet. Bäche laufen von dort aus nach allen Seiten zu Tal. Die sumpfige Wasserscheide bildete lange Zeit die Grenze zwischen Württemberg und Baden, und heute befindet sich dort die Grenze zwischen dem (badischen) Ortenaukreis (mit der Kreisstadt Offenburg) und dem (württembergischen) Landkreis Rottweil. Einer entsprechenden Situation verdanken die Quellen der Flüsschen Steina, Schlücht und Mettma, im Südosten des Schwarzwaldes bei Grafenhausen gelegen, ihren Wasserreichtum. Seit dem Ende des Mittelalters sammelte man gleich unterhalb der Quellen Wasser in Schwellweihern, um dann auf Befehl deren Wehre zu öffnen: Mit dem Schwall des Wassers konnte man einen der größten Reichtümer des Schwarzwaldes, das Nadelholz, zu Tal triften. Später wurde die Trift eingestellt. Auf der sumpfigen Wasserscheide gründeten die innovativen Mönche des Klosters Sankt Blasien die heute weit bekannte Brauerei Rothaus. Für deren Betrieb war Wasserreichtum ebenso unerlässlich wie zur zuvor durchgeführten Trift. Einige Staubecken sind heute noch mit Wasser gefüllt, von anderen erkennt man nur noch die Wälle, mit denen man sie umfasst hatte.

Viele Täler im Schwarzwald sind besonders tiefe Schluchten, seitdem der Rhein als ein geologisch junger Fluss sein Einzugsgebiet zur Oberrheinebene ausgedehnt hat. Die meisten Gewässer des Schwarzwaldes wandten sich seitdem dem Rhein zu, der bis zu 1000 Meter unterhalb der Schwarzwaldhöhen seine Bahn zieht. Viele Flüsse aus dem Schwarzwald münden erst seit einigen Millionen Jahren in den Rhein. Das ist aus geologischer Sicht eine kurze Zeitspanne, und diese Zeit reichte vielerorts noch nicht aus, um aus engen, tief ins harte Gestein eingeschnittenen Schluchten breite Täler zu machen. In früherer Zeit war die Donau der wichtigste Abfluss von Flüssen aus dem Schwarzwald gewesen. Ihr Lauf von den Quellflüssen Brigach und Breg bis zur Mündung ins Schwarze Meer ist etwa 2800 Kilometer lang, das ist viermal länger als die Fließstrecke des Rheins und seiner Nebenflüsse vom Schwarzwald bis zur Mündung in die Nordsee. Die Donau ist also der trägere Fluss mit dem geringeren Gefälle, der im Lauf der Zeit einen Nebenfluss nach dem anderen an den Rhein «verloren» hat. Zu ihm entwickelten sich Gewässerläufe mit einem erheblich stärkeren Gefälle. Viele Oberläufe der Flüsse und Bäche im Schwarzwald weisen noch in Richtung Osten, zur Donau, wohin sie einst geflossen waren. Dort sind ihre Täler beschaulich, nur flach in den Untergrund eingesenkt, etwa so wie die Täler von Brigach und Breg, den einzigen Flüssen aus dem Schwarzwald, die heute noch zur Donau fließen.

Ein besonders interessanter Fluss, der seine Richtung änderte, ist die Wutach. Der ganze Fluss durchfließt drei Typen von Tälern und hat dementsprechend auch drei Namen. Als Seebach entspringt er am Feldberg und stürzt an dessen steiler Karwand über einen Wasserfall zum Feldsee herab. Das Kar entstand in der Eiszeit, als sich am schattigen Nordosthang des Feldbergs ein Gletscher bildete. Das Eis schürfte ein tiefes Loch in den Untergrund, das sich später mit Wasser füllte und zum Feldsee wurde. Der Gletscher bekam Nachschub, denn jedes Jahr bildete sich mehr Eis, als in den kurzen Sommern abschmolz. Das Eis setzte sich in nordöstliche Richtung in Bewegung. Seine scharfen Kanten hobelten ein breites Trog- oder U-Tal in den Untergrund, das bis zum Titisee reicht. Dort blieb im Eis mitgeführter Gesteinsschutt in einem Wall liegen, einer Moräne, und dahinter staute sich Wasser im Titisee. In diesen See mündet heute der Seebach ein. Die Moräne wurde durchbrochen: Von hier aus fließt die gewissermaßen aus dem Seebach hervorgegangene Gutach gemächlich in einem nach Osten weisenden, ebenfalls breiten Tal in Richtung Donau. Unterhalb von Neustadt im Schwarzwald wird der Fluss reißender, er heißt ab dort Wutach, womit sein völlig anderer Charakter bezeichnet wird. Von dort an ist er vom Rhein angezapft. Als tosender Wildbach formte er die spektakuläre Wutachschlucht. Sie ist ein Kerbtal oder V-Tal, das allein vom Wasser, nicht von Gletschereis gebildet wurde. Später durchquert der Fluss weichere Gesteine in südlicherer Richtung; dort weitet sich das Tal, und oberhalb von Waldshut erreicht die Wutach den Rhein.

Bis heute deutlich erkennbar geblieben ist auch das Tal, durch das die Wutach ehemals floss: von Blumberg zur Donau bei Tuttlingen. In diesem breiten Tal gibt es heute nur noch einen kleinen Bach, die Aitrach. Das weite Aitrachtal und das untere Wutachtal eignen sich sehr gut als Verkehrswege. Aber es gibt ein Problem: An der Nahtstelle zwischen dem ehemaligen und dem heutigen Flusslauf besteht heute ein Höhenunterschied von 230 Metern. Man baute dort eine auf spektakuläre Weise trassierte Eisenbahnlinie: Die Strecke der Sauschwänzlebahn verläuft vielfach gekrümmt durch einen Kehrtunnel und Kehrschleifen, damit die Züge den enormen Höhenunterschied bewältigen konnten. Man baute die Strecke aus militärstrategischen Gründen; heute wird sie von Museumszügen befahren.

Wegen des enormen Höhenunterschiedes von sogar etwa 600 Metern zwischen Tälern, in denen Flüsse zum Rhein und zur Donau verlaufen, mussten in den Verlauf der Schwarzwaldbahn zahlreiche

Kurven eingebaut werden, über die die Bahn an Höhe gewinnt. Sie verläuft von Offenburg nach Donaueschingen über eine spektakuläre Steilstrecke zwischen Hausach und Sankt Georgen.

Die breiten Täler des Schwarzwaldes lassen sich landwirtschaftlich gut nutzen. Solche Täler gibt es vor allem am Rand des Schwarzwaldes: am Unterlauf von Wutach, Wiese, Dreisam, Elz, Kinzig und Rench, ebenso an Murg und Alb im nördlichen Schwarzwald. Mehrere Flüsse, die in die Kinzig münden, haben ebenfalls breite Täler, darunter Schiltach, Wolf, die Gutach des mittleren Schwarzwaldes (sie hat mit dem Gewässer, aus dem die Wutach hervorgeht, nichts zu tun) und der Harmersbach. Weitere breite Täler wurden ebenso wie das Seebachtal zwischen dem Feldberg und dem Titisee von eiszeitlichen Gletschern geschaffen: die Hochtäler von Bernau und Menzenschwand, ferner das Tal, in dem man mit einer mächtigen Talsperre den Schluchsee aufstaute, den größten See des Schwarzwalds.

Zählt man die Namen dieser Täler auf, darf der Eindruck nicht entstehen, als sähen sie alle gleich aus. Sie sind alle sehr verschieden,

Blick vom Feldberg (Seebuck) auf den Feldsee.

In die Landschaft eingepasstes Schwarzwaldhaus an der Bruderhalde zwischen Titisee und Feldberg.

und auch die Nutzung dieser Täler, ihre Bauwerke, ihre wirtschaftlichen Grundlagen unterscheiden sich. Der Schwarzwald ist vielfältig, und auch Kuckucksuhren und Bollenhüte gibt es keineswegs überall. Letztere gehörten eigentlich ausschließlich zur Tracht in den evangelischen Talschaften Gutach, Kirnbach und Reichenbach im mittleren Schwarzwald, sie wurden aber im 20. Jahrhundert zum allgemein geschätzten Schwarzwaldsymbol.

Schwarzwaldhöfe errichtete man in breiten Senken und auch in engeren Tälern. Sie sind nicht einheitlich gebaut, sondern können je nach Gegend etwas unterschiedlich aussehen. Charakteristisch für sie alle ist aber ihre Lage in der Landschaft: auf halber Höhe am Hang der Täler. Im Dach gibt es ein großes Tor, die «Ifahr», das hangseitig zum großen Dachboden führt, der ein oder sogar zwei Stockwerke über dem talseitig gelegenen Erdgeschoss liegt. Dort befinden sich der Stall und der Wohnbereich des Hauses. Auf diese Weise können landwirtschaftliche Produkte zu ebener Erde in den Hof gebracht und dann so gelagert werden, dass man sie nur durch Luken vom Dachboden in den Stall hinunterwerfen muss, wenn man sie dort braucht. Man bewirtschaftet einen Schwarzwaldhof daher gewissermaßen von oben nach unten, und es entfällt das mühsame Emporheben von Erntegut vom Hofplatz zum Speicher. Als besonders vorteilhaft erweist sich die Anlage eines Schwarzwaldhofes im Winter, wenn der Schnee meterhoch liegt: Man kann den Hof bewirtschaften, ohne das Haus verlassen zu müssen.

Vom Gelände oberhalb der Höfe wurde Korn von den Äckern eingefahren. Auch das Grasheu kam durch die Ifahr ins Haus. Weiteres Winterfutter stammte von den Hofbäumen, die man an vielen Schwarzwaldhäusern finden kann, besonders Ahorn, Linden und Eschen. Man schnitt ihr Laub im Frühjahr, unmittelbar nachdem es ausgetrieben hatte, und trocknete es in den Ästen der Bäume. Im Herbst brachte man es in die Höfe als zusätzliches Winterfutter, denn das Grasheu von den Wiesen reichte nicht, um das Vieh durch die langen, schneereichen Winter zu bringen. Diese Form der Laubheugewinnung nennt man Schneitelung. Die geschneitelten Bäume trieben nach dem Verlust ihres Blattwerks erneut aus: Sie bildeten dann besonders dichte, buschige Kronen.

In manchen kleinen Höfen ließ man die Tiere auf den talwärts gelegenen Grünlandflächen weiden. Auf der Viehweide standen Obstbäume, unter die sich die Tiere legen konnten, wenn sie wiederkäuten. Aus dem Obst stellte man vor allem Schnaps her, beispielsweise Kirsch- und Zwetschgenwasser. Vielerorts nutzte man die bachnahen Grünländer aber ausschließlich zur Anlage von Wiesen, auf denen das Winterfutter heranwuchs.

An den Schwarzwaldhöfen zeigt sich, wie die bäuerlich genutzte Landschaft einst gegliedert war. Oberhalb von ihnen befand sich Ackerland, unterhalb Obstbaumflächen und Weide-, vor allem aber Wiesenland. In der Nähe der Häuser wurden Gärten angelegt, die meistens aber nicht direkt an das Haus grenzen, sondern etwas davon abgesetzt sind. Um das Haus herum liefen nämlich Tiere, deswegen gab es direkt am Haus keinen Platz für Gärten. Zum Schutz vor dem Vieh mussten die Gärten mit Zäunen eingefriedigt werden.

Wo die Hänge oberhalb der Häuser zu steil waren, um dort – auch durch Terrassierungen – Äcker anzulegen, betrieb man Reutbergwirtschaft. Reutberge oder Schwenden wurden im Schwarzwald auch Rütten oder Reuten genannt. Die Bezeichnungen für diese Anlagen tauchen in zahlreichen Orts- und Flurnamen auf. Auf den Rütten ließ man einige Jahre lang Sträucher und Bäume in die Höhe wachsen. Dann schlug man die Stämme ab, aus denen sich Brennholz machen ließ. Das Kleinholz ließ man liegen und zündete es an. Das Feuer ließ sich nur dann längere Zeit am Brennen halten, wenn das Holz völlig trocken war. Und der Hang musste sehr steil sein; man zog dann aus Brombeergestrüpp gewundene brennende Rollen über den steilen Hang. Die Asche, die schließlich zurückblieb, düngte den Boden, in den man dann Roggen oder Buchweizen einsäte. Die in der Holzasche enthaltenen Mineralstoffe, vor allem Kalium und Magnesium, sorgten für etwa zwei gute Ernten. Dann trieb man noch eventuell für einige Jahre Tiere auf den Hang, bevor man das Gehölz wieder in die Höhe wachsen ließ, um es nach wiederum einigen Jahren erneut zu schlagen und niederzubrennen. Bei der Reutbergwirtschaft handelt es sich zwar um eine Methode von Brandrodung, aber sie wurde nicht durchgeführt, um neues Land zu kultivieren, etwa wie in den Tropen, sondern sie war eine in einem Bewirtschaftungszyklus betriebene Form der Landnutzung. Darum verweisen Orts- und Flurnamen, die die Silben -brand, -schwand oder -reut enthalten, nicht auf die einmalige Rodung oder die einmalige Gründung eines Ortes inmitten von Wald nach einer Brandrodung, sondern auf die lange Zeit betriebene Praxis des Reutebrennens hin.

Vom Hang abgespülte Aschepartikel gelangten in die Bäche. Sie wurden vielerorts durch Wehre gestaut. Wasser wurde dort aus den Bächen abgeleitet, und zwar nicht nur, um die Räder der vielen Schwarzwaldmühlen anzutreiben, sondern es wurde auch zur Wiesenbewässerung verwendet. Johann Peter Hebel beschrieb das in seinem langen, in alemannischer Mundart verfassten Gedicht über das Flüsschen Wiese, an dem er geboren wurde:

Aber an der Bruckwoog, nit wit vom steinene Chrützli,
chresme d'Büebli vo Zell hoch an de felsige Halde,
suechen Engelsüeß, und luegen aben und stune.
«Toneli», seit der Sepli, «was get echt d'Wiesen im Chöpfli?

Lueg doch, wie sie stoht; und wie sie nieder an d'Stroß sitzt
mit vertieftem Blick, und wie sie wieder in d'Höchi
schießt, und in d'Matte lauft, und mittere selber im Champf isch!

Die Buben sahen von der Halde aus, wie die Wiese gestaut wurde. Ihr Wasser wurde durch einen künstlichen Kanal an der Kante des Tales entlang, gewissermaßen «in d'Höchi» oder in die Höhe geleitet, dann rieselte es einen Graslandhang, die Matte, herab. Im Frühjahr sorgte die Berieselung dafür, dass der Schnee schneller schmolz und der Boden rascher auftaute, so dass das Gras früher und reichlicher zu wachsen begann. Die mitgeführten Mineralstoffe düngten das Land. Bis zum Juni, wenn man das Gras mähte, wuchsen nicht nur zahlreiche Gräser, sondern auch charakteristische Kräuter in die Höhe, die etwas, aber nicht zu viel Düngung benötigen: zunächst Sumpfdotterblumen, später im Jahr Trollblumen, Waldstorchschnabel, Wiesenknöterich und zahlreiche Arten von Orchideen.

Als die Grünlandflächen unterhalb der Höfe als Weideflächen nicht mehr groß genug waren, trieb man die Tiere auf die Höhen. Dort hatte man zuvor den Wald geschlagen; Gras und Kräuter gediehen auf den Lichtungen, die als Hochheiden immer größer wurden und schließlich ganze Berge überzogen, die Granitkuppen von Feldberg, Belchen, Schauinsland und anderen Hochlagen ebenso wie die höchsten Höhen des Nordschwarzwaldes, wo die Buntsandsteindecken bis an den Rand der Oberrheinebene reichen. Dort entwickelten sich im besonders regenreichen Klima des Nordschwarzwalds die sogenannten Grinden, nach denen die Hornisgrinde benannt ist: weite, feuchte Heiden, auf denen vereinzelt krüppelig gewachsene Kiefern und Spirken stehen und die an ihren Rändern in Moore übergehen können, die man im Nordschwarzwald als Missen bezeichnet.

Ebene Flächen, auf denen man Landwirtschaft betreiben kann, gibt es auch auf den Buntsandsteinebenen. Aber dort sind die Böden vielerorts steinig und unfruchtbar, so dass man sie nach einiger Zeit doch wieder dem Wald überließ. Über die Dörfer auf den Höhen oberhalb von Enz, Nagold und Murg hat man immer wieder den Eindruck gewonnen, dass sie inmitten von Rodungsinseln liegen,

die in den Wald geschlagen wurden. Das mag tatsächlich einmal so gewesen sein; das heutige Erscheinungsbild dieser Siedlungen ist aber davon geprägt, dass man neue Wälder aufforstete, nachdem man die kärgliche Landwirtschaft auf den weiter von den Dörfern entfernten Flächen aufgegeben hatte. Nahezu alle Wälder auf den Buntsandsteinplatten werden von Fichten dominiert, die auf den Flächen ursprünglich nicht gewachsen waren, sondern im Zuge von Aufforstungen gepflanzt oder gesät wurden. Als die Siedlungen im Mittelalter angelegt wurden, standen vor allem Weißtannen und Buchen in den Wäldern.

Bis in jüngste Zeit war im Schwarzwald Subsistenzwirtschaft verbreitet. Das heißt, dass die Bauern hauptsächlich für ihren eigenen Bedarf landwirtschaftliche Güter produzierten und sie nicht auf dem Markt verkauften. Ganz andere Güter stellten sie in den langen Wintern her – und die waren dann auch für die Märkte des Umlandes bestimmt. Wenn sonst lediglich das Vieh zu versorgen war, das mit den Bauern unter einem Dach lebte, wurde den übrigen Tag über gesponnen und gewebt, genäht und Stroh geflochten, vor

Das wohl bekannteste Souvenir aus dem Schwarzwald: die Kuckucksuhr.

allem aber geschnitzt – und auch die bekannten Schwarzwalduhren entstanden zunächst in den Schwarzwaldhöfen. Ursprünglich bemühte man sich, so viel wie möglich aus Holz herzustellen, selbst beim Bau der Uhrwerke. Die Kuckucksuhr ist allerdings ein eher junges Produkt aus den häuslichen Werkstätten. Ihre heutige Form geht auf einen Entwurf von Friedrich Eisenlohr zurück, der als Architekt für die Badische Staatseisenbahn arbeitete und die Bahnwärterhäuser an deren Strecken entworfen hatte. Er verwendete seinen Entwurf ein zweites Mal für die Gehäuse der Uhren. Die weltbekannten Kuckucksuhren sehen deswegen wie Bahnwärterhäuser aus und werden auch Bahnhäusle-Uhren genannt.

In den schon erwähnten breiten Tälern entstanden seit dem 19. Jahrhundert zahlreiche kleine, inzwischen auch vielerorts größere Industriebetriebe. Sie entwickelten sich zum Teil aus Mühlenbetrieben heraus, die später mit Turbinen angetrieben wurden. Der Wasserreichtum der Schwarzwaldflüsse garantierte dafür, dass die Betriebe beständig genug Energie erhielten. Seit dem späten 19. Jahrhundert wurden im Schwarzwald sowie an seinen Rändern Laufwasserkraftwerke gebaut, in denen aus fließendem Wasser Strom hergestellt wird. An vielen Orten baute man Talsperren, ebenfalls zur Gewinnung von elektrischem Strom. Der Schluchsee und mehrere andere Seen wurden gestaut, um ein Speicherkraftwerk zu errichten. In Zeiten geringen Stromverbrauchs wird Wasser aus dem Rhein in den Schluchsee gepumpt, dort steht es dann gewissermaßen als Reserve zur Verfügung. Wenn großer Strombedarf herrscht, lässt man das Wasser wieder abwärtslaufen, um zusätzlichen Strom bereitzustellen.

Die ehemals mit eigenen Turbinen ausgestatteten Industriebetriebe konnten nun – wie andernorts auch – mit Strom betrieben werden. Ihre Standorte haben aber vielerorts Tradition, denn sie gingen ja aus alten Werksanlagen hervor, die mit örtlich vorhandener Wasserkraft betrieben wurden. Viele Bewohner der Schwarzwalddörfer wurden zu Industriearbeitern, zu Pendlern. Auch auf den Buntsandsteinebenen haben sich inzwischen zahlreiche Betriebe angesiedelt, so dass der Schwarzwald großenteils eine prosperierende Wirtschaftsregion ist. Viele Schwarzwälder wohnen noch in ererbten Häusern, aber die meisten arbeiten inzwischen in den Fabriken. Lange Zeit wurden die kleinen landwirtschaftlichen Betriebe noch weiter bewirtschaftet, hauptsächlich zur Selbstversorgung. Die kleinbäuerliche Landwirtschaft im Nebenerwerb wurde aber inzwischen vielerorts eingestellt, und es ist nicht klar, auf welche Weise viele ehemalige landwirtschaftliche Nutzflächen gehölzfrei gehalten werden können. Denn wenn sie nicht mehr bewirtschaftet werden, breitet sich der Wald aus, den die Schwarzwälder im Mittelalter und danach einmal sehr weit zurückgedrängt hatten.

Damit wurde ein weiterer erheblicher Landschaftswandel im Schwarzwald eingeleitet, den in seinen Ausmaßen nur wenige Besucher des Gebirges erfassen. Als die Menschen den Schwarzwald besiedelten, drängten sie vor allem Tannen- und Buchen-Tannen-Mischwälder zurück. Nur an ganz wenigen Stellen wuchsen Fichten. Heute sind vor allem Fichtenwälder weit verbreitet. Die Wälder haben sich also im Verlauf einiger Jahrhunderte völlig gewandelt. Dieser Wandel verlief in mehreren Schritten: Zunächst beseitigte man den Wald nur dort, wo man siedeln und Landwirtschaft betreiben wollte. Aus langen, geraden Nadelholzstämmen konnte man massive Holzhäuser errichten: Die alten Schwarzwaldhäuser, die spätestens seit dem ausgehenden Mittelalter gebaut wurden, bestehen weitgehend aus Tannenholz. Dieses Holz ließ sich aber auch gut ins nähere und weitere Umland verkaufen. Nadelholz hat ein geringes spezifisches Gewicht und schwimmt daher auf dem Wasser. Man kann es entweder einzelstammweise bei der Trift oder zusammengebunden als Floß transportieren, ohne Energie aufzuwenden. Die Kinzig und ihre Nebenflüsse, die Enz und ihr Nebenfluss Nagold, die Murg und der Neckar waren bis zum Bau der Eisenbahnen bedeutende Floßgewässer. Die Flöße fuhren bis in die waldarmen Niederlande. Dort waren vor allem die besonders hohen Weißtannen begehrt, die man im Schwarzwald bis heute «Holländertannen» nennt. Man machte dort vor allem Masten von Segelschiffen aus Schwarzwaldtannen. Je höher die Masten waren, desto mehr Segel konnte man setzen und desto schneller waren die Schiffe. Die Schiffe blieben, so groß sie waren, dennoch relativ wendig; denn das Tannenholz wog weniger als das Holz anderer Bäume. Für die Planken der Schiffe verwendete man möglichst ebenfalls Nadelholz, denn auch so konnte das Gewicht der Wasserfahrzeuge relativ gering gehalten werden.

Einzelne Flöße kamen auch aus dem Südschwarzwald; aber dort war die Flößerei kompliziert. An verschiedenen Stromschnellen mussten die Flöße auseinander- und wieder zusammengebunden werden. Vor allem betrieb man dort die Holztrift, bei der einzelne Stämme die Bäche und Flüsse hinunter transportiert wurden. Man brauchte das Holz dort unter anderem in Hütten zum Schmelzen von Eisen.

Die Buchen verwendete man zu anderen Zwecken. Seit dem 12. Jahrhundert gab es Glashütten im Schwarzwald, in denen ein spezielles Waldglas hergestellt wurde, das durch mineralische Zusätze nicht wie in anderen mitteleuropäischen Gebirgen eine grüne Farbe aufwies, sondern ebenso wie das am Mittelmeer produzierte Glas weiß gefärbt war. Buchenholz brauchte man zur Glasherstellung, weil man mit der daraus hergestellten Holzkohle besonders hohe Temperaturen erzeugen konnte. Sie waren zum Schmelzen von Quarzsand erforderlich. Die sehr hohen Temperaturen von rund 1500 Grad Celsius konnte man im Mittelalter dennoch nicht erreichen. Die Schmelztemperatur von Quarz und Glas ließ sich aber senken, wenn man einen Katalysator zusetzte. Am Mittelmeer nahm man dazu Soda, die man aus der Strandsode gewann, einem dort verbreiteten Ufergewächs. Aus diesem Grund lagen Glashütten unmittelbar am Mittelmeerufer, beispielsweise in Murano bei Venedig. In Mitteleuropa verwendete man anstelle von natriumhaltiger Soda kaliumhaltige Pottasche, die man aus Holz gewann. Kalium ist ein wichtiger Inhaltsstoff von Pflanzen. Der Verbrauch von Holz für die Herstellung von Holzkohle und Pottasche war enorm. Die Glashütten konnten deswegen nicht immer am gleichen Ort bestehen bleiben. Sie wurden nach einigen Jahrzehnten dorthin verlagert, wo es noch Wälder gab. Weite Waldbereiche mit Tannen und Buchen verschwanden so im Lauf der Jahrhunderte.

Zu den Bauernhöfen und Dörfern gehörten weitere Wälder, die zur Gewinnung von Bau- und Brennholz genutzt wurden. Wo man Reutbergwirtschaft betrieb, kamen ganz andere Baumarten in die

Hans Thoma, «Johannisabend (Dorf Bernau im Schwarzwald)». Öl auf Holz, 1913.

Höhe: Birken, Espen und Vogelbeeren. Ferner verbreiteten sich Himbeeren und Brombeeren sowie der Adlerfarn, dessen Triebe tief im Untergrund verborgen sind. Ihnen kann kein Feuer etwas anhaben, und nach dem Brand treiben aus den unterirdischen Pflanzenteilen sehr bald wieder die mächtigen Wedel des Farns aus. An vielen Stellen kann man am reichlichen Vorkommen von Adlerfarn frühere Rütten erkennen.

Bis heute hielten sich Buchen-Tannenwälder nur an einigen Steilhängen tief eingeschnittener Täler, beispielsweise im Höllental. Andernorts wurde das Vieh auf die entwaldeten Flächen getrieben. Die Tiere fraßen vor allem das Gras, nicht aber zähere oder stark duftende Gewächse wie Besenheide, Arnika und Bärwurz. Sie breiteten sich in den Heideflächen aus, in denen nur einige wenige Bäume stehen geblieben waren, vielerorts vor allem Buchen. Die

Weidbäume gaben den Tieren und ihren Hirten Schutz bei Regen und Schatten bei Sonnenschein. Einen guten Eindruck von solchen Landschaften geben die Gemälde des aus Bernau stammenden Malers Hans Thoma. Die Weidbuchen standen für sich allein; kein Nachbarbaum setzte ihrem Wachstum in die Breite eine Grenze. Sehen kann man sie noch am Schauinsland oder am Wiedener Eck südöstlich von Freiburg.

Andernorts wurden später viele ehemalige Heiden aufgeforstet. Dabei wählte man meistens die Fichte, die auch Rottanne oder einfach Tanne genannt wird, aber eigentlich keine Tanne ist. Die Bäume haben ausgeprägte Spitzen, während die Tannen oder Weißtannen abgerundete Wipfel haben, aus denen sich bei alten Bäumen ein sogenanntes «Vogelnest» entwickeln kann. Auf die gar nicht sehr lange Vergangenheit der Fichtenforsten weisen noch die übrig gebliebenen Weidbuchen hin, die seit vielen Jahrzehnten von den Fichten eingefasst werden und allmählich absterben. Für ihre weit ausladenden Kronen ist im Fichtenwald kein Platz mehr.

Fichten wachsen schneller als Tannen, man kann sie ebenso gut verarbeiten wie die anderen Nadelbäume, und sie lassen sich ebenso gut auf dem Wasser flößen oder triften. Dank der Aufforstungen mit Fichten nahm der Waldreichtum des Schwarzwaldes vor allem seit dem 19. Jahrhundert erheblich zu. Die Urlauber freuten sich darüber, die seit der gleichen Zeit in Scharen in den Schwarzwald kamen. Sie bewohnten große Kurhäuser und Hotels, die in vielen Orten entstanden, wanderten durch die Wälder und erwarben Souvenirs, auf denen die Fichte dargestellt ist: Seit Jahrzehnten tragen viele Kuckucksuhren aus Metall geformte Fichtenzapfen als Gewichte.

Viele Menschen hielten die Fichtenwälder für ursprüngliche Natur. Sie erkannten keine Unterschiede zwischen Tannen und Fichten; für sie waren alle Nadelbäume im Schwarzwald «Tannen». Was der Schwarzwald für seine Besucher sein sollte, fasste Werner Bergengruen beim Blick vom Schauinsland zusammen: «Ich sehe die kahle, betürmte Kuppe des Feldberges über dem Tal von St. Wilhelm, ich sehe nackte weite Hochflächen und schwarzen Tannenwald, Wiesen, von tausendzähligen winzigen Rinnsalen zerteilt, vereinzelte Bauernhöfe, ich höre ein fernes Herdenglockengeläut wie das Gluckern einer verborgenen Gebirgsquelle.»

Tief saß der Schock, als man in den 1980er Jahren befürchtete, die Wälder des Schwarzwaldes könnten dem sauren Regen und dem Waldsterben zum Opfer fallen. Tatsächlich: Viele Fichten starben ab, aber das hatte nicht nur etwas mit dem sauren Regen zu tun, sondern auch damit, dass an vielen Stellen aufgeforstete Fichten zum ersten Mal alt wurden. Vor allem alte Fichten werden vom Borkenkäfer befallen. Und vor allem auf flachgründigen Böden, beispielsweise auf den Buntsandsteinplatten, hatten die Fichten nur sehr flache Wurzelteller ausgebildet. Je größer sie wurden, desto mehr schwankten sie im Wind. Wenn die Stämme sich hin und her bewegten, setzte ein Auf und Ab der Wurzelteller ein: Auf der einen Seite wurden die Wurzeln aus dem Boden gerissen, auf der anderen stampften die Wurzelteller den Untergrund fest. Immer weniger Wasser und Mineralstoffe gelangten aus dem Boden in die Bäume, und der Kontakt zwischen Boden und Pflanze wurde lockerer. Je älter die Bäume wurden, desto eher wurden sie Opfer von Borkenkäfern oder auch von spektakulären Windwürfen, die von Stürmen ausgelöst wurden: Ganze Fichtenforsten wurden geradezu umgemäht.

Wie sollte man nun umgehen mit den zerstörten Wäldern? Man könnte sie wieder aufforsten und sich dabei bemühen, den Fichten mehr andere Gehölzarten beizumischen, so dass aus Fichtenmonokulturen allmählich Mischwälder entstehen. Sie wären widerstandsfähiger gegenüber Stürmen und Borkenkäferplagen. Oder man greift in das Geschehen in den weithin zerstörten Waldökosystemen nicht mehr ein, lässt sie zur Wildnis werden. Man kann zusehen, wie nach dem Windwurf oder nach dem Borkenkäferbefall Vogelbeeren und Roter Holunder, Birken und Espen in die Höhe kommen, aber bald auch wieder Fichten, denn ihre Saat liegt noch in großer Menge auf den Böden. Buchen und Tannen wachsen erst später in die Höhe, den Fichten hinterher. Sie sind dadurch den Fichten gegenüber benachteiligt, die das Terrain bald wieder beherrschen werden. Ist damit ein guter Weg in die Zukunft eingeschlagen?

Besser wäre es, man würde nicht nur die Natur in diesen Wäldern zu ihrem Recht kommen lassen, sondern auch den langjährigen kulturellen Umgang mit ihnen bedenken. Beides wirkte sich prägend auf den Schwarzwald aus. Dabei ist Eines erstaunlich: Die Förster schufen aus wirtschaftlichen Gründen einen «neuen» Schwarzwald aus Fichten anstelle eines ursprünglichen Schwarzwaldes, in dem Tannen und Buchen vorgeherrscht hatten. Die Bevölkerung, die Einheimischen und die Besucher, die Wanderer und Urlauber begrüßten diese Entwicklung. Denn dabei wurde das, was sie sehen wollten, nämlich ihre Idee vom Schwarzwald wieder neu geschaffen: weiter, dunkler Wald.

Übergibt man vertraute Landschaften sowie deren Vielfalt an Tier- und Pflanzenarten der Wildnis, entfällt der seit langer Zeit bestehende menschliche Einfluss über sie und damit auch eine Form von Kontrolle, die bisher ihren Bestand gesichert hat. Zugrunde geht aber vor allem ein Kompromiss zur Landschaft des Schwarzwalds, der seit dem 19. Jahrhundert bestand: Sowohl diejenigen, die den Wald wirtschaftlich nutzen wollten, als auch andere, die sich im Wald erholen wollten, hatten zueinandergefunden. Beide schätzten den Fichtenwald. Wie sieht es künftig um diesen Konsens aus?

Großstadt zwischen Wald und Reben
STUTTGART UND DAS MITTLERE NECKARLAND

Stuttgart wird als «Großstadt zwischen Wald und Reben» bezeichnet. Dabei steht «Wald» für Natur, «Großstadt» und «Reben» für Kultur oder Nutzung des Landes. Der gesamte Slogan gehört wohl deshalb zu den bekanntesten weit und breit, weil er auf die Idee einer modernen Stadt Bezug nimmt, die von Flächen traditioneller Landnutzung (Weinbau) und ausgedehnten Wäldern umgeben ist. Man kann dieses Miteinander von Landschaftselementen, die eigentlich für gegensätzlich gehalten werden, von vielen Aussichtspunkten aus sehen, die man im 19. und 20. Jahrhundert am Rand des Stuttgarter Talkessels schuf. Diese Senke hatte sich aus den Tälern mehrerer kleiner Bäche entwickelt, die allesamt in den Nesenbach münden: Er fließt zum Neckar, dem schwäbischen Fluss, von dem Stuttgarts Stadtkern ein paar Kilometer entfernt ist. Friedrich Hölderlin sah die Stadt und ihre Umgebung ganz ähnlich. In seinem Stuttgart-Gedicht heißt es:

Groß ist das Werden umher. Dort von den äußersten Bergen
    Stammen der Jünglinge viel, steigen die Hügel herab.
Quellen rauschen von dort und hundert geschäftige Bäche,
    Kommen bei Tag und Nacht nieder und bauen das Land.
Aber der Meister pflügt die Mitte des Landes, die Furchen
    Ziehet der Neckarstrom, ziehet den Segen herab.
Und es kommen mit ihm Italiens Lüfte, die See schickt
    Ihre Wolken, sie schickt prächtige Sonnen mit ihm.
Darum wächset uns auch fast über das Haupt die gewaltge
    Fülle, denn hieher ward, hier in die Ebne das Gut
Reicher den Lieben gebracht, den Landesleuten, doch neidet
    Keiner an Bergen dort ihnen die Gärten, den Wein

Blick über die Weinberge ins Neckartal bei Untertürkheim.

> Oder das üppige Gras und das Korn und die glühenden Bäume,
>   Die am Wege gereiht über den Wanderern stehn.

Der Dichter erwähnt das günstige Klima von Stuttgarts Umgebung. Aber es ist nicht immer so schön: In Stuttgarts Talkessel kann sich die Hitze stauen, Dunst und Staub werden nicht davongeblasen. Der frühe Sommermorgen und der Abend lassen die Stadt dann aber doch in einem angenehmen Licht erstrahlen, und Hölderlin sah die Stadt in dieser Stimmung.

Stuttgart und seine Umgebung sind in eine der schönsten Schichtstufenlandschaften der Welt eingebettet. Sie entstand, als der Oberrheingraben aufriss und die Landschollen westlich und östlich davon schräg gestellt wurden. In Württemberg fallen daher die ursprünglich einmal eben übereinandergelegenen Gesteinsschichten von West nach Ost ab. Sie haben steile Westhänge und senken sich allmählich nach Osten. Am mittleren Neckar überragt die aus Keupersandstein bestehende Stufe die niedriger gelegenen Muschelkalkflächen. Zum Keuperbergland gehören Löwensteiner Berge, Berglen, Schurwald und Schönbuch. Von Westen her scheinen sie Gebirge zu sein. Ihre Hochflächen neigen sich sanft nach Osten bis zu den nächsten Steilhängen, die von den darüber gelegenen Schichtstufen aus Kalk des Schwarzen, Braunen und Weißen Juras gebildet werden. Felsen des Weißen Juras bilden den von weitem sichtbaren, steilen Nordwesthang der Schwäbischen Alb.

In den Senken zwischen den Schichtstufen wurde von eiszeitlichen Winden mineralreicher Löss deponiert. Dort liegen die fruchtbaren Gäulandschaften. Unter dem Löss von Zabergäu, Heckengäu, Strohgäu und Langem Feld stößt man auf Muschelkalk, die Ebene der Filder (oft werden sie als «die Fildern» bezeichnet, was eigentlich nicht richtig ist) dehnt sich auf Keuper und Schwarzem Jura aus.

Aus leicht geneigten Ebenen, steilen Hängen und Tälern ergibt sich ein Mosaik gestapelter Landstücke: Einige sind sehr fruchtbar, andere so sehr vom mineralstoffarmen Sandstein geprägt, dass auf ihnen nur Wald gedeihen kann. Wald bedeckt auch die schattigen Hänge, während ihr jeweiliges Gegenüber der prallen Sonne ausgesetzt ist: Dort wächst der Wein, der in den Tälern gekeltert wird.

Die Täler sind Wiegen der mitteleuropäischen Industrie, die sich dort ansiedelte, wo einst Wasserkraft Mühlen angetrieben hatte. Auch das viele Gewerbe wurde den Bewohnern «reicher gebracht» als andernorts, um dies mit Hölderlins Worten zu sagen. Später wurde das Wasser in Turbinen geleitet, und heute treibt meist elektrischer Strom die Maschinen an. In den Fabriken werden sehr verschiedene Maschinen hergestellt. Zündkerze und Automobil wurden in Stuttgart erfunden, bis heute gibt es am Neckar zahlreiche Fabriken von Weltruhm. Einige Täler sind allerdings zu eng für die Entwicklung immer größerer Fabriken. Etliche Industriebetriebe sind aus den engen Tälern auf die höher gelegenen Ebenen gezogen. Andere Täler sind breit, so das Neckartal bei Stuttgart: Auf trockenerem Boden stehen Fabriken, wo aber früher Überflutungen des Neckars drohten, blieb lange Zeit Wiesenland bestehen. Man nennt es (nach dem angrenzenden Vorort) Cannstatter Wasen. Auf ihm werden ein bekanntes Volksfest und das Landwirtschaftliche Hauptfest veranstaltet. In der Nachbarschaft steht das Stuttgarter Stadion. Wie viele andere Sportanlagen befindet es sich im ehemaligen Überflutungsbereich eines Flusses, wo früher einmal allgemein genutztes Grasland sich ausgedehnt hatte.

Seit über 7000 Jahren wurden immer wieder ländliche Siedlungen im mittleren Neckarland angelegt. Bis zur Römerzeit bestanden sie nur für jeweils einige Jahrzehnte, danach gab man sie wieder auf. Unter römischer Herrschaft kam mehr Stabilität der Besiedlung ins Land. In den folgenden Jahrhunderten hingegen wurden erneut Orte nur für wenige Jahrzehnte gegründet und dann wieder aufgegeben. Seit dem Mittelalter aber veränderten sich die Positionen ländlicher Siedlungen kaum noch. Es geschah im Wesentlichen nur dann noch, wenn kleinere Siedlungen aufgegeben wurden, um größere zu gründen oder zu stärken.

Immer wieder galten ähnliche Prinzipien bei der Gründung ländlicher – und das hieß jahrtausendelang: bäuerlicher – Siedlungen. Man brauchte Wasser, fruchtbare Böden, die möglichst frei von Steinen waren, damit die Ackerwerkzeuge nicht verschlissen oder zerstört wurden. Vor allem hölzerne Behausungen konnte man nur auf möglichst ebenen Flächen, nicht aber auf Steilhängen errichten.

Man kann sich vorstellen, dass Bauern die Flächen für Siedlungen, die sie gründen wollten, von den Tälern aus fanden; Bäche und Flüsse waren gewissermaßen Leitlinien, die das ursprünglich einmal komplett bewaldete Land durchzogen. Am besten zu beackern war der steinfreie Löss, der in den Tälern nicht mehr vorhanden war: Das Wasser hatte ihn in den Jahrtausenden nach der Eiszeit abgespült, als es die Täler vertiefte. Die Siedler hackten an verschiedenen Stellen den Boden im durchweg bewaldeten Land auf: An der Oberkante der Täler in den Gäulandschaften stießen sie auf den Löss, also steinfreien, fruchtbaren Boden, den sie für ihre Ackerflächen suchten. Dort konnte die Siedlung gegründet werden, nachdem Wald gerodet worden war. Holz brauchte man zunächst zum Hausbau, dann auch zum Heizen. Getreide konnte man nur auf waldfreien Flächen anbauen. Unterhalb der Siedlungen ließ man das Vieh grasen. Man beaufsichtigte es von oben her. Die Tiere kamen jederzeit an frisches Wasser im Talgrund. Die Siedlung lag dann zwischen den Getreidefeldern und dem Weideland am Talhang, an der Acker-Grünland-Grenze, die man auch als Ökotopengrenze (zwischen dem trockenen Acker- und dem feuchteren, steinigeren Grünlandökotop) bezeichnet.

Eine solche Siedlungslage lässt sich in fast jedem Dorf rekonstruieren. Dies ist allerdings dann nicht einfach, wenn die Siedlungen in den letzten Jahren stark gewachsen sind, sowohl in Richtung Tal als auch in Richtung Lössebene. Und das ist vielerorts gerade in Stuttgarts Umgebung der Fall, besonders im sogenannten Altsiedelland der Täler und Lössebenen: im Remstal bei Waiblingen oder in der Umgebung von Ludwigsburg. Klarer als andernorts lässt sich dieses vom Jungsiedelland unterscheiden, von den Hügelländern und kleinen Gebirgen mit ihren steinigeren Böden, zu denen der Schönbuch und der Schwäbische Wald gehören. Für den Unterschied zwischen jung und alt besiedeltem Land ist weniger das Klima als der Boden verantwortlich. Mit dem Ackerbau auf steinigeren Böden konnte man erst dann beginnen, als eisernes Gerät zur Verfügung stand: Es zerbrach nicht an den harten Gesteinsbrocken. Erste Siedlungen in den Keuperbergländern entstanden in der Eisenzeit, die Römer siedelten dort und zogen den Limes, die Grenze ihres Herrschafts-

gebiets, quer über die Berge, den Mainhardter und den Welzheimer Wald nordöstlich des Stuttgarter Umlandes. In späterer Zeit gab es sowohl in den Lössgebieten als auch dort, wo kein Löss abgelagert worden war, ländliche Siedlungen. Nur in den jung besiedelten Regionen sind einige Siedlungen klein geblieben und haben ihren dörflichen Charakter behalten, beispielsweise im Schurwald und im Schwäbischen Wald.

Seit einigen Jahrhunderten pflanzte man vor allem dort, wo kein Wein angebaut wurde, Obstbäume auf die Hänge. Dort schaden ihnen die Stürme wenig, die über die Berge und Ebenen wehen, und im Frühjahr und Herbst kann schwere, kalte Luft zum Talgrund hin abziehen, die die Blüten oder die Früchte erfrieren lassen könnte. Große Bedeutung bekam die Anlage von Streuobstwiesen seit dem 18. Jahrhundert. Damals war Johann Kaspar Schiller, der Vater des Dichters, für die große herzogliche Baumschule verantwortlich, von wo die veredelten Obstbäume zur Pflanzung geliefert wurden. Aus Äpfeln, Birnen, Kirschen, Pflaumen oder Zwetschgen stellte man zunächst vor allem alkoholische Getränke her, Schnaps

Blühende Streuobstbäume am Trauf der Schwäbischen Alb bei Weilheim an der Teck.

und Most. Nur alkoholische Getränke, deren Gärung gestoppt worden war, ließen sich über längere Zeit frisch halten. Obst wurde aber auch auf die Märkte der Städte gebracht. Beispielsweise in Stuttgart und Esslingen gibt es traditionsreiche bunte Märkte, auf denen seit Jahrhunderten Obst und Gemüse aus den Dörfern der Umgebung verkauft werden.

In Südwestdeutschland stößt man überraschend oft auf lange, schmale Ackerbeete aus dem Mittelalter. Sie sind nicht, wie manchmal behauptet wird, das Ergebnis von Erbteilungen, sondern waren zu jeder Zeit gleich breit – oder gleich schmal. Bei ihnen kam es besonders darauf an, dass sie besonders lang waren. Dann musste man die Pfluggespanne nicht so oft wenden. Man pflügte stets zur Mitte des Ackerbeetes hin, vielleicht um den knappen Dünger auf dem eigenen Acker zu halten und ihn nicht dem Nachbarn zu gönnen, der den unmittelbar angrenzenden langen Ackerstreifen bewirtschaftete. Auf diese Weise wurde die Mitte der Äcker aufgehöht; man bezeichnet sie daher als Wölb- oder Hochäcker. Wölbäcker blieben in Württemberg und Baden vielerorts besonders lange erhalten, weil sie von Kleinbauern im Nebenerwerb noch fast bis in unsere Tage bewirtschaftet wurden. Sie arbeiteten tagsüber in der Fabrik, und nach Feierabend bewirtschafteten sie noch ihr ererbtes «Gütle». Viele ehemalige Äcker wurden in den letzten Jahrzehnten mit Obstbäumen bepflanzt. Erst im 20. Jahrhundert setzten in einigen Gemarkungen Flurbereinigungen ein, aber an vielen Stellen wurden sie nie durchgeführt, denn daran hatten die Kleinbauern kein Interesse.

Orte, in denen viel Wein- oder Obstbau betrieben wird, beispielsweise der Stuttgarter Stadtteil Untertürkheim, Steinheim an der Murr oder Hessigheim am Neckar, unterscheiden sich von anderen ländlichen Siedlungen; sie nahmen ein stadtähnliches Erscheinungsbild an: Die kleinen Weinbauerngehöfte liegen dicht nebeneinander, die von mehreren Seiten umschlossenen Höfe sind klein, und oft erreicht man die Höfe durch ein gemauertes Tor. Wein- und Obstbau wurde auch von den Städten aus betrieben. Die Früchte wurden in den städtischen und ländlichen Keltern verarbeitet, in Fässern gelagert und transportiert. Nicht nur die Bevölkerung der

Wein- und Obstbauorte trank Wein und Most, sondern die Getränke wurden auch verkauft. Denn die Wein- und Obstbauern mussten Korn erwerben. Die Spezialisierung auf den Wein- und Obstbau war nur dann möglich, wenn es Handelsstrukturen gab, die einen Austausch von Getränken gegen Korn ermöglichten. In ländlichen Siedlungen stehen die Häuser nicht so dicht nebeneinander wie in den Siedlungen der Wein- und Obstbauern. Dort, wo man Getreide anbaute und Vieh hielt, brauchte man mehr Platz, beispielsweise für Wagen und Misthaufen.

Die Städte, die zum Teil bereits aus römischen Siedlungen hervorgegangen waren oder die im Mittelalter gegründet wurden, hatten eine völlig andere Lage in der Landschaft als ländliche Siedlungen. Städte entstanden nicht an der Acker-Grünland-Grenze, sondern entweder auf Bergspornen oder unmittelbar am Wasser. Dort ließ sich nämlich eine Mühle betreiben, und neben einem Bach- oder Flussübergang entstand oft ein Markt.

Gut geeignet für die Lage einer Mühle war eine Stelle, an der Bäche oder Flüsse ineinander münden und sich dabei gegenseitig stauen. Man konnte dann am Stau einen Kanal anlegen, der Wasser auf die Mühlräder leitete. Im Stuttgarter Talkessel bestand diese Situation dort, wo der aus dem Westen kommende Röckenwiesenbach und der Dobelbach aus dem Südosten des Kessels in den Nesenbach münden, der das Wasser aus dem engen Kaltental im Süden der Stadt ableitet. Die drei Bäche flossen in der Nähe des heutigen Alten Schlosses zusammen und trieben eine Mühle an, die im späten Mittelalter als Hofmühle bezeichnet wurde. An dieser Stelle kreuzten auch Fernwege die Bäche. Dort wurde eine Niederungsburg errichtet, aus der später das Alte Schloss hervorging. Neben dem Schloss entstand eine Stadtsiedlung, die so dicht am Wasser lag, dass man damit vielleicht sogar die Stadtgräben an den Mauern füllen konnte. Außerdem gab es immer genug Trinkwasser für die Bewohner der Stadt und die Tiere, die dort gehalten wurden: Pferde, aber auch Rinder, Schweine und Schafe. In vielen Städten des Stuttgarter Umlandes mündet ebenfalls ein kleineres in ein größeres Fließgewässer. Bei Cannstatt (später Bad Cannstatt und nach Stuttgart eingemeindet) mündet der Nesenbach in den «die

Furchen ziehenden Neckarstrom». Plochingen, Friedrich Schillers Geburtsort Marbach, Bietigheim, Besigheim oder Hölderlins Geburtsort Lauffen entstanden in ähnlichen Situationen. In Tübingen, Esslingen und anderen Orten wurde der Neckarlauf geteilt: Ein größerer Teil des Flusses floss an der Stadt vorbei, ein anderer wurde durch ein Wehr gestaut, bevor sein Wasser auf das Rad einer Wassermühle geleitet wurde. Im gestauten Wasser spiegeln sich die Stadthäuser, unter anderem in Tübingen, wo Hölderlin eine lange Zeit seines Lebens verbrachte.

Das Land um Stuttgart, Württemberg, gehört zu den Regionen, in denen die Reformation sehr früh eingeführt wurde. In der Folgezeit kam es dort zu zahlreichen weiteren Reformen, die aber im Unterschied zu Norddeutschland weniger das allgemeine Bauernland als die Städte, Schlösser und später die Gewerbebetriebe betrafen. Der württembergische Herzog Eberhard Ludwig ließ ab 1704 in Ludwigsburg ein prächtiges Schloss bauen, das er mit der Stadt, die daneben entstand, zu seiner neuen Residenz machte. Alle Bauwerke und Straßen wurden exakt von West nach Ost oder Nord nach Süd ausgerichtet. Man verzichtete auf Stadtmauern und Festungsanlagen; die Stadt entstand nicht in einem Tal, sondern sie lag offen inmitten der Ebene des Langen Feldes, wo man einige Jahrhunderte zuvor niemals eine Stadt gebaut hätte.

Schließlich kehrten die württembergischen Herzöge wieder in ihre alte Residenz Stuttgart zurück. Die Stadt wurde erheblich verändert, aber Ludwigsburg blieb bestehen und entwickelte sich ebenfalls gut. Üblicherweise wurden damals Mühlen aus den Residenzstädten entfernt. So auch in Stuttgart: Das ehemalige Gelände der ineinandermündenden Bäche und der Mühle wurde eingeebnet, es heißt seitdem «Planie». Die Bäche verschwanden nach und nach vollständig im Untergrund. Vor der Stadtmauer wurde das Neue Schloss errichtet, dazu der Schlossplatz und im ehemaligen Überschwemmungsgebiet des Nesenbachs der Schlossgarten. In anderen Städten, wo kein Fürst herrschte, blieben viele Mühlen erhalten, etwa in Nürtingen oder Esslingen.

Auf den Höhen und Ebenen in der Nähe von Stuttgart wurden weitere Schlösser gebaut, unter anderem unmittelbar nach dem Sie-

benjährigen Krieg, ab 1763, Schloss Solitude hoch über der Schichtstufe des Keupers. Das Schloss wurde genau im rechten Winkel zum Stuttgarter Neuen Schloss ausgerichtet. Weit geht der Blick von der Solitude hinaus ins Land, über die Gäulandschaft des Langen Feldes mit Ludwigsburg hinweg. Auf diesen Ort wird der Blick durch eine schnurgerade Allee gerichtet, die damals quer durch das Land gelegt wurde. Das Ziehen einer solchen viele Kilometer langen Linie durch schon längst zuvor besiedeltes und beackertes Land kann als eine Demonstration von Macht aufgefasst werden: Große Flächen, die man zuvor nach anderen Gesichtspunkten bewirtschaftet hatte, wurden nun in ganz anderer Weise gestaltet, und zwar so, dass diese Gestaltung bis heute Bestand hat. Da die Allee auf Schloss Solitude bezogen ist, verläuft sie ebenfalls im rechten Winkel zur Achse des Neuen Schlosses in Stuttgart.

Die württembergischen Herzöge und (seit 1806) Könige zogen

Neues Schloss in Stuttgart.

Die Solitudeallee führt von Ludwigsburg aus schnurgerade auf Schloss Solitude zu.

noch weitere Achsen quer durch das Land, etwa im rechten Winkel zur Solitudeallee durch die Wälder des Keuperberglandes, durch den Wildpark. Und es entstand das Königsträßle als gerader Weg von Stuttgart zum neu gebauten Schloss Hohenheim auf der Filderebene. In diesem Schloss wurde 1818 eine Landwirtschaftliche Hochschule gegründet.

Seit 1798 schuf Johann Gottlieb Friedrich von Bohnenberger

(1765–1831) auf der Grundlage von Triangulationen ein umfangreiches Kartenwerk von Württemberg; Carl Friedrich Gauß, der zur etwa gleichen Zeit und auf entsprechende Weise Landkarten von Hannover entwarf, wurde für diese Leistung viel bekannter, obwohl Bohnenberger ihm wohl zeitlich etwas voraus war. Bohnenberger legte die Hauptachse der Anlage von Ludwigsburg unmittelbar auf die Grenze zweier Kartenblätter; die Solitudeallee, die er in seine Vermessungen einbezog, ist auf der Karte deutlich zu erkennen. Nach der Erhebung Württembergs zum Königreich von Napoleons Gnaden im Jahr 1806 entstand neben der Stuttgarter Altstadt und im rechten Winkel zur Achse des Neuen Schlosses die Königstraße. Daraus ergibt sich, dass die Solitudeallee, die Achse durch das Land, und die Königstraße, die prächtige Stadtachse von Stuttgart, parallel zueinander verlaufen. Die Königstraße führt aus dem engen Stuttgarter Tal in die Weite des Nordostens, zum Neckartal und zum Langen Feld. Noch klarer wurde dies durch den Bau der Eisenbahn parallel zur unteren Königstraße. Sie nimmt erneut die Richtung auf, die durch Stuttgarts Stadtachse mit der Königstraße und die Solitudeallee vorgegeben war: nach Nordosten. Und in dieser Richtung kam man lange Zeit über aus dem engen Talkessel in die «große weite Welt».

Im 19. Jahrhundert baute man die meisten Eisenbahnlinien in den Tälern. Dort verbanden sie die Städte, die ebenfalls in den Tälern gelegen waren, und man brauchte nur wenige Steigungsstrecken. In der Umgebung von Stuttgart musste man anders vorgehen. Dort mussten die Bahnlinien nämlich auch die wichtig gewordene Stadt Ludwigsburg und die Gäuebenen erschließen. Also legte man die Bahnen vielerorts in die Ebenen und nicht in die Täler; der Neckar und seine Nebenflüsse und -bäche mussten über aufwändige Brückenbauwerke gequert werden, die Viadukte, die man nach römischen Vorbildern errichtete und die davon auch ihren Namen bekamen. Besonders kompliziert war es, die Bahnlinien über Steilstrecken und durch Tunnel in den Stuttgarter Talkessel zu führen. Die Filderebene wird seit 1884 durch eine Zahnradbahn erschlossen, die heute als Straßenbahn auf der Alten Weinsteige zum Vorort Degerloch auf der Höhe verkehrt.

Die Alte Weinsteige besteht als Straße seit dem Mittelalter. Damals versuchte man, Steigungsstrecken möglichst direkt die Hänge hinauf zu führen. Das war günstig für Fußgänger, die immer dann am schnellsten von Ort zu Ort kamen, wenn die Strecken möglichst kurz waren. Steilanstiege nahmen sie in Kauf. Schwieriger war es, wenn schwere Frachtkarren auf die Höhe gezogen werden mussten. Dann brauchte man oft mehr als zehn Pferde, um die Lastwagen zu bewegen. Im 19. Jahrhundert nahm der Wagenverkehr zu. Um nun per Kutsche oder Wagen besser von der Stuttgarter Innenstadt im Talkessel auf die Höhe der Filderebene zu kommen, plante man eine neue Straße mit geringerer Steigung: die Neue Weinsteige. Den Bau leitete der im Schwabenland bekannte Architekt Eberhard von Etzel. Er legte die Straße in einer immer wieder gerühmten Form in die Landschaft hinein, führte sie an vorspringenden Hängen entlang und in die Täler hinein, man kann sagen, zwischen Rebhängen und Wäldern. Von der Neuen Weinsteige hat man einen sehr schönen Blick auf den Stuttgarter Talkessel mit der Innenstadt. Daher hält man sie mit Recht für eine der schönsten Panoramastraßen überhaupt.

In der Umgebung von Stuttgart entstanden vor allem im 19., aber auch im 20. Jahrhundert immer wieder neue Aussichtspunkte, kleinere oder auch größere Schlösser. Das letzte «Schloss» wurde 1903 gebaut, das Museum am Rand von Schillers Geburtsstadt Marbach, das später den Namen Schiller-Nationalmuseum erhielt. In neobarocken Bauformen wurde der Bau des Schlosses Solitude nachgeahmt, bei dem Schillers Vater als Baumgärtner tätig gewesen war. Ebenso wie von Schloss Solitude hat man vom Schiller-Nationalmuseum einen weiten Blick über das Land: Unter dem Schloss fließt der Neckar entlang, der «Furchen ziehende» Strom.

In den folgenden Jahrzehnten entwickelten sich einerseits zahlreiche Industriebetriebe, andererseits blieben Anklänge an ländliche Welten bestehen. Die Großstadt ist nicht nur von Wald und Reben umgeben. Da ist auch der merkwürdige Gegensatz zwischen Flughafen, Messegelände und den Anbauflächen des berühmten Spitzkrautes auf der Filderebene, da gibt es auch auf dem hochindustrialisierten Stuttgarter Stadtgebiet noch dörflich geprägte Vororte,

beispielsweise Uhlbach und Rohracker. Man stößt auf Bauernhöfe und Keltern. Architekten des Bauhauses errichteten die heute zum Weltkulturerbe zählende Weißenhofsiedlung in begehrter Aussichtslage über der Stadt. Einen noch umfassenderen Rundblick hat man vom 1956 eröffneten Fernsehturm, dem ältesten Stahlbetonturm der Welt. Nach seinem Vorbild entstanden in den letzten Jahrzehnten vielerorts entsprechende Türme.

Durch den Bau von Straßen, der wegen der vielen Hänge großen Aufwand erforidert, wurde die Stuttgarter Stadtlandschaft erheblich verändert: Die Straßen führen vielerorts über Brücken oder durch Einschnitte, man baute zahlreiche Straßentunnel. Auch die Eisenbahn wird in einem neuen Tunnel unter der Stadt hindurchgeführt werden. Dagegen erhob sich erheblicher Protest, möglicherweise vor allem deswegen, weil den Stuttgartern andere Wege jahrzehntelang vertraut waren, auf denen man den engen Talkessel verließ. Auf diese Wege war man, gerade wegen der schwierigen und dennoch geglückten Trassierungen der Bahnlinien im 19. Jahrhundert, besonders stolz. Wohl kaum jemand hatte damit gerechnet,

Stuttgart von oben.

wie sehr sich in der Bevölkerung ein Bewusstsein für die «richtigen Verläufe» von Verkehrswegen ausgebildet hatte, die aus der Stadt hinausführen. Viele Menschen waren verblüfft, dass man Stuttgart auf einmal nicht mehr in Richtung Nordosten und Nordwesten verlassen sollte, sondern eine neue Bahnlinie von West nach Ost unter der Stadt hindurchgeführt wird.

Andere Probleme, die in der Stadt zu lösen sind, hängen vor allem mit dem gewaltig zunehmenden Individualverkehr zusammen. Kaum eine andere mitteleuropäische Stadt hat derart große Probleme mit Luftverunreinigung wie Stuttgart. Und auch der Flächenverbrauch in der boomenden Stadt ist erheblich; dabei stehen vielerorts in engen Tälern und auf begrenzten Ebenen nur wenig neue Flächen zum Bauen zur Verfügung. Und dennoch möchte man den Charakter der Stadtlandschaft wahren, das Miteinander mit Wald und Reben präsent halten.

Das Schwäbische Meer
BODENSEE

Der Bodensee ist nach dem Plattensee (Balaton) und dem Genfer See der drittgrößte europäische See. Nur der Genfer See enthält mehr Wasser als das Schwäbische Meer; der Balaton ist viel flacher als die beiden fast ebenso großen Gewässer im nördlichen Alpenvorland und hat daher eine erheblich geringere Wassermenge. Genfer See und Bodensee sind aus geologischer Sicht sehr jung, das Werk von Gletschern der letzten Eiszeit. Im heutigen Rheintal verließ vor etwa 20 000 Jahren der mächtige Rheingletscher das Hochgebirge, knickte leicht nach Westen ab und schürfte das Bodenseebecken aus. Dessen tiefste Stelle befindet sich 251 Meter unter dem Seespiegel, der eine Höhe von 395 Meter über Normalnull aufweist. Man kann an den runden Beckenformen sehr gut erkennen, bis wohin der Gletscher vordrang, wo er seine Seiten- und Endmoränen aus Gesteinsschutt der Alpen zusammenschob. Aber nicht nur Moränen befinden sich an den Ufern des Sees. Dort stößt man auch auf Molassegestein, das sich schon lange vor der Eiszeit gebildet hatte, und zwar am Grund des Molassemeeres, das sich einst am Ort der heutigen Alpen befunden hatte. Mit den Alpen war es in die Höhe gehoben worden, und die eiszeitlichen Gletscher schnitten sich in das Molassegestein ein.

Nach dem Ende der Eiszeit floss der Rhein in den See, durch seinen Zustrom füllte sich das Gletscherbecken. Im Alpenraum ist der Rhein ein schnell strömendes Gewässer mit großer Kraft, das zahlreiche Gesteinstrümmer mit sich reißt. Sie werden in der Strömung bewegt, aneinandergeschlagen und dabei zu Kieselsteinen gerundet. An der Mündung in den Bodensee nimmt die Stärke der Strömung im Fluss abrupt ab; Steine, Sand und viele feinere Gesteinsbruchstücke werden seit Jahrtausenden dort abgelagert, wo

Blick über den Bodensee zum Säntis und zu anderen Schweizer Bergen.

der Alpenrhein in den See mündet. Aus dem Schutt bildete sich ein großes Delta, in dem sich immer wieder einzelne Rheinarme neue Bahnen suchten. Das Rheinwasser zieht in grünen Fahnen in den See. Diese Farbe hat er vom Kalk, den der Fluss aus den nördlichen Kalkalpen mitbringt. Man erkennt diese Fahnen oder Schlieren selbst auf Satellitenbildern aus dem Weltraum.

Die Höhe des Wasserspiegels im Bodensee hängt einerseits von der Menge der einfließenden Wassermengen ab, andererseits von der Höhe der Schwellen an seinem Ausfluss. Die in den See eingetragenen Wassermengen lassen seinen Spiegel für einige Zeit im Jahreslauf steigen. Wenn der Wassernachschub nachlässt, geht die Höhe des Wasserspiegels wieder zurück. Die Höhe der Schwellen am Ausgang des Sees sind dagegen für die längerfristigen Pegelstände verantwortlich.

Der größte Teil des in den See fließenden Wassers kommt aus den Alpen: Im Winter fällt dort der meiste Niederschlag als Schnee und bleibt dann monatelang liegen. Erst im Sommer setzt auch in den Gipfellagen des Hochgebirges Tauwetter ein. Bevor viel Wasser in den Bodensee gelangt und der Wasserspiegel steigt, kann an dessen Ufern gerade noch das Bodensee-Vergissmeinnicht wachsen und blühen, zuerst rötlich, dann reinblau; es kommt nur an dem See vor, von dem es seinen Namen erhalten hat. Die frühsommerliche Hochwasserwelle überschwemmt alle seine Wuchsorte. Dann ist die Entwicklung der kleinen Gewächse abgeschlossen; sie erscheinen erneut im nächsten Frühjahr, bei wieder niedrigem Wasserstand.

Der Bodensee ist ein wichtiges Rückhaltebecken für die Wassermengen, die vor allem im Rhein aus den Alpen, aber auch aus zahlreichen weiteren Flüssen kommen. Das Wasser gelangt rasch in den See, wird aber erst allmählich abgegeben, so dass die Wasserstände des Rheins unterhalb des Bodensees nicht so stark schwanken wie oberhalb davon.

Hin und wieder kommt es im Bodensee zu Hochwasserkatastrophen. Seit Menschengedenken am stärksten stiegen die Fluten 1817 an, und zwar aus einem bemerkenswerten Grund. 1815 war der Vulkan Tambora in Indonesien ausgebrochen. Dabei gelangte so viel Asche in die Atmosphäre, dass die Sonne die Erdoberfläche nicht in üblicher Weise erwärmen konnte. Das Jahr 1816 gilt als das «Jahr ohne Sommer», in dem die Menschen Not litten, weil sie fast kein Korn ernten konnten. In den Alpen schmolz nur sehr wenig Schnee. Im folgenden Winter schneite es auf die Schneemassen des vorigen Winters, und 1817 brachten wieder wärmere Temperaturen den Schnee aus zwei Wintern zur gleichen Zeit zum Schmelzen – mit verheerenden Folgen für den Bodensee.

Die Schwellen am Ausgang des Sees veränderten sich im Lauf der Jahrtausende. Direkt nach der letzten Eiszeit könnte der Seespiegel bis zu fünfzehn Meter höher gelegen haben als heute. Die ständige Strömung erniedrigte die Schwellenhöhe am Ausfluss des Sees bei Stein am Rhein um mehrere Meter. Mit der Zeit machte sich eine weitere Abflussschwelle bemerkbar, und zwar bei Konstanz. Sie staut den größten Teil des Sees, den sogenannten Obersee, um etwas über zwanzig Zentimeter höher auf. Das Bodenseewasser fließt von dort durch den sogenannten Seerhein in den viel kleineren Untersee ab, dessen Niveau allein von der Schwelle bei Stein am Rhein gehalten wird. Der Bodensee besteht seitdem also eigentlich aus zwei Seen, die ihrem Charakter nach sehr unterschiedlich sind. In der Antike wusste man, dass es zwei getrennte Seen oberhalb und unterhalb von Konstanz gibt, man nannte den Obersee Lacus Venetus, den Untersee Lacus Acronius. Im Mittelalter machte man keinen Unterschied zwischen den beiden Gewässerteilen und gab ihnen einen gemeinsamen Namen, vielleicht deswegen, weil der Bodensee ein einziger Handels- und Verkehrsraum war. Mit Segeln und Rudern kam man im Seerhein auch gegen die Strömung in den höher gelegenen Teil des Sees.

Wasser fließt aber stets nur vom Obersee in den Untersee. Der Obersee ist sehr tief und von Natur aus arm an Mineralstoffen, oligotroph. Aus dem außerordentlich sauberen Obersee wird bei Sipplingen Trinkwasser entnommen. Leitungen der Bodenseewasserversorgung führen in viele Teile Baden-Württembergs. Etwa vier Millionen Menschen, darunter die Bewohner von Stuttgart, werden mit Wasser aus dem Schwäbischen Meer versorgt. Dafür wird dem See nur eine relativ geringe Wassermenge entnommen; mehr Wasser verdunstet von der Seeoberfläche.

Die Sonne erwärmt nur die obersten Wasserschichten, unterhalb davon beträgt die Wassertemperatur das ganze Jahr über etwa vier Grad. Wasser hat bei dieser Temperatur seine größte Dichte. Wassermengen, die unterschiedliche Temperaturen aufweisen, mischen sich nur schlecht. Es bildet sich in einigen Meter Tiefe eine Sprungschicht aus, an der von oben nach unten die Wassertemperatur sehr rasch von etwa zwanzig auf vier Grad abnimmt. Der Austausch der Wasserkörper ist eigentlich in jedem See notwendig, um lebensnotwendigen Sauerstoff in die unteren Wasserschichten zu bringen. Weil sich in einem mineralstoffarmen Gewässer aber nur wenige Lebewesen entwickeln, ist dort der Sauerstoffverbrauch gering. Deswegen bleibt im Obersee eine große Restmenge an Sauerstoff auch in großen Tiefen erhalten, so dass das Wasser überall ausreichend mit dem Gas versorgt ist, das alle Organismen zum Atmen brauchen.

Es war nicht immer genug Sauerstoff im Bodensee vorhanden: Vor einigen Jahrzehnten wurden mit ungeklärtem Abwasser viel zu viele Mineralstoffe in den See gespült. Vor allem die Phosphatgehalte des Obersees stiegen erheblich an, und das ermöglichte eine sehr rasche Zunahme der Menge an Lebewesen im See. Es wurde so viel Sauerstoff verbraucht, dass in den Tiefen des Bodensees ein lebensfeindliches Milieu ohne Sauerstoff entstand. Durch den Bau von Kläranlagen und einer sehr effizienten Ringkanalisation um den See herum konnte man dieses Problem inzwischen in den Griff bekommen. Heute fließen keine ungeklärten Abwässer mehr in den Bodensee.

Viele Fischer meinen allerdings, dass es auch Nachteile der Wasserreinhaltung gäbe. Seit der Zeit um 1970, als man begann, die Kläranlagen zu bauen, geht die Menge und die Größe der im Bodensee gefangenen Felchen und anderer Fische zurück. Phosphat und andere Mineralstoffe sind ja keine Gifte, sondern werden von Lebewesen unbedingt gebraucht. Wenn sie nicht in den See gelangen, entwickeln sich die Algen weniger gut, und dann gibt es auch weniger Tiere, die sich von den Algen ernähren.

Im Winter weist das Wasser in der Tiefe des Sees oft eine geringfügig höhere Temperatur als an seiner Oberfläche auf. Selbst wenn sich eine Eisdecke ausbildet, bleibt die Temperatur in großer Wassertiefe konstant bei vier Grad, so dass Organismen auch unter dem Eis überleben können. Allerdings friert der Obersee nur sehr selten zu; seine Wassermenge ist einfach zu groß. Eine sogenannte «Seegfrörne» ist ein seltenes Ereignis, zu dem es nur alle paar Jahrzehnte kommt, zuletzt im langen und kalten Winter 1962/63.

Gustav Schwab machte die Seegfrörne zum Thema seines Gedichtes «Der Reiter und der Bodensee»: Bei Nebel und Schnee ist ein Reiter auf dem Weg zum See. Die Strecke zieht sich für ihn unerwartet lange hin; endlich kommt er in eine Ortschaft, wo er nach dem Weg zum See fragt. Erstaunt klärt man ihn darüber auf, dass er den gesamten See bereits überquert hat. Entsetzt darüber, welchen Gefahren er ausgesetzt war, ohne es gemerkt zu haben, sinkt er leblos zu Boden. Ein «Ritt über den Bodensee» bekam sprichwörtliche Bedeutung. So bezeichnet man eine überwundene Bedrohungssituation, deren Gefährlichkeit man erst im Nachhinein wahrnimmt.

Der Untersee ist flacher als der Obersee, die Sonne erwärmt im Sommer den gesamten Wasserkörper, es kann sich aber auch viel öfter eine geschlossene Eisdecke bilden. In den Untersee werden mehr Mineralstoffe eingetragen, im sommerlich warmen Wasser und an seinen sanft ansteigenden Ufern kann sich das Leben viel üppiger entwickeln. Der See ist natürlicherweise eutroph, reich an Mineralstoffen.

Die große Menge an Wasser im Bodensee speichert im Sommer und Herbst die Wärme. Es dauert länger als andernorts in der Umgebung, bis im Herbst der erste Frost kommt. Und im Winter verhindern Nebel und vor allem zähe Hochnebelfelder über dem See, dass der Frost zu scharf ausfällt. Dies sind sehr günstige Wetterbedingungen für empfindliche Kulturpflanzen. Am Bodensee wird Wein angebaut, vor allem in den Regionen, die seit den Zeiten Napoleons zu Baden gehörten, beispielsweise um Meersburg herum. Andernorts spielt der Obstbau eine wichtige Rolle; Bodenseeobst ist eine weit bekannte Marke, die für besondere Qualität bürgt. Bei Friedrichshafen und Tettnang wird Hopfen angebaut. Das Biergewürz wächst an Stangen und Gerüsten heran, die man von weither sehen kann. Die Hopfengärten legt man aber nur in hügeligem Gelände an, wo schwere Kaltluft zum Grund der Täler abzieht und auf diese Weise die empfindlichen Pflanzen nicht schädigt.

Die Ufer des Bodensees wurden schon bald nach dem Ende der letzten Eiszeit von Menschen regelmäßig aufgesucht. Gewässer sind die einzigen Orte in Mitteleuropa, an denen Menschen unter den heutigen Klimabedingungen dauerhaft leben können, ohne Wald zu roden und Landwirtschaft zu betreiben. In geschlossenen Wäldern, die natürlicherweise Europa weithin bedecken, können Menschen nicht existieren: Dort gibt es nur im Spätsommer und Herbst genügend nahrhafte Früchte und Pilze. In geschlossenen Wäldern leben nur wenige Tiere, auf die man Jagd machen kann. Am See ist das anders: Dort kann man stets Fisch fangen und Wasservögel jagen. Allerdings reicht das Nahrungsangebot nur für die Versorgung einer vergleichsweise geringen Bevölkerungsmenge aus. Doch die Fischerei spielt heute immer noch eine wichtige Rolle. Felchen aus dem Bodensee, zu den Lachsartigen gehörende Binnenfische, sind eine besondere Spezialität vieler Restaurants am Bodensee. Und die «Fischerin vom Bodensee» ist die Titelheldin eines sehr bekannten deutschen Heimatfilms, 1956 gedreht.

Die ersten Ackerbauern am See, die im vierten vorchristlichen Jahrtausend lebten, könnten von Fischern abgestammt haben, und sie fingen auch weiterhin Fisch im See. Sie rodeten aber auch den Wald, um Getreide anzubauen, das sich das ganze Jahr über lagern ließ und stets als Nahrung zur Verfügung stand. Im 19. Jahrhundert entdeckten Archäologen ungewöhnliche Hinterlassenschaften dieser Bauern am See: in den weichen Untergrund gerammte Pfähle und hölzerne Fußböden. Sie folgerten daraus, dass es am Bodensee und anderen Gewässern des Alpenvorlandes Pfahlbauten gegeben haben müsse. Sie sollten denjenigen Bauwerken entsprechen, die europäische Entdeckungsreisende erst kurze Zeit zuvor auf Neuguinea oder Borneo kennengelernt hatten. Die Ideen zur Rekonstruktion der Pfahlbauten regten die Phantasie vieler Menschen an, es entwickelte sich die sogenannte Pfahlbauromantik. Im Freilichtmuseum in Unteruhldingen kann man sich ansehen, wie man sich im späten 19. und frühen 20. Jahrhundert das Leben der «Pfahlbauern» in der Jungsteinzeit und Bronzezeit vorgestellt hat. Wie es tatsächlich ge-

artet war, ist die Frage. Heute sprechen Archäologen nicht mehr von Pfahlbaudörfern, sondern von Seeufersiedlungen. Manche Bodenseebewohner mögen tatsächlich in pfahlbauähnlichen Hütten über offenen Wasserflächen gelebt haben, andere auf dem weichen Boden des Seeufers, wo die Hütten tiefe Pfahlgründungen benötigten, um genügende Stabilität aufzuweisen. Und die nebeneinandergelegten Bohlen könnten Fußböden gewesen sein, die man auslegte, um nicht unmittelbar auf dem feuchten Seeboden sitzen und liegen zu müssen.

Dauerhaft besiedelt wurde das Bodenseegebiet erstmals in der Römerzeit und dann im Mittelalter. Auf der Insel Reichenau gründete man Klöster, die zu den ältesten in Mitteleuropa gehören. Die Insel bot dafür beste Voraussetzungen: Der Untersee ist ein fischreiches Gewässer. Die Wachstumsperiode für Pflanzen ist sehr lang, auch länger als sonst am Bodensee, denn die Insel ist vollständig vom relativ spät abkühlenden Wasser umgeben. Obst, Gemüse und Gewürze gelangen zur vollen Reife und können auch spät noch geerntet werden. Diesen klimatischen Vorzug nutzt man zwar an allen Ufern des Bodensees, besonders aber auf den beiden Inseln Reichenau und Mainau. «Au» ist übrigens eine alte, aber ehemals weit verbreitete Bezeichnung für eine Insel, die regional zu den Endungen «-ey», «-oy» oder «-oog» abgewandelt wurde, wie etwa in den Inselbezeichnungen Orkney, Greifswalder Oie und Langeoog. Auch die Silbe «Ei-» im Begriff «Eiland» ist von «-au» abgeleitet.

Die Reichenau bot sich als Ort für die Gründung von Klöstern auch deswegen an, weil sie sich von West nach Ost erstreckt, genau in der gleichen Richtung wie mittelalterliche Kirchen, bei deren Bau man stets darauf achtete, dass sie nach Osten ausgerichtet waren. Ein einzigartiges literarisches Zeugnis setzt uns davon in Kenntnis, dass

Pfahlbauten im Freilichtmuseum Unteruhldingen.

schon in früher Zeit neben den Klöstern Gärten bewirtschaftet wurden. Der Reichenauer Mönch Walahfrid Strabo verfasste ein «Hortulus» genanntes Lehrgedicht, in dem er die Pflanzen aufführte, die im Klostergarten gediehen. Heute wächst noch viel mehr auf der Reichenau: Die Insel scheint insgesamt ein einziger Garten zu sein, in dem neben Obst vor allem Tomaten, Salat und Gemüse gedeihen. Jeder Fleck dieses Eilandes ist von intensiv bebauten Beeten bedeckt.

Auch die Mainau ist eine vom Klima begünstigte Insel, auf der sogar Palmen gedeihen, die keinen Frost ertragen können. Die Insel im Überlinger See, dem nordwestlichen Zipfel des Obersees, gehörte seit dem 13. Jahrhundert dem Deutschen Orden und kam nach der Auflösung kirchlichen Besitzes 1806 an den Großherzog von Baden, der auf der Insel ein Arboretum mit inzwischen sehr stattlichen exotischen Bäumen einrichtete. Dessen Urgroßenkel war Graf Lennart Bernadotte, zugleich Abkömmling des schwedischen Königshauses. Er machte die Mainau zur Blumeninsel und damit zu einem weit bekannten Ausflugsziel.

Auf der Mainau wachsen sogar Palmen.

Carlotta Textor ließ auf der Mainau ihren Roman «Die klingende Insel» spielen. An seinem Anfang steht eine Landschaftsbeschreibung: «Vom See erhob sich ein leichtes Wehen. Es streifte die Ufer, lief rings ins Land, und wo es an die schlafende Erde rührte, wich die Beharrlichkeit der Nacht: am Wasser klirrte das Schilf, die Wiesen sträubten ihr Grasgefieder, die Bäume regten sich im Gezweig, und Büsche erklangen von Blätterspiel, als würfe das Land die dunkle Decke ab, unter der es geruht, so dehnte es sich weich und weit, und seinem drängenden Atmen entströmten die ersten Laute des Tages, die frühen Farben schlichen ins Dämmergrau, der Morgen zog herauf – Florian erwachte.»

Er geht am Garten entlang: «Plötzlich blieb er stehen, verstummt und verzaubert: die Azaleen waren aufgeblüht über Nacht, die bunten Pontischen – es loderte gelb, kupfern, feurig aus dem Schattendämmer der Rhododendren. Hingerissen schaute er – jedes Jahr wieder erstarrte er vor diesem Wunder: haushoch züngelten die Büsche in Blütenbrunst, in der Unersättlichkeit ihrer Farben ihr eigenes Blattgrün verschlingend. Nirgends wucherten sie wie auf dieser Insel, zu der die Fremden kamen und um Erlaubnis baten, die tropische Fülle zu bewundern. Wie auf der Isola Madre, sagten sie.»

Wie viele andere Landschaften wird die Mainau mit anderen verglichen, die Ziele der Sehnsucht sind, auch mit der Insel im Lago Maggiore. Florian kennt diese Insel nicht, aber er hat eine Vorstellung davon, und er verbindet sie mit dem, was er vor sich sieht. Die Mainau ist wohl der Ort in Deutschland, der am häufigsten mit dem sonnigen Süden in Verbindung gebracht wird, einerseits wegen ihres milden Klimas, andererseits wegen der Fülle an exotischen Pflanzen, die auf der Insel gedeiht.

Die dritte große Insel im Bodensee ist Lindau. Dieses Eiland ist vollständig von der gleichnamigen, malerischen Stadt und ihrem Bahnhof bedeckt. Lindau liegt auf einem kleinen Zipfel von Bayern, der an den Bodensee heranreicht, und dort musste im 19. Jahrhundert eine Umsteigemöglichkeit zwischen der Eisenbahn und den Bodenseedampfern hergestellt werden. Deswegen leitete man die Bahn 1853 auf die Insel und zum Hafen, an dem sich der einzige Leuchtturm Bayerns befindet – und ein Denkmal mit dem bayerischen Löwen von 1856. Leuchttürme und ähnliche Seezeichen haben am Bodensee durchaus eine wichtige Funktion. Von über sechzig derartigen Anlagen aus wird vor den gefürchteten Föhnstürmen gewarnt, die am Nordrand der Alpen auftreten und die Wogen des Bodensees anpeitschen, so dass es immer wieder zu Schiffsunfällen kommt. Vor allem Segelboote sind dieser Gefahr ausgesetzt.

Auch in Konstanz, zur Zeit des Bahnbaus eine badische Stadt, und im württembergischen Friedrichshafen, das 1811 aus der früheren Reichsstadt Buchhorn hervorgegangen war, erreichten Bahnlinien die Häfen an den Seeufern. In Friedrichshafen hat sich die Industrie seit dem Beginn des 20. Jahrhunderts besonders rasch entwickelt. Ferdinand Graf von Zeppelin, der Erfinder des Luftschiffes, ließ die später nach ihm benannten Fluggeräte in Friedrichshafen bauen; der Jungfernflug fand im Sommer 1900 statt, noch vor dem ersten Flug eines motorisierten Flugzeuges. In den folgenden Jahrzehnten wurden zahlreiche Luftschiffe in Friedrichshafen gebaut. Doch das Flugzeug entwickelte sich bald zum wichtigeren Luftverkehrsmittel. Friedrichshafen wurde zum bedeutenden Produktionsstandort für Flugzeuge. Im breiten Tal der Schussen konnte sich die Industrie bestens entwickeln. Die Stadt erhielt auch einen Flughafen für moderne Jets, deren Start- und Landebahnen nicht, wie im Westwindgürtel Europas sonst üblich, von West nach Ost ausgerichtet wurden, sondern von Nord nach Süd. Daher hat man bei südlichen Föhnwinden, die von den Alpen ins Tal der Schussen wehen, beste Startbedingungen nach Süden, gegen den Wind. Zeitweise gab es eine Flugverbindung von Friedrichshafen über den Bodensee hinweg nach Zürich, man hielt sie für die weltweit kürzeste Flugroute für große Verkehrsflugzeuge. Doch sie wurde wieder eingestellt; der Schiffsverkehr über den See behält seine seit Jahrhunderten unangefochtene Stellung.

Im Mittelalter waren Verkehrswege auf dem Wasser viel leichter einzurichten als Landwege, denn man musste lediglich geeignete Häfen bauen, nicht aber lange Landwege trassieren und befestigen. Das Schifffahrtsnetz auf dem Bodensee war stets isoliert. Man konnte und kann weder den Alpenrhein mit Schiffen befahren noch zum Hochrhein gelangen: Der Schifffahrtsweg ist am Rheinfall bei

Schaffhausen zu Ende. Die Bedeutung, die der Schifffahrt beigemessen wurde, zeigt sich daran, dass mehrere Länder sich bis an die Bodenseeufer ausdehnten: Baden, Württemberg, Bayern, Österreich, die Schweiz. Alle wollten Häfen und damit Anteil am Schifffahrtsnetz haben, damit sie Handel treiben konnten. Der Bodensee ist daher bis heute ein internationales Gewässer. Interessanterweise ist aber vielfach unklar, wo die Grenzen der Länder durch den See verlaufen. Deren Festlegung schien nicht erforderlich gewesen zu sein, denn man schätzte die friedliche Koexistenz auf dem See. Seine längste Uferstrecke liegt übrigens in Schwaben. Im Mittelalter gehörte der ganze Bodensee zum Herzogtum Schwaben, und deswegen wird er auch als das Schwäbische Meer bezeichnet.

Der bedeutendste Hafen und die größte Stadt am Bodensee ist seit Jahrhunderten Konstanz. Der Name geht auf die römische Zeit zurück, als eine kleine Ansiedlung auf dem heutigen Stadtgelände entstand, einem genau von Nord nach Süd ausgerichteten Hügelrücken. Für die Anlage einer Stadt waren die topographischen Voraussetzungen dort vorzüglich: Kirchen, die man im Mittelalter immer von West nach Ost ausrichtete, ließen sich sehr gut in den Stadtgrundriss einpassen. Die Hauptstraßen verlaufen im rechten Winkel zu den Kirchen. Das geringe Gefälle im Seerhein von nur etwas über zwanzig Zentimetern Höhe reichte für die Einrichtung eines Mühlenbetriebes aus: Auf diese Weise war gewährleistet, dass in der Stadt stets Korn gemahlen werden konnte, was für die Versorgung der vielen Einwohner der Stadt natürlich sehr große Bedeutung hatte. Die Mächtigen der damaligen Welt trafen sich zu Beginn des 15. Jahrhunderts zum Konstanzer Konzil. Konstanz bewies damals schon sehr lange seine Beständigkeit, die ja im lateinischen Namen der Stadt zum Ausdruck gebracht wird. Aufrechterhalten werden konnte sie aber nur dann, wenn ihre Versorgung sichergestellt war. Konstanz ist auf zwei Seiten vom See und auf der dritten von einem Feuchtgebiet eingerahmt. Die Stadt hat kein unmittelbares Hinterland, in dem man Korn anbauen kann. Wenige Menschen, die in einer kleinen Siedlung lebten, konnten sich auf dem Hügelrücken vielleicht von den Erträgen versorgen, die sie von den kleinen Feldern neben ihren Siedlungen bezogen. Eine grö-

ßere Siedlung aber musste von außen her versorgt werden, per Schiff über das Schwäbische Meer.

Die meisten Schiffe nach Konstanz fahren seit Jahrhunderten von Meersburg ab. Die Burg am Meer gehörte im Mittelalter den Konstanzer Bischöfen. Dort konnten alle Waren gesammelt werden, die zur Versorgung von Konstanz notwendig waren. Im Mittelalter bereits schloss die Fernstraße von Konstanz nach Ulm die Fährverbindung nach Meersburg in ihre Route ein. Nach der Säkularisation stand die Burg lange Zeit leer; dann ging sie in den Besitz von Joseph von Laßberg über, dem Schwager der Dichterin Annette von Droste-Hülshoff. Die Dichterin konnte das oberhalb des Meersburger Schlosses gelegene Fürstenhäusle erwerben. Im Schloss und im Fürstenhäusle verbrachte sie ihre letzten Lebensjahre. Sie blickte über das Schwäbische Meer auf die Alpenkette mit dem Säntis, die vor allem bei Föhn vom Bodensee aus zum Greifen nahe zu liegen scheint. Diese grandiose Stimmung beschrieb sie in einem ihrer Gedichte:

Die Schenke am See (An Levin Schücking)

Ists nicht ein heitrer Ort, mein junger Freund,
Das kleine Haus, das schier vom Hange gleitet,
Wo so possierlich uns der Wirt erscheint,
So übermächtig sich die Landschaft breitet;
Wo uns ergötzt im neckischen Kontrast
Das Wurzelmännchen mit verschmitzter Miene,
Das wie ein Aal sich schlingt und kugelt fast,
Im Angesicht der stolzen Alpenbühne? …

Hörst du das Alphorn über'm blauen See?
So klar die Luft, mich dünkt, ich seh den Hirten
heimzügeln von der duftbesäumten Höh –
Wars nicht, als ob die Rinderglocken schwirrten?
Dort, wo die Schlucht in das Gestein sich drängt,
Mich dünkt, ich seh den kecken Jäger schleichen;
Wenn eine Gemse an der Klippe hängt,
Gewiß, mein Auge müßte sie erreichen.

Das von Weinbergen umgebene Schloss Meersburg am Bodensee.

Die Wallfahrtskirche Birnau am Überlinger See.

Trink aus! – die Alpen liegen stundenweit,
Nur nah die Burg, uns heimisches Gemäuer,
Wo Träume lagern lang verschollner Zeit,
Seltsame Mär und zornge Abenteuer.
Wohl ziemt es m i r, in Räumen schwer und grau,
Zu grübeln über dunkler Taten Reste,
doch d u, Levin, schaust aus dem grimmen Bau
Wie eine Schwalbe aus dem Mauerneste.

Sieh' drunten auf dem See im Abendrot
Die Taucherente hin und wieder schlüpfend!
Nun sinkt sie nieder wie des Netzes Lot,
Nun wieder aufwärts mit den Wellen hüpfend;
Seltsames Spiel, recht wie ein Lebenslauf!
Wir beide schaun gespannten Blickes nieder;
D u flüsterst lächelnd: immer kommt sie auf! –
Und i c h, ich denke: immer sinkt sie wieder! …

Das Fürstenhäusle war bereits um 1600 von den Konstanzer Fürstbischöfen errichtet worden, und es kann kein Zweifel darüber bestehen, dass von dort aus die Landschaft genossen werden sollte, die für alle Bewohner und Besucher des reizvollen Anwesens wie eine Bühne wirkte. So hat Annette von Droste-Hülshoff den Blick über den See auch beschrieben.

Ein paar Kilometer westlich von Meersburg steht in beherrschender Lage ein weiteres Bauwerk, das in die Landschaft des Bodensees hineinkomponiert wurde: die 1746 bis 1750 erbaute Wallfahrtskirche Birnau, ein Werk des berühmten Vorarlberger Meisters Peter Thumb. Diese Kirche ist nicht mehr wie Kirchen des Mittelalters von West nach Ost ausgerichtet, sondern ihre beeindruckende Westfront mit dem Turm ragt hoch über dem Bodensee auf. Das ist sehr bemerkenswert: Vielleicht zum ersten Mal in der Geschichte – und sicher nicht unbeeinflusst von geistigen Strömungen der frühen Aufklärungsperiode – wurde die landschaftliche Fernwirkung eines Bauwerkes für wichtiger gehalten als die christliche Bautradition.

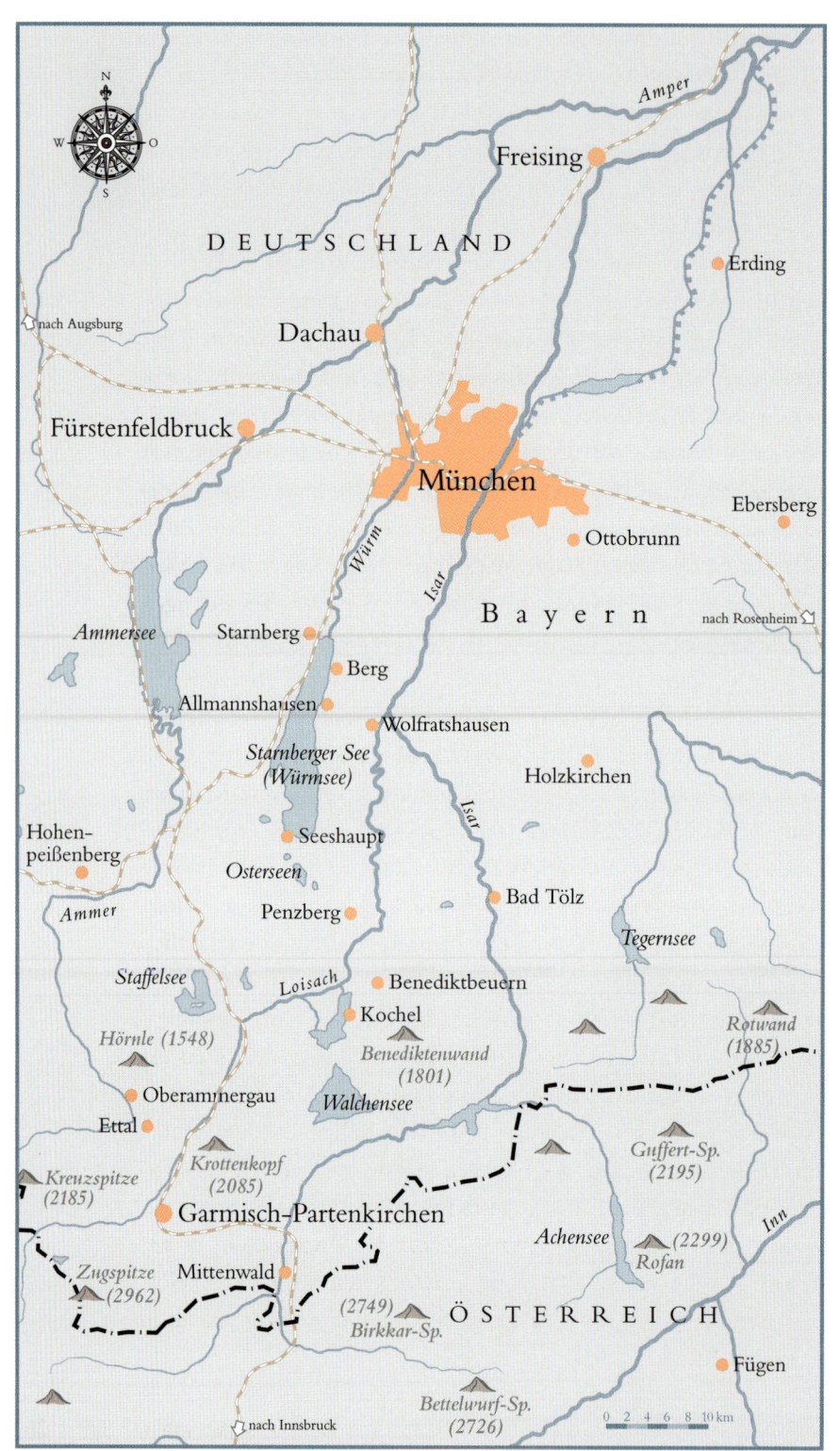

Fahrt gegen die Wand
DAS WETTERSTEINGEBIRGE

«Die Geschwister und der Vetter steigen am Starnberger Bahnhof in den Garmischer Zug. Schon der Bahnsteig ahnt die Berge. Rucksäcke, da und dort eine Lederhose», so erinnerte sich der Historiker Hermann Heimpel an eine Fahrt von München zum Gebirge, die er als Kind kurz vor dem Ersten Weltkrieg unternommen hatte. Man saß «in dem neuen, sauber geputzten Wagen links vom Mittelgang, also, vom Standpunkt des Naturfreundes, auf der richtigen Seite.» Dort hatte man nämlich die beste Aussicht auf den Starnberger See. Der Zug erreichte Weilheim. «Hier beginnt etwas Neues. Maschinenwechsel, Kreuzung. (…) Unterland und Oberland begegnen sich. Von Augsburg bringt die Bahn über die Ammerseegegend schwäbische Leute. Aber Viehmarkt und Holzhandel kommen vom Gebirg nach Weilheim. Schon mengen sich unter die steckentragenden Viehhändler und behäbigeren Filzhutträger der Hochebene die Raubvogelgesichter aus dem Werdenfels. (…) Aber kommt jetzt auf die rechte Seite! Da liegt es, silbern und still, fern, doch deutlich fein in den blauen Himmel des August gezeichnet: das Wetterstein. Die Kette ist breit entfaltet, schlank gelagert, die Herrin des feierlichen Tals. Es ist schneefreie Zeit. Gleichmäßig grau liegt links die lange Wettersteinwand; wenig Schnee blinkt auf der Dreitorspitze, dreigipflig schwebt die Kette nach Westen: äußere, mittlere, innere Höllentalspitze, anmutig zeichnet sich vor sie das Dreieck der Alpspitze, tief liegen, kaum recht unterscheidbar, in kalter Schattenfarbe die Waxensteine. Über ihnen glänzt die Zugspitze in eisiger Klarheit: aus der tiefen Scharte nach dem Abfall der inneren Höllentalspitze hebt sich steil der Ostgipfel, im Westen wallt sie ab in Stufen und Falten.»

Zugspitze und Eibsee.

Wer sich den Alpen nähert, empfindet sie als Wand. Das hängt mit der Alpenentstehung zusammen, die man unter anderem mit den Begriffen Hebung, Faltung und Überschiebung in Verbindung gebracht hat. Seit vielen Millionen Jahren drückt von Süden her der afrikanische auf den europäischen Kontinent. Der Vorgang dauert bis heute an. Diese schier unendlich lange dauernde Kollision führte dazu, dass im Gebiet des Mittelmeeres und der Alpen Schichten der Erdoberfläche in Falten gelegt und übereinander geschoben wurden. Die Bergzüge der Alpen verlaufen ebenso wie die Längstäler dazwischen von West nach Ost. Die Ketten der Zentralalpen bestehen aus Granit und Gneis, die Bergzüge im Norden und Süden der Alpen sind dagegen aus Kalk aufgebaut: die Nördlichen und die Südlichen Kalkalpen. Die imposante Zugspitze und die benachbarten Gipfel bestehen aus Wettersteinkalk; seine Steilwände ragen bis zu 800 Meter senkrecht in die Höhe. So hoch der Berg ist: Seine Kalkschichten setzten sich einst in einem flachen Meer ab. Nach der Ablagerung und der Verhärtung des Kalks durch andere Ablagerungen, die über ihn gelegt wurden, wurde der Kalk an der Zugspitze bis beinahe drei Kilometer weit in die Höhe gedrückt.

Die Wand am Nordrand der Alpen stellt sich nicht nur Menschen entgegen, sondern auch den Wolken, die von Norden und Nordwesten her an die Berge branden. Die Luftströmungen heben sie in die Höhe und damit in Regionen niedrigerer Temperaturen. Das Wasser der Wolken kondensiert, und es entsteht Regen. Vielleicht kommt der Name Wettersteingebirge von den an die Felsen prallenden Wolken und vom daraus resultierenden Regenreichtum des Gebietes. An vielen Stellen in der Gegend liegt die jährliche Niederschlagssumme bei 2000 mm und mehr. Der Name Zugspitze soll indirekt auch etwas mit dem Niederschlagsreichtum zu tun haben: Er bezieht sich wohl auf die vielen Lawinenzüge oder Lawinenbahnen an den steilen Hängen des Berges. Im Winter bildet sich sehr rasch eine mehrere Meter mächtige Schneedecke, die leicht ins Rutschen gerät und dann zur Lawine werden kann.

So niederschlagsreich das Gebirge ist und so heftig der «Schnürlregen» oder der Schneefall sein kann: Oft erlebt man das Wettersteingebirge und das Werdenfelser Land, von dem es umgeben ist, in klarem Sonnenschein, der sich namentlich dann längere Zeit einstellt, wenn der Wind von Süden weht. Dann herrscht trockener Föhn, und der lässt am Alpennordrand die Temperaturen enorm ansteigen. Garmisch-Partenkirchen am Fuß der Zugspitze ist dann manchmal der wärmste Ort in Mitteleuropa. Beim Wetter gilt es die häufigen Wechsel zu beachten: Von Minute zu Minute kann sich der klare Himmel verfinstern, es kann passieren, dass man, wenn man nur eine Stunde auf der Zugspitze verbringt, zuerst Sonnenschein mit fulminanter Fernsicht, dann ein Gewitter, Schneefall und Regen erlebt. Kommt dann die Sonne wieder zum Vorschein, bringt sie den schmelzenden Schnee und die Wassertropfen in der klaren Bergluft zu einem faszinierenden Glitzern.

Bei der Zugspitze gibt es viele Superlative hervorzuheben, und natürlich tut man dies am besten mit Zahlen. Die Zugspitze ist Deutschlands höchster Berg, auf modernen Karten findet man als Höhenangabe 2962 m über dem Meeresspiegel. Der Berg war ursprünglich noch höher; man schätzt, dass die Zugspitze vor ein paar Jahrtausenden über 3000 Meter weit aufragte. Danach kam es zu einer Katastrophe: Vor etwa 3500 Jahren ereignete sich ein gewaltiger Bergsturz an der Nordseite der Zugspitze. Dabei rissen über 300 Millionen Kubikmeter Felswand von dem Berg ab; sie stürzten in den nördlich der Zugspitze gelegenen Eibsee und in dessen Umgebung. Die Inseln im Eibsee bestehen aus Felsbrocken von der Nordwand der Zugspitze, ebenso wie zahlreiche Felstrümmer zwischen dem Eibsee und der Ortschaft Grainau. Zurück blieb die geschrumpfte Zugspitze, deren westlicher Gipfel danach eine Meereshöhe von 2964 Meter aufwies. Diese Bergspitze wurde 1938 von der Wehrmacht gesprengt, weil dort eine Leitstelle für den Flugverkehr gebaut werden sollte. Von damals an war der 2962 Meter hohe Ostgipfel der höchste Punkt des Massivs, und alle Landkarten mussten korrigiert werden. Die Zugspitze ragt – allen Korrekturen ihrer Gipfelhöhen zum Trotz – weit in alpine Regionen hinein. Drei der fünf allesamt dahinschwindenden Gletscher Deutschlands befinden sich an diesem Berg: der Höllentalferner, der Nördliche und der Südliche Schneeferner. Man kann Gämsen und Alpendohlen beobachten.

Ernst Platz pinx.   Verlagsanstalt Bruckmann repr.
METEOROLOGISCHE HOCHSTATION AUF DER ZUGSPITZE

Ernst Platz, Meteorologische Station auf dem Gipfel der Zugspitze (um 1900).

Es kann jederzeit zu einem weiteren Bergsturz an der Zugspitze kommen, und dabei könnte der Berg weiter an Höhe verlieren. Das weiß man unter anderem von Beobachtungen, die man beim Bau der Zugspitzbahn machte. Damals durchbohrte man den Berg, um die Bahn teilweise unterirdisch zu führen. An den Tunnelwänden entdeckte man mit Eis gefüllte Spalten. Es war also in weit zurückliegender Vergangenheit einmal Wasser in Klüfte des Kalksteins eingedrungen. Es war dann gefroren und hatte sich ausgedehnt. Das Eis vergrößerte also die Spalten im Gestein. Solange die Temperaturen niedrig lagen, wie es während der letzten Eiszeit überall und danach noch lange Zeit im Berg der Fall war, hielt dieses Eis die Zugspitze von innen felsenfest zusammen. Nach dem Ende der Eiszeit stiegen die Temperaturen um etwa zehn Grad an, und allmählich begann das Eis auch in den Klüften im Fels zu schmelzen. Der Zusammenhalt der Gesteinsmassen ging zurück, Felsen brachen vom Gesteinsmassiv ab, und es kam zum Bergsturz. Taut weiteres Eis im Inneren des Berges, womit zu rechnen ist, werden sich solche Katastrophen wiederholen. Die Temperaturerhöhung im Berg, die das Eis verschwinden lässt, muss nichts mit dem derzeitigen Klimawandel zu tun haben. Sie kann auch allein dadurch ausgelöst werden, dass die Temperatur im Berg seit dem Ende der letzten Eiszeit noch immer steigt. Mit Messgeräten wird seit einigen Jahren überwacht, ob sich die Felsen an den Klüften auseinanderbewegen, weil das sogenannte Klufteis taut. Den kommenden Bergsturz wird man dadurch nicht verhindern, aber man wird hoffentlich so rechtzeitig vor ihm warnen, dass die Menschen sich in Sicherheit bringen können.

Die mehr oder weniger langen, von West nach Ost gerichteten Gebirgsketten der Alpen sind nur schwer zu überwinden. Zu Deutschland gehört nur ein kleiner Teil der Alpen, aber das lässt sich selbst in Südbayern erkennen. Denn das Wettersteingebirge und das sich im Osten anschließende Karwendelgebirge, beide gehören zum Teil auch zu Österreich, verlaufen ebenso von West nach Ost wie die vorgelagerte Kette des Ammergebirges und die Benediktenwand oberhalb vom Kochelsee. Von München kommt man in einem breiten Tal ein Stück weit in die Alpen hinein, besser als andernorts: Dieses Tal wurde von eiszeitlichen Gletschern geschaffen. Die Eismassen gaben diesem Trogtal einen breiten Talgrund und steile Hänge. In der Nacheiszeit legte sich der Fluss Loisach in dieses Tal, ein Nebenfluss der Isar. Im Loisachtal verlief schon zu römischer Zeit eine Straße, heute nehmen die Bahnlinie nach Garmisch-Partenkirchen und die Autobahn diesen Weg. Auf dem weiteren Weg nach Süden scheint die Zugspitze wie ein Riegel vor einem zu liegen, als Wand, wie sie Hermann Heimpel als Kind erschienen war.

Garmisch-Partenkirchen liegt in einem kurzen, aber typischerweise von West nach Ost orientierten Längstal der Alpen, an der Mündung des kurzen Flusses Partnach in die Loisach; in der Partnach fließt viel Wasser aus dem Wettersteingebirge ab, und zur Zeit der Schneeschmelze führt sie immer wieder Hochwasser. Garmisch-Partenkirchen ist aus zwei Orten entstanden, die westlich (Garmisch) und östlich (Partenkirchen) der Partnach liegen. Partenkirchen war schon römisch besiedelt. Im ausgehenden Mittelalter und in der frühen Neuzeit war es eine wichtige Handelsniederlassung der Fugger und Welser, die von Augsburg aus Handel mit norditalienischen Städten betrieben. In Garmisch lebte man vor allem von der Flößerei auf der Loisach. In der Zeit der Vorbereitung der Olympischen Spiele 1936 mussten sich die beiden Orte auf Druck der Nationalsozialisten 1935 zu einer Großgemeinde zusammenschließen. Dazu bemerkte der Schriftsteller Max Krell 1935: «Ein Bach, ein Wiesengürtel und ein gründlicher Haß schied Partenkirchen von Garmisch.»

Garmisch-Partenkirchen wurde nie zur Stadt erhoben, obwohl der Ort einen städtischen Eindruck macht. Er ist ein «Markt»; das ist in Bayern bis heute ein Begriff für eine auch im politischen Sinn große, wichtige Gemeinde. Der Charakter der Alpensiedlung wird nicht nur beim Blick auf die nahen Berge klar, sondern auch im Doppelort selbst, an der Bauweise der alten Häuser. Viele von ihnen sind – ebenso wie in den Nachbarorten – ganz oder teilweise als Blockbauten entstanden. Zum Blockbau braucht man das Nadelholz, das an den Berghängen wächst. Die Häuser haben breite Dächer, auf denen die Schneelast liegen bleibt und erst allmählich abtaut, nicht gleich als Dachlawine auf die Straßen donnert.

In Garmisch-Partenkirchen hat man die Wahl, ob man, Routen alter Römerstraßen folgend, lieber im Westen oder im Osten um das Wettersteingebirge herum weiter in den Süden gelangen will. Die eine Alternative bot der Weg über den Fernpass. Die Loisach kommt von Westen her nach Garmisch; man kann – entgegen ihrem Lauf – weiter ins Gebirge fahren, kommt nach Ehrwald und dann über den Fernpass ins Inntal. Man kann sich aber in Garmisch-Partenkirchen auch nach Osten wenden und gelangt im Alpenlängstal nach Mittenwald und von dort aus zum Inn. Mittenwald, das im Mittelalter mitten im Wald entstand, wird von der Isar durchflossen, die hier, bis Wallgau, ein weiteres Trogtal aus der Eiszeit nutzt, in dem ein Gletscher nach Norden zog, und dann nach Osten in ein anderes Längstal abbiegt, das sie zum Sylvensteinsee und dann in das nächste Gletschertal bringt, das bei Lenggries die Alpen verlässt.

Mittenwalds Häuser ähneln denen von Garmisch-Partenkirchen.

Auch in Mittenwald lebte man in früheren Jahrhunderten von der Flößerei. Hier wurden aus Fichten- und Tannenstämmen zahlreiche Isarflöße gebunden, die München als Ziel hatten. Noch ein anderes Gewerbe hat mit dem Holzreichtum der Wälder um Mittenwald zu tun, nämlich der Instrumentenbau. Für ein Streichinstrument braucht man sowohl Laub- als auch Nadelholz: Die Oberseite einer Geige, in die die sogenannten F-Löcher eingesägt werden, besteht aus dem Holz von Fichten oder Tannen. Die Bäume müssen möglichst langsam gewachsen sein, dann sind ihre Jahresringe eng und gleichmäßig ausgeprägt. Man findet geeignetes Holz vor allem in größeren Höhenlagen. Die Rückseite des Streichinstruments soll dagegen aus Ahornholz sein. Einige zusätzliche Kleinteile bestehen aus noch anderen Holzarten. Für den Instrumentenbau ist es ein Standortvorteil, wenn es alle erforderlichen Holzarten in den Wäldern gibt, die sich in der Umgebung der Werkstätten befinden. Das ist in Mittenwald und einigen anderen Orten am Nordrand der Alpen ebenso der Fall wie in Norditalien (z. B. in Cremona), am Südrand der Alpen, in Markneukirchen im Vogtland und in einigen

Geigenbauwerkstatt in Mittenwald.

Orten in Böhmen. Aus allen diesen Orten stammen Geigen und andere Streichinstrumente, die zu den besten der Welt gerechnet werden.

Für den Bau von Geigen, Bratschen, Violoncelli und Kontrabässen eignete sich das Holz besonders gut, das im 17. und 18. Jahrhundert gewachsen war. Damals herrschten etwas schlechtere Klimabedingungen als heute, und daher waren die Jahrringe der Bäume besonders eng. Das gab den besten Klang für die Stradivaris und Amatis aus Norditalien und ebenso für die Geigen, die damals Matthias Klotz und seine Söhne in Mittenwald bauten.

Von Mittenwald aus kommt man über den Seefelder Sattel weiter nach Süden und erreicht ebenso wie über den Fernpass das Inntal; der Inn verläuft auf einer langen Strecke in einem Längstal zwischen den Nord- und den Zentralalpen. Wer weiter nach Süden möchte, überwindet den Alpenhauptkamm über den Brennerpass – den Weg über die Alpen, der die geringste Höhe aufweist – und kommt dann in die Täler von Eisack und Etsch, die viel weiter im Norden als andere Alpenrandtäler beginnen und dann sehr ebenmäßig nach Verona und in die Poebene führen. Aus vielen Gründen ist daher die Route über den Seefelder Sattel oder den Fernpass und den Brenner die günstigste Querung der Alpen, obwohl sie doch mit einer Fahrt gegen die Wand der Zugspitze beginnt.

In den letzten Jahrzehnten hat sich der Hauptverkehr immer mehr vom Seefelder Sattel und dem Fernpass ins untere Inntal zwischen Innsbruck und Kufstein verlagert. Dort fahren nun die schnellen Züge von München nach Innsbruck und nach Italien, und dort verläuft auch die internationale Autobahn von Deutschland nach Italien. Die Spuren des Holzhandwerks sieht man noch allenthalben in Garmisch-Partenkirchen und Mittenwald sowie anderen Orten in der Umgebung des Wettersteingebirges. Die erste Geige spielt dort aber seit Jahrzehnten der Tourismus. Dessen bescheidene Anfänge reichen kaum zweihundert Jahre zurück. Der Vermessungsingenieur und spätere Generalmajor des bayerischen Heeres Karl Naus bestieg 1820 mit zwei Begleitern, einem Gehilfen und einem Bergführer, als erste namentlich bekannte Person die Zugspitze. Ob jemand schon vorher auf dem Berg war, weiß man nicht. Bei der ersten dokumentierten Zugspitz-Besteigung ging es nicht in erster Linie um ein alpinistisches Abenteuer, sondern Naus hatte den Auftrag, verlässliche topographische Karten von Bayern herzustellen. Dazu musste man von weithin sichtbaren Gipfeln andere hoch gelegene Punkte anpeilen. Über die Trigonometrie war es dann möglich, genaue Landkarten zu entwerfen. Im nachfolgenden Zeitraum von über einhundert Jahren, in dem es nur Fußwege und Kletterstiege auf den Zugspitzgipfel gab, kamen nur wenige Menschen auf Deutschlands höchsten Berg.

1889 wurde die Eisenbahnstrecke von München nach Garmisch-Partenkirchen fertiggestellt; der Bahnhof hieß damals schon so, obwohl es den Zusammenschluss der beiden Orte noch nicht gab. Mit diesem Datum ist der Beginn des Tourismus in der Umgebung der Zugspitze verbunden. Münchner Künstler, Literaten, Verleger und Musiker bauten sich Häuser in Garmisch und Partenkirchen, viele Gäste kamen durch sie ins Werdenfelser Land, darunter Arthur Schnitzler, Max Reinhardt, Hugo von Hofmannsthal und Richard Strauss. Ernst Bloch, der ebenfalls immer wieder in Garmisch war, schrieb 1958: «In Garmisch sind auch die Anfänge meiner Philosophie schriftlich entstanden – also eine bayerische Geburt, mit dem Willen, der Alpen würdig zu sein, die ich vor meinem Fenster hatte.»

Der Massentourismus zur Zugspitze setzte in den 1920er Jahren ein. 1926 wurde die erste Seilbahn dorthin gebaut, die dem Andrang aber nicht gewachsen war. 1930 wurde die Bayerische Zugspitzbahn eröffnet, die auf der 19 Kilometer langen Schienenstrecke von Garmisch zum Zugspitzplatt einen Höhenunterschied von beinahe 1900 Metern überwindet, zum Teil über eine Zahnradstrecke. Mit ihr und weiteren Seilbahnen werden heute jedes Jahr etwa eine halbe Million Touristen auf die Zugspitze transportiert: Sie kommen zum Skifahren, auch auf die Gletscher des Zugspitzplatts, oder um die grandiose Aussicht weit ins Alpenvorland und in die Zentralalpen zu genießen.

Erbe der Eiszeit
DER STARNBERGER SEE

Der Starnberger See ist einer der schönsten und bekanntesten oberbayerischen Seen und eines der beliebtesten Münchner Ausflugsziele. Sehr bekannt ist er auch in der internationalen Wissenschaft, aber unter seinem anderen, älteren Namen: Würmsee. Vom Namen des Sees sind die Begriffe «das Würm» oder «the Wuermian» abgeleitet, international gebräuchliche Bezeichnungen für die letzte Eiszeit; in dieser Kaltphase erreichte das Eis vor zwanzig- bis achtzehntausend Jahren seine größte Ausdehnung. Unter den Geologen hält sich dieser Name immer noch, obwohl «the Wuermian» von vielen Wissenschaftlern auf der Welt nur sehr schwer auszusprechen ist, und außerdem ist der Name «Würmsee» heute ungebräuchlich geworden. 1962 wurde der See offiziell zum Starnberger See umbenannt, wohl weil die Bewohner und Besucher der Seeufer fast nur noch diesen Begriff verwendeten. Im Norden Mitteleuropas gibt es übrigens einen anderen Namen für die letzte Eiszeit, der ein ähnliches «Schicksal» wie der Begriff «Würmeiszeit» hat; dort spricht man von der Weichseleiszeit. «Weichselian» ist für einen Ausländer ebenso schwer auszusprechen, und der Fluss, nach dem die Eiszeit benannt ist, heißt heute ebenfalls anders: Er hat den polnischen Flussnamen «Wisła».

Die Fragen, ob es Eiszeiten gegeben hatte und auf welche Weise große Gesteinsbrocken aus Nordeuropa und den Alpen in die weit davon entfernten Niederungen Norddeutschlands und des Alpenvorlands gelangt waren, beschäftigten die Naturwissenschaftler des 19. Jahrhunderts besonders stark. Die scheinbar ohne erklärbare Zusammenhänge herumliegenden Steine hatte man als «Findlinge» oder «erratische Blöcke» bezeichnet. Hatten sie sich «verirrt»? Johann

Zugefrorener Starnberger See bei St. Heinrich.

Wolfgang von Goethe war einer von denjenigen, die der Lösung des Rätsels um die erratischen Blöcke sehr nahe kam. Dass die großen Steine in einer kalten Klimaphase mit dem Eis ins Umland der Alpen gelangt waren, erkannten gleich nach Goethes Tod mehrere Wissenschaftler: Ignatz Venetz, Johann von Charpentier und Karl Friedrich Schimper. 1882, genau fünfzig Jahre nach dem Tod des Dichters, stellte der Geologe Albrecht Penck fest, dass es sogar mehrere Eisvorstöße bzw. Eiszeiten gegeben hatte. Er sah bei Untersuchungen eiszeitlicher Ablagerungen in Oberbayern den Unterschied zwischen einer «unverletzten Moränenlandschaft» und einer «verwaschenen Moränenlandschaft». Später bezeichnete er gemeinsam mit Eduard Brückner die «unverletzten» Moränen als diejenigen der letzten Eiszeit, der Würmeiszeit; wir nennen sie heute Jungmoränen. Nur wenig Kilometer weiter von den Alpen entfernt findet man die Moränen älterer Eisvorstöße, die man heute als Altmoränen bezeichnet. Sie sind «verwaschen», weil sie in der Würmeiszeit unmittelbar im Gletschervorfeld lagen und dort besonders starker Erosion ausgesetzt waren: Wind und Wetter ebneten sie ein. Penck und Brückner benannten die älteren Moränen nach dem schwäbischen Flüsschen Risseiszeit. Noch älter sind die Moränen der Mindeleiszeit, die im Gelände kaum mehr auszumachen sind.

Fortan wurden alle jungen, «unverletzten» Moränen in die gleiche Eiszeit datiert, in der auch der Würmsee und die dazugehörenden eiszeitlichen Ablagerungen entstanden waren. Und weltweit wurden alle ähnlichen landschaftlichen Bildungen mit denjenigen verglichen, auf die man am oberbayerischen Würmsee getroffen war. Man kann daher den Würmsee und seine Umgebung als eine Typusregion bezeichnen – für jede Gegend auf der Welt, die in der letzten Eiszeit ihre entscheidende Formung erhalten hat.

Zur Zeit der größten Ausdehnung von Eis in der Würmeiszeit lagen die Temperaturen auf einem etwa zehn Grad niedrigeren Niveau als heute. Das hatte zur Folge, dass die Sommer nicht lang und warm genug waren, um allen Schnee aus dem vorangegangenen langen und kalten Winter schmelzen zu lassen. Weil viele kalte Jahre aufeinanderfolgten, bildeten sich in den Alpen große Gletscher, deren Eiszungen immer länger wurden und sich in das Umland der Alpen ausbreiteten. Der sogenannte Isar-Gletscher erreichte das Gebiet unmittelbar südlich von München und schuf dort ein Zungenbecken, in dem der Starnberger See gelegen ist.

In den Alpen formten die Eismassen Trogtäler mit breiten Talböden und steilen Seitenhängen. Wegen ihres Querprofils bezeichnet man diese Täler auch als U-Täler, die sich von den V- oder Kerbtälern, die unter dem Einfluss von Flüssen entstanden, deutlich unterscheiden. Bei der Formung der Täler rissen die Gletscher Felsbrocken verschiedener Größen aus dem Berg. Diese Steine nahmen sie mit sich. Im Eis wurden sie zerkleinert und abgerundet.

In den kurzen Sommern taute dennoch einiges Eis, vor allem an den Oberflächen der Gletscher, und versickerte in Gletscherspalten. Unter dem Eis sammelte sich Wasser. Es verließ die Gletscherzunge durch ein Gletschertor an der Spitze der Eismasse. Die hervorquellenden Wassermengen waren in den meisten Jahreszeiten wegen der niedrigen Temperaturen gering. An den wenigen warmen Tagen kamen aber gewaltige Wassermassen aus dem Gletschertor; sie rissen auch Gesteinsbruchstücke aus dem Eis mit sich und lagerten sie im Gletschervorfeld ab, auf einem Sander. Viele Sander bestehen tatsächlich aus Sand. In Oberbayern waren aber die Wasserkraft und das Gefälle des Schmelzwasserflusses so groß, dass selbst Schottersteine mitgerissen und auf der Sanderfläche abgelagert wurden, wo die Kraft des Wassers erlahmte. Das Tor der Gletscherzunge im Becken des Würmsees lag zur Zeit der maximalen Eisausdehnung bei Leutstetten, am Nordende des Beckens. Dieser Durchlass blieb nach dem Abschmelzen des Gletschers bestehen. Heute nutzt ihn das Flüsschen Würm auf seinem Weg nach Norden. In der Moräne hat sie ein beinahe schluchtartiges Kerbtal eingetieft, das Mühlthal, in dem man traditionell das recht gleichmäßig aus dem Würmsee abfließende Wasser zum Antrieb für Mühlräder nutzte. Der Sander, der sich nördlich davon bildete, ist die Münchner Schotterebene. Feinere Steinbestandteile trug das Wasser noch weiter, oder sie trockneten ab und wurden dann vom Wind ins Umland geblasen.

Nicht aller Schutt wurde vom Wasser aus dem Gletscher geschafft. Ein großer Teil blieb unter dem Eis liegen. Wenn sich der Gletscher ausdehnte, fuhr er darüber hinweg und formte längliche

Die Kirche Mariä Himmelfahrt liegt auf einem Hügel hoch über Jenhausen am Starnberger See. Unterhalb der Kirche erkennt man terrassiertes Gelände, auf dem sich früher Äcker befanden.

Hügel, sogenannte Drumlins, die sich an vielen Stellen bis heute erhalten haben; sehr spektakulär ist das Eberfinger Drumlinfeld zwischen dem südlichen Starnberger See und dem Ammersee. Drumlins gehören zu den Bildungen der Grundmoräne, die sich am Boden des Gletschers absetzten. Es gibt auch Seitenmoränen; dort lagerte sich mitgeführtes Material aus dem Eis seitlich des Gletschers ab. Am Starnberger See sind sie sehr schön zu erkennen: westlich und östlich des Sees.

Wenn sich der Gletscher ausdehnte, schob er auch Gesteinsschutt vor sich her. In etwas milderen Jahren taute Eis, lockerer Schutt blieb liegen. Dieses Geschehen wird oft als Gletscherrückzug beschrieben. Das ist aber nicht korrekt, weil sich eine Eismasse nicht zurückziehen kann. Gletscher dehnen sich entweder aus oder schmelzen und zerfallen dabei. In einer Phase mit kühleren Sommern rückte der Gletscher aber wieder vor, und dabei schob er den losen Schutt vor sich her wie ein Bulldozer. Kam die Gletscherausbreitung nun erneut zum Stillstand, blieb ein Wall aus Schutt zurück, der bis heute deutlich zu erkennen ist: als Endmoräne. Die wie ein Amphitheater gebogene Endmoräne kann man gewissermaßen als Abdruck einer Gletscherzunge auffassen: Sie ist bei Leutstetten am Nordrand des Würmseebeckens hervorragend zu erkennen. Man versteht, wenn man den Moränenbogen nördlich von Starnberg überblickt, dass er typisch für eine Moräne der letzten Eiszeit ist und mit allen Jungmoränen auf der ganzen Welt verglichen werden kann.

Die Endmoräne markiert den maximalen Stand eines Gletschers; über sie hinaus ist er niemals weiter nach Norden vorgerückt. Er schmolz allmählich ab, und wenn er sich nochmals ausbreitete, so erreichte er seine maximale Ausdehnung nie wieder. Den Untergrund schürfte er aber weiter aus – das Zungenbecken, in dem schließlich der See zurückblieb. Die Basis des Zungenbeckens liegt weit unterhalb der Abflussschwelle an der Endmoräne; der Starnberger See ist besonders tief.

Beim Abschmelzen und Zerfallen des Eises blieben einzelne isolierte Eisbrocken am Boden des Gletscherzungenbeckens zurück. Sie standen nicht mehr in Verbindung mit dem Gletscher und konnten nicht mehr bewegt werden, sie waren «tot». Um diese Eisbrocken herum flossen Schmelzwasserströme ab, an deren Seiten Gesteinsbruchstücke aus dem Eis liegen blieben. Feinerer Schutt lagerte sich auf den Eisbrocken ab und verhinderte, dass die Sonne auf sie schien und sie zum Tauen brachte. Die Eismassen hielten sich lange, ohne weiter zu schmelzen, denn der Boden um sie herum war noch gefroren. Rückte das Eis erneut vor, bedeckte es die Eisbrocken und den Schutt der Schmelzwasserströme unter sich. Das Eis schob dann aus den mitgeführten Gesteinsbrocken eine weitere Moräne auf. Zu so einem Wall gehört die Insel Fischerwörth am Westufer des Sees. Wörth (oder Werder) ist ein altes Wort für eine Insel. Der Fischerwörth ist heute als Roseninsel sehr bekannt. Der größte Teil dieser Moräne wurde in den letzten Jahrtausenden vom Seewasser abgetragen; nur die Insel blieb übrig.

Und auch wenn erneut Eismassen schmolzen, blieben einzelne

Brocken von «totem Eis» im Gelände liegen, und Schutt der Schmelzwasserbäche lagerte sich zwischen ihnen ab. Später als der in der Sonne liegende Gletscher taute das Toteis im Boden, und alles Gesteinsmaterial, was darüber abgelagert worden war, brach in den Untergrund ein. Daraus wurde das, was die Geologen Toteislöcher nennen, abflusslose Eintiefungen, die sich mit Wasser füllten und zu Seen wurden. Als Spuren der Schmelzwasserbahnen hielten sich längliche Schotterbänder zwischen den Toteislöchern. Die Geologen nennen sie «Kames».

Im tiefen Becken des Starnberger Sees sind die Toteislöcher vom Wasser überdeckt und eingeebnet worden. Südlich des Starnberger Sees blieb aber ein Eiszerfallsfeld bis heute erhalten: die Seenplatte der Osterseen, von Kames umzogen. Einige Seen sind in den letzten Jahrtausenden verlandet und dabei zu Mooren geworden. Die bekannte Eiszeitgeologin Edith Ebers geriet beim Anblick der

Die Osterseen südlich des Starnberger Sees.

Osterseen ins Schwärmen. Sie hielt sie für ein «Paradies, wie es nur wenige in unserem schönen Bayernlande gibt. Es ist das Osterseengebiet, wo 21 kleine Seen wie seltene Saphire im frühjahrlichen und herbstlichen Altgold der großen Moore ein stillverschwiegenes Dasein führen.» Sie sah die Seen nicht nur als Wissenschaftlerin, sondern auch mit den Augen ihres Mannes Hermann, eines bekannten Münchner Malers, der ihr Buch über die Eiszeit illustrierte.

Am Ende der letzten Eiszeit floss für kurze Zeit die aus den Alpen kommende Loisach in den Würmsee, weil das Kochelseebecken, durch die sie heute ihren Lauf nimmt, noch mit Eis gefüllt war. In späterer Zeit mündeten lediglich kleine Bäche aus der Umgebung in den See. Seit Jahrtausenden werden daher nur geringe Mengen an Mineralstoffen in den Würmsee eingetragen, so dass sein Wasser ausgesprochen mineralstoffarm und sehr klar ist. Alljährlich setzt sich am Grund des Sees nur eine dünne Schicht an Seekreide ab. An den Ufern des Würmsees wächst nur wenig Schilf, und der See ist auch nur geringfügig verlandet. Im Norden des Seebeckens bildete sich dabei das Leutstettener Moos, im Süden, bei Seeshaupt, das Weidfilz. Als «Moos» bezeichnet man in Bayern ein Niedermoor, dessen Torfschichten vom Grund- oder Seewasser erreicht werden und dabei mit Mineralstoffen versorgt werden. Ein Filz (oder eine Filze) ist dagegen ein Hochmoor, das oberhalb des Grundwasserspiegels gelegen ist. Das Regenwasser hält ein Filz feucht, aber Mineralstoffe aus dem Grund- oder Seewasser kommen nicht in ein solches Moor. Allein Torfmoose und einige wenige andere Pflanzen, die nur geringe Mengen an Mineralstoffen benötigen, gedeihen in einem Hochmoor.

Das Leutstettener Moos bildete sich wohl in einer Zeit, in der der Wasserspiegel des Würmsees niedriger lag als heute. Die Bildung von Seekreide kam dort, im ehemals flachen Uferbereich des Sees, vor einigen Jahrtausenden zu einem abrupten Ende, und erst später dehnte sich das Moor auf dem ehemaligen Seeboden aus, wohl im Zusammenhang mit einem Seespiegelanstieg.

Eine ganz andere Entwicklung als der Würmsee nahm der benachbarte Ammersee. In ihn mündet der Fluss Ammer, der aus dem Ammergebirge kommt, also vom Nordrand der Alpen. Der Fluss bringt seit Jahrtausenden nicht nur große Wassermengen, sondern auch viel Schotter, Sand und feineres Material mit, das sich am Grund des Ammersees und an dessen Rändern sammelt. Das Wasser ist reicher an Mineralstoffen, und als Folge davon wächst an seinen Ufern mehr Schilf. Der See ist stärker verlandet als der Starnberger See und heute nur noch halb so groß wie am Ende der letzten Eiszeit. Man kann daher davon ausgehen, dass der Starnberger See immer noch vorhanden sein wird, wenn der Ammersee und der Chiemsee schon längst verlandet sind; diese beiden Seen haben Zuflüsse aus den Alpen, und viel erodiertes Gesteinsmaterial wird in sie eingetragen. Der Würmsee hat sich in den letzten Jahrtausenden ziemlich unverändert erhalten, und man sieht an ihm am besten, wie sich ein ehemaliges Gletscherzungenbecken mit Wasser füllte. Es erweist sich also immer wieder als richtig, die letzte Eiszeit nach ihm als Würmeiszeit zu bezeichnen und warum man deswegen jeden See auf der ganzen Welt mit diesem Zungenbeckensee zu vergleichen.

In den Seen des Alpenvorlandes, allesamt in der letzten Eiszeit entstanden, sind nicht nur die Mineralstoffgehalte verschieden, sondern es leben auch unterschiedliche Pflanzen und Tiere in ihnen. Die Seen sind ja als Lebensräume weitgehend voneinander isoliert. Allerdings nimmt man an, dass Samen von Pflanzen oder Eier von Tieren an den Schwimmhäuten von Wasservögeln hängen bleiben können und dann von See zu See getragen werden. Ein solcher Austausch von Lebewesen fand aber nur selten statt, und man kann feststellen, dass sich die Fische des Starnberger Sees von denen des Ammersees oder auch des Chiemsees unterscheiden. Überall gibt es Renken, im Bodensee die nahe mit ihnen verwandten Felchen. In den letzten Jahrtausenden haben sich diese Fische in jedem See geringfügig anders entwickelt, weil ihre Populationen weitgehend voneinander getrennt sind und überall die Evolution zu anderen Resultaten geführt hat. Ein ganz ähnliches Phänomen ist in der Evolutionsbiologie viel bekannter: die Darwinfinken auf den einander benachbarten Galapagosinseln. Ebenso wie sie entwickelten sich die Renken der Alpenvorlandseen in verschiedene Richtungen.

In den Jahrtausenden nach dem Ende der Würmeiszeit breiteten

sich dichte Laubwälder auf den Moränen rings um den See aus, auch Tannen und Fichten kamen hinzu. Die schönen Buchenwälder entstanden erst zu einer Zeit, in der auch schon Menschen am Würmsee dauerhaft lebten, Waldparzellen rodeten und Ackerbau trieben. Vor mehr als 5000 Jahren errichteten jungsteinzeitliche Bauern Siedlungen unmittelbar am Seeufer, sogenannte Pfahlbausiedlungen, von denen man bei Leutstetten und an der Roseninsel Überreste fand. Auch in der Bronze- und Eisenzeit siedelten Menschen am See; ihre bis heute erhaltenen Spuren sind vor allem die großen Grabhügel, die man auf den Seitenmoränen des Starnberger Sees fand.

Von längerer Dauer war die römische Besiedlung des Gebietes, und danach lebten seit dem frühen Mittelalter Menschen ununterbrochen am See. Der Sage nach soll Karl der Große in der Karlsburg bei Leutstetten geboren sein. Die Bewohner der Dörfer am See leb-

Durch das Leutstettener Moos fließt die Würm vom Starnberger See nach Norden. Gut erkennbar hier die Roseninsel am rechten Seeufer.

ten sowohl von Ackerbau und Viehhaltung als auch von der Fischerei. Im Mittelalter säumten kleine Dörfer und Burgen den See. Seit dem 15. Jahrhundert gestalteten die bayerischen Herzöge und Könige die Würmseelandschaft: Sie bauten die Burgen zu Schlössern um, unter anderem in Starnberg und Berg, im 19. Jahrhundert kam das Schloss in Possenhofen hinzu. Das Schloss Tutzing gehörte lange Zeit der Grafenfamilie Vieregg. Die bayerischen Herzöge und Könige feierten ausgelassene Feste an und auf dem See: In der zweiten Hälfte des 17. Jahrhunderts wurde das Prunkschiff «Bucentaur» nach venezianischem Vorbild gebaut und danach viele Jahre lang für Festgäste über den See gerudert.

Die Fischerinsel Wörth wurde unter König Maximilian II. zwischen 1853 und 1856 zur Roseninsel umgestaltet. Die Insel wurde planiert, auf ihr wurden eine königliche Villa, das sogenannte Casino, und ein Gärtnerhaus gebaut; in der Umgebung davon entstanden ein Park und ein Rosengarten. Die Insel wurde später noch vergrößert. Hans-Christian Andersen besuchte König Maximilian II. in dieser Zeit auf der Roseninsel, und auf einer Fahrt über den Würmsee las er einer königlichen Gesellschaft sein Märchen «Das hässliche Entlein» vor.

Der Würmsee wandelte sich in den folgenden Jahrzehnten immer mehr zum prächtigen Schwan, von dem ja in Andersens Märchen die Rede ist. Nach dem Bau der Eisenbahn, von der aus sich der See großartig überblicken lässt, kamen vor allem wohlhabende Münchner Bürger an den See und bauten sich dort ihre Villen. Im immer wieder nachgedruckten Band «Bayerns Hochland und München» aus der Buchreihe «Monographien zur Erdkunde», ursprünglich verfasst von Max Haushofer, später bearbeitet von dem bekannten Geologen August Rothpletz, ist dazu zu lesen: «Heute säumt ein Kranz blühender Orte, Villen und Schlösser die Ufer; am Westrande zieht die Eisenbahn entlang; große, künstlerisch ausgestattete Dampfer, kleine Rudernachen und weißbeflügelte Segelboote furchen die klargrüne Flut. Wie das allen Wassern ergeht, die in der Nähe großer Städte sind, so hat auch der Starnbergersee schon manches Leben verschlungen: leichtsinnige junge Leute, die der Südweststurm in schwankem Nachen überraschte; Schlittschuhfahrer, denen das Eis unter den Füßen sich spaltete; auch manchen Lebensmüden, der freiwillig die ewige Rast in der dunklen Tiefe fand. Man sagt, der See gebe seine Toten nicht gerne zurück; er umschlingt sie drunten mit dem Gewirr seiner feuchten Pflanzenwelt.» Die wohl bekannteste Person, die im Würmsee ertrank, war König Ludwig II. (1845–1886); zusammen mit Ludwigs Leiche fand man auch die seines Arztes. Die Umstände des Todes der beiden Männer wurden nie aufgeklärt.

Bei Haushofer und Rothpletz lesen wir weiter: «Die Besiedlung des Sees hat seit der Erbauung der Bahn, die ihn dem Münchener in einer halben Stunde erreichbar macht, außerordentlich zugenommen. Die Gründung unzähliger Landhäuser war um so verlockender, als die Ufer überall den schönsten Naturpark aus Buchen- und Fichtenwaldung darboten. Wer von Starnberg, dem Bahnzug entronnen, auf einem der schönen Dampfboote den See aufwärts gegen das Gebirge zu fährt: an dessen Auge ziehen ununterbrochen wechselnde Bilder vorüber, bald heitre, bald schwermütige Gedanken weckend.» Erklärungsbedürftig ist der Begriff «aufwärts»: Natürlich kann man auf keinem See aufwärts fahren, aber in Bayern hat man diese Vorstellung, wenn man nach Süden unterwegs ist und auf die Berge zufährt. Noch ein anderes Urteil über den See, genauer über das Starnberger Strandbad, stammt von dem nur scheinbar erstaunten Karl Valentin: «Einer alten Sage nach aus dem Jahre 1925 sollen sich vom Undosabad aus vorigen Sommer aus unbekannten Ursachen Tausende von Menschen in den See gestürzt haben; dieselben konnten sich aber dank ihrer guten Schwimmkenntnisse alle selbst aus den Wellen befreien.»

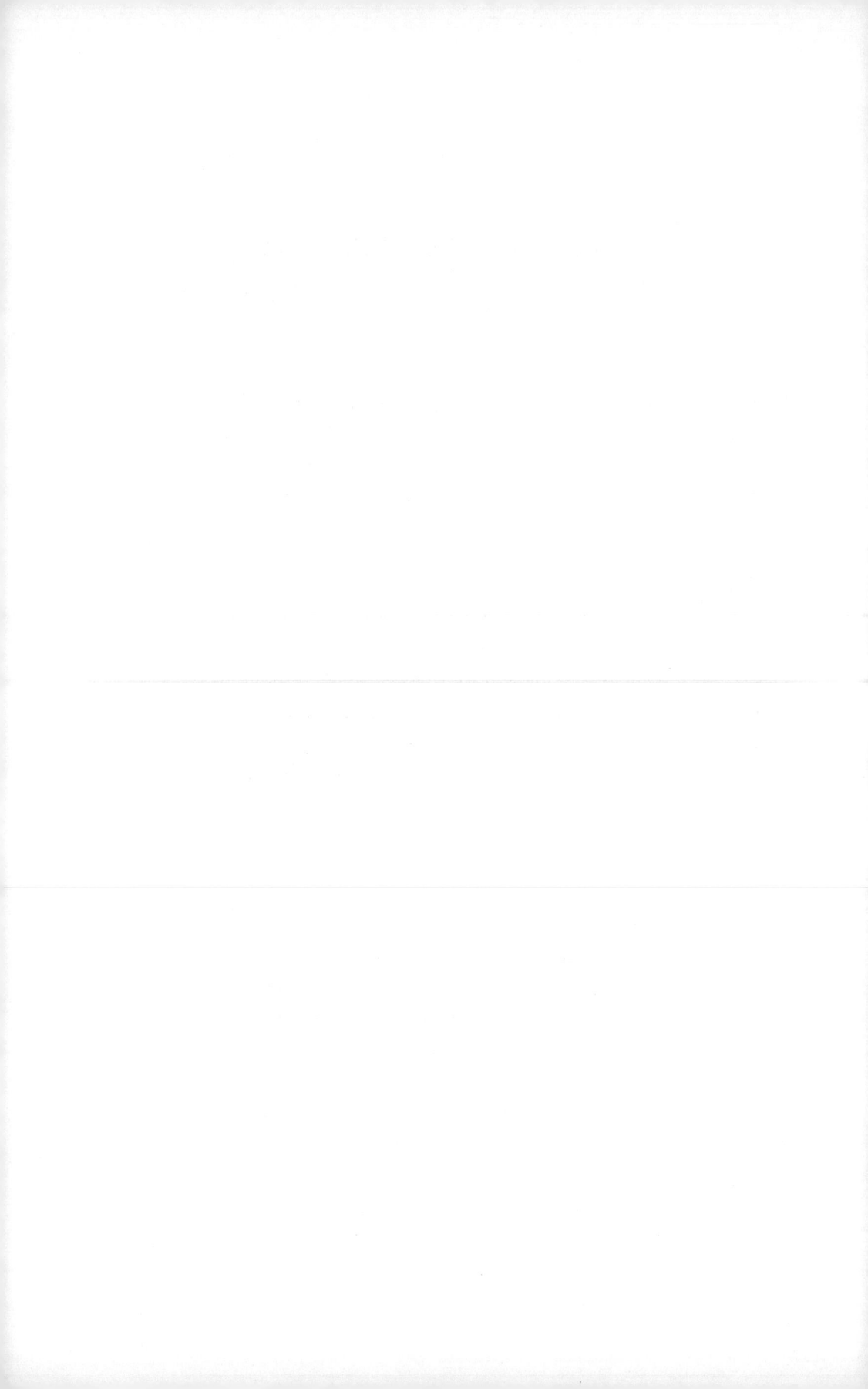

Großstadt auf der Schotterebene
MÜNCHEN

Nördlich und südlich von München liegen zwei sehr verschiedene Hügelländer; die Stadt selbst entstand aber auf einer Ebene. Das Gebiet um München lässt sich daher in drei Teile gliedern. Nördlich der Stadt liegt das Tertiärhügelland, südlich das von den Gletschern des Eiszeitalters geformte Alpenvorland. Beide Gegenden sind seit langer Zeit von bäuerlicher Wirtschaft geprägt. Im niederschlagsreichen Alpenvorland hat man sich vor allem auf Grünland- und Viehwirtschaft spezialisiert. Seit dem Mittelalter entstanden hier neben normalen Bauernhöfen spezielle Viehhöfe, die «Schwaigen». Im niederschlagsärmeren Tertiärhügelland hat dagegen der Ackerbau größere Bedeutung. Vor allem nach Osten hin, Niederbayern zu, liegt eine mineralstoffreiche Lössdecke auf den Hügeln. Dort entwickelten sich sehr fruchtbare Böden. Zum Tertiärhügelland gehört eines der wichtigsten und ältesten Hopfenanbaugebiete der Welt, die Holledau oder Hallertau zwischen Freising und Ingolstadt.

Die Münchener Schotterebene wurde wie das südliche Hügelland im Eiszeitalter geprägt. Gletscherzungen, die aus dem Alpenraum nach Norden vorstießen, schoben an ihrer Front Schuttwälle zusammen, die Endmoränen. Sie wurden an einigen Stellen von Schmelzwasserflüssen durchbrochen, in denen bei Tauwetter große Wassermengen abflossen. Die starke Strömung riss groben Schotter, dazu Sand und feinere Bestandteile aus dem vereisten Land mit sich. Der Schotter blieb nur ein Stück weit nördlich der Endmoränen liegen, weil dort die Strömung und damit die Kraft des Wassers nachließ. Alle feineren Bestandteile transportierte das Wasser weiter, zur Donau hin.

In der Nacheiszeit, als die Gletscher verschwunden waren, staute

Surfer in der Isar bei Hochwasser, im Hintergrund das Deutsche Museum.

sich hinter den Moränen das Wasser in den sogenannten Zungenbecken: im Ammersee, im Starnberger See, der auch als Würmsee bezeichnet wird, und im Wolfratshauser See. Aus den breiten Schmelzwasserströmen gingen die im Gegensatz dazu kleinen Flüsse Amper, Würm und Isar hervor. Sie durchziehen die Schotterebene, die nicht nur steinig, sondern auch wenig fruchtbar und trocken ist, denn Wasser versickert vielerorts im Untergrund. Dem Norden zu sinkt die Oberfläche der Schotterebene ab, denn die meisten Steine waren im Süden des flachen Landes liegen geblieben. Im Norden tritt das Grundwasser an die Oberfläche, und dort bildeten sich ausgedehnte Moore, unter anderem das Dachauer, das Freisinger und das Erdinger Moos.

In der Schotterebene warf die Landwirtschaft meist nicht viel ab. Der Boden war entweder zu trocken und zu steinig oder zu feucht. Auf steinigem, trockenem Untergrund dehnten sich Heiden aus, die man in bayerischer Schreibweise «Haid» oder «Haide» schreibt. Besonders bekannt ist die Garchinger Heide, ein Naturschutzgebiet, das aber nicht immer ein armes Weideland war. Im Mittelalter befand sich dort Ackerland. Man kann bei einer bestimmten Wachstumsphase der Pflanzen im Frühjahr gewölbte Ackerbeete erkennen. In den Senken zwischen den Äckern ist dann das Gras schon grün, auf den trockeneren Rücken der Beete noch nicht. Seit dem Mittelalter wurden immer wieder Siedlungen mitsamt ihrem Ackerland aufgegeben. Von einigen Orten blieben nur die Kirchen erhalten, etwa in Mallertshofen bei Oberschleißheim. Wo alte landwirtschaftliche Gebäude die Zeiten überdauerten, lässt sich ablesen, dass ihre früheren Besitzer arm waren. Im 18. und 19. Jahrhundert waren weite Teile der Schotterebene nicht landwirtschaftlich genutzt, aber auch frei von Wald, und man hatte dort noch keine Siedlungen gebaut. Damals muss ihr Anblick überwältigend gewesen sein: Wilhelm von Kobell (1766–1853) hat die Weite der Ebene vor den fernen Alpen immer wieder dargestellt, und zwar als Kulisse zu Pferden und Reitern, die sein eigentliches Bildthema waren. Bei der Betrachtung dieser Bilder kann man sich ausdenken, wie es geklungen haben mag, wenn die Reiter ihren Tieren die Sporen gaben und über das weite Land galoppierten.

Im Nordwesten der Schotterebene liegen größere und reichere, ursprünglich ländliche Siedlungen: an der Grenze zwischen den trockenen Schotterflächen und den nassen Mooren. Sie bilden einen Bogen: Moosach, Oberschleißheim, Unterschleißheim, Lohhof, Eching und Neufahrn. Von ihnen aus ließen sich sowohl trockene Ackerflächen (auf dem Schotter) als auch feuchtes Grünland (am Rand der Moore) erschließen. Um diese Siedlungen herum liegen außerdem die charakteristischen Lohwälder. In ihnen wird seit Jahrhunderten Holznutzung betrieben. Nach dem Schlagen trieben die Bäume wieder aus, und weil sie häufig geschlagen wurden, entwickelten sie einen eher buschartigen Wuchs. Die Lohwälder sind Niederwälder. In ihnen gewannen Baumarten die Überhand, die häufiges Schlagen ertragen und dennoch wieder austreiben, vor allem Eichen und Hainbuchen, auch die Haselnuss.

Im Südosten der Schotterebene gibt es dagegen ausgedehnte

Wilhelm von Kobell, «Jäger mit Jagdbeute in oberbayerischer Landschaft». Öl auf Holz, 1821.

Fichtenwälder, zwischen denen Siedlungen gelegen sind, die ursprünglich ländlich geprägt waren. Sie wandelten sich in den letzten Jahrzehnten zu Pendlergemeinden im Münchner Umland, etwa Putzbrunn, Harthausen, Hohenbrunn oder Brunnthal. Mehrere dieser Orte haben ihren Namen davon erhalten, dass es gelang, in ihnen Wasser zu fördern. Das war in der trockenen Schotterebene nicht überall einfach. Die Orte sehen so aus, als lägen sie in der Mitte von sogenannten Rodungsinseln, die bei ihrer Entstehung im Mittelalter in den Wald geschlagen wurden. Doch die damaligen Wälder waren noch nicht von der Fichte dominiert, und bei genauer Betrachtung der Waldböden fallen vielerorts die Überreste mittelalterlicher Äcker auf: Sie waren lang und schmal, damit man die Pfluggespanne nicht so oft wenden musste. In der Mitte waren die Äcker etwas aufgewölbt. Sie werden daher als Wölbäcker oder Hochäcker bezeichnet, wobei der letztere Begriff in Bayern geläufiger ist. Ihre Form erhielten diese Äcker möglicherweise dadurch, dass die einzelnen Bauern die Schollen beim Pflügen immer nach innen wendeten, um den Dünger, den sie auf ihre Landstücke gebracht hatten, dort auch festzuhalten und ihn nicht etwa dem Nachbarn zu überlassen, der das unmittelbar benachbarte Ackerbeet bearbeitete. Das Vorhandensein dieser Äcker verweist darauf, dass die südöstliche Schotterebene im Mittelalter weitgehend entwaldet gewesen sein muss. Die Fichtenwälder wurden erst später aufgeforstet. Weite Ackerflächen wurden aufgegeben, um neue Wälder zu schaffen. Die Siedlungen liegen also nicht in Rodungsinseln, sondern in einem Gebiet, wo es wegen der mangelnden Bodenfruchtbarkeit zur Aufgabe von Ackerland, zur Reduktion der Agrarflächen und zu Aufforstungen kam. Die Offenlandinseln um die Dörfer herum sind daher das Resultat von Flurreduktionen und nicht, was immer wieder gemeint wird, das Ergebnis von Rodungen in einem möglicherweise uralten Wald; dieser Wald ist jung und das Werk von Menschen, die eine ältere Nutzung aufgaben und das Land aufforsteten.

Die Schotterebene bot im Unterschied zu den Hügelländern nördlich und südlich davon keine idealen Bedingungen für die Landwirtschaft, aber eine Großstadt konnte sich auf der nahezu ebenen

Fläche entwickeln: München. Allerdings ließen sich neue Stadtteile immer wieder nur dort anlegen, wo es gelang, die Bewohner mit Trinkwasser zu versorgen. Das war auf der trockenen Ebene manchenorts ein nicht leicht zu lösendes Problem.

Es war aber leicht, Verkehrswege auf der Ebene anzulegen. Wichtige Straßen queren sie seit mindestens zwei Jahrtausenden. Unterschiedlich kompliziert war es, die Flüsse zu kreuzen, die aus den Schmelzwasserabflüssen des Eiszeitalters hervorgegangen waren. Keine Probleme machte die Querung des kleinen Flüsschens Würm, denn sie ist der Abfluss des Würmsees oder Starnberger Sees, der keinen Zufluss aus den Alpen besitzt. Also gibt es weder im See noch im Flüsschen große Wasserstandsschwankungen bei der Schneeschmelze oder bei Dauerregen im Alpenvorland. Auch die Amper machte den Erbauern von Verkehrswegen nie sonderliche Probleme. Sie geht aus der Ammer hervor; so heißt der südliche Teil des Flusses. Die Ammer fließt vom Ammergebirge in den Ammersee. Wenn in den Alpen der Schnee schmilzt oder wenn es dort heftige Regenfälle gibt, bringt sie große Wassermengen mit sich. Der Ammersee ist aber ein natürliches Staubecken und gibt Wasser nur langsam ab. Die aus dem See fließende Amper tritt daher nur relativ selten über ihre Ufer.

Problematischer war immer wieder die Kreuzung des größten Flusses, der seinen Lauf durch die Schotterebene nimmt, der Isar. Sie kommt ebenso wie die Ammer aus den Alpen, aber ihr fehlt schon seit Jahrtausenden ein Staubecken im Alpenvorland, in dem ihr Wasserstand ausgeglichen wird. Einst gab es so einen See: Der ehemalige Wolfratshauser See im Tal der Isar und ihres ebenfalls aus den Alpen stammenden Nebenflusses Loisach ist längst ausgelaufen. Die Moränen am Nordende des Sees hielten den Wassermassen nicht stand und brachen. Der Wasserspiegel der Loisach wird einigermaßen dadurch gezähmt, dass sie den Kochelsee durchfließt.

Aber im Lauf der Isar, des größten Flusses, der die Münchner Schotterebene durchfließt, gibt es keinen natürlichen See, in dem Wassermassen eine Zeitlang gespeichert werden können. Das sieht man dem Isartal an: Ursprünglich floss dort auf weite Strecken ein Wildfluss, der immer wieder an anderen Stellen längliche Kiesbänke ablagerte, zwischen denen sich einzelne Gewässerbahnen ihren Weg suchten. Eine solche Kiesbank nennt man in Bayern «Gries». Bei Tauwetter in den Alpen und Regenperioden im Alpenvorland, die sehr intensiv ausfallen können, schwoll die Isar zum Wildwasser an und war kaum zu bändigen. Die Griesen wurden zerstört, die Schottersteine ein Stück weit im Wasser transportiert und dabei immer weiter abgerundet, schließlich wieder zu einem neuen Gries abgelagert.

Heute ist der Fluss durch Talsperren reguliert, vor allem durch den Sylvensteinspeicher. Nur noch an wenigen Stellen lässt sich ein Eindruck von der Isar als Wildfluss gewinnen, am ehesten in der Pupplinger Au bei Wolfratshausen. Dort gibt es zwar Griesen, aber sie werden kaum noch verlagert, weil die Kraft des durch den Sylvensteinspeicher gebändigten Flusses dafür nicht mehr ausreicht. In der Pupplinger Au gibt es viele flache Stellen im Fluss, aber es gelingt kaum, sie zu durchwaten, denn die Strömung der Isar ist trotz der Regulierung noch immer sehr heftig.

Dass es solche beweglichen Kiesbänke früher auch in der Münchner Schotterebene gab, lässt sich an der Geschichte der Straßen ablesen, die in den letzten beiden Jahrtausenden parallel zum Nordrand der Alpen über die Ebene führten. Die Römer legten die erste feste Straße von Augsburg nach Salzburg an, die große Bedeutung für den Transport von Salz hatte. Die Kreuzung mit der Isar lag zunächst bei Grünwald, südlich von München. Im frühen Mittelalter verlief die Fernstraße über Föhring, ein Stück nördlich von München. Mutmaßlich war dort die Isar damals leichter zu queren. Im 12. Jahrhundert wurde die Kreuzungsstelle zwischen Fluss und Straße abermals verlagert. Nach offizieller Meinung vieler Historiker sollen Machtkämpfe zwischen Herzog Heinrich dem Löwen und Bischof Otto von Freising dahinterstehen, aber genau lassen sich die Ereignisse nicht rekonstruieren. Sollte man da nicht auch die Verlagerung von Schotterbänken an der Isar als Ursache für die Straßenverlegung in Betracht ziehen?

Dass München gute Voraussetzungen für den Bau einer Straße über die Isar bot, lässt sich bis heute gut erkennen. Man konnte den Übergang über zwei separate Isararme legen, die eine Insel einschließen, deren «Gries-Form» noch zu erkennen ist: Auf dieser lang gestreckten Insel befindet sich heute das Deutsche Museum, und die Straße heißt Zweibrückenstraße. Es war viel einfacher, einen Fluss zu queren, der aus zwei schmaleren Armen bestand, als einen einzigen breiten Strom. Denn man konnte leichter zwei kleine als eine große Brücke bauen.

Mit dem Bau von Brücken über die Isar allein war die gesamte Arbeit der Verlagerung einer Fernstraße nicht getan. Sie musste westlich und östlich davon weiträumig neu trassiert werden, und das hatte in zuvor bereits intensiv aufgesiedeltem und bewirtschaftetem Land zu geschehen. Was das bedeutete, lässt sich an den oben bereits erwähnten Hochackerbeeten im Südosten der Schotterebene ablesen. Stets mussten nämlich die Ausrichtungen der Hochackerbeete und die Straßenverläufe aufeinander abgestimmt sein. Entweder verliefen die Äcker parallel zur Straße, oder Straßen und Äcker stießen im rechten Winkel aufeinander. Letztere Variante ermöglichte die Anbindung eines jeden Ackers von der Straße aus. Die Fernstraßenspuren sind am Boden der Wälder im Südosten der Münchner Schotterebene ebenso gut zu erkennen wie die Hochackerbeete. Und es zeigt sich, dass die Ackerbeete perfekt auf die ältere Straße ausgerichtet sind, die über Föhring ihren Verlauf nahm. Als man in der Mitte des 12. Jahrhunderts die neue, über München führende Straße trassierte, zerstörte man zahlreiche der alten Äcker, indem man die Straße quer über sie legte: Sehr gut ist dies beispielsweise nordöstlich von Hohenbrunn zu erkennen. Die Bauern konnten dort ihre alten Äcker nicht mehr weiter bewirtschaften, weil nun die Fernstraße darüber hinwegführte. Weil keine neuen Ackerbeete mehr angelegt wurden, die auf die neue Fernstraße orientiert waren, wurden die Bauern im Südosten der Münchner Schotterebene wohl gezwungen, ihren Ackerbau aufzugeben. Fortan ließen sie vielleicht noch ihre Tiere beidseits der neuen Straße weiden. Ziemlich bald darauf überließ man aber entweder die Flächen sich selbst oder forstete sie auf. Dafür spricht, dass die Hochackerbeete unter dem Wald so gut erhalten geblieben sind.

Der Straßenbau stand also nicht nur mit der Veränderung von Flussübergängen und der Neuanlage von Siedlungen am Fluss in

Verbindung, sondern er griff auch erheblich in die Strukturen der Landnutzung ein: Aus Ackerflächen wurde Wald. Verlegte Herzog Heinrich der Löwe also den Isarübergang, mussten weite Landstriche umgestaltet werden. Ob es als Begründung dafür ausreicht, dass man den Salzhandel in den Süden verlagern wollte? Oder gab es doch die unausweichliche Notwendigkeit, den Übergang wegen der Verlagerung von Schotterbänken in der Isar nach Süden zu verlegen? Immerhin mussten der Herzog und das Land durch die Verlagerung der Straße auch auf die Erträge großer Ackerflächen verzichten.

Der Lauf der Isar weicht bei München nur geringfügig von einer Süd-Nord-Richtung ab. Das war für die Entwicklung einer Stadt günstig, denn dann konnte man die Kirchen an Straßen bauen, die im rechten Winkel zum Fluss verliefen. Mittelalterliche Kirchen sind üblicherweise nach Osten ausgerichtet, hin zum himmlischen Jerusalem. München musste, weil es in einer unfruchtbaren Umgebung entstand, sicher schon von Anfang an aus größerer Entfernung mit Nahrungsmitteln und Holz versorgt werden. Holz kam aus dem Alpenvorland nach München, und zwar in Form von Isarflößen, die am Rand der Alpen aus Fichten- und Tannenstämmen gebunden wurden und in München wieder auseinandergenommen wurden. Für den Bau des großen Dachstuhls der Frauenkirche im späten Mittelalter mussten 147 Flöße die Isar hinabgesteuert werden! Nahrungsmittel kamen aus den Hügelländern des Umlandes in die Stadt.

Korn bewahrte man ungemahlen auf und transportierte es auch, bevor es gemahlen wurde. In München und vielen Orten seiner Umgebung bestanden gute Möglichkeiten zur Anlage von Mühlen. Dort, an den Orten, wo man Korn zum Backen brauchte, wurde es auch kurz zuvor gemahlen. An der Würm floss das Wasser sehr gleichmäßig auf die Mühlräder. Das Würmtal nördlich von Starnberg wird auch das Mühltal genannt; da zeigt sich, wie gut dieser Wasserlauf zur Verarbeitung von Getreide geeignet war! An der Amper, in Dachau oder Freising, gab es ähnlich gute Möglichkeiten, Mühlen zu betreiben. Für die Anlage von Mühlen im Münchner Stadtgebiet wurde das Wasser der Isar weit in die Stadt hineingeleitet, etwa in das Gelände an der Alten Burg.

Die mittelalterliche Stadt München war klein. Seit dem 18. Jahrhundert wandelte sich die Nutzung des Landes. Die Stadt wuchs erheblich. Es gab viel Platz auf der Schotterebene, aber zunächst konnte man ausschließlich das Gelände der sogenannten Niederterrasse der Isar besiedeln. Dieses Terrain war am Ende der letzten Eiszeit noch von einem breiten Strom durchflossen worden. Er hatte zuvor abgelagerten Schotter mitgerissen und ein tief liegendes Gelände in Isarnähe zurückgelassen. Manchmal wurde das Gebiet noch überflutet, schließlich überhaupt nicht mehr, denn die Isar schnitt sich als schmalerer Fluss noch immer tiefer in den Untergrund ein. Aber das Gelände der Niederterrasse lag nicht sehr hoch, und das machte es auch schon im 18. und 19. Jahrhundert möglich, genügend Trinkwasser dorthin zu leiten. Das regelmäßige

Nymphenburger Schloss und Kanal im Winter.

Straßenraster der Maxvorstadt und Schwabings aus dem 19. Jahrhundert, das man mit Wasser versorgen konnte, reicht bis an die Kante der Hochterrasse. Dort war Wasser noch früher als auf der Niederterrasse zum letzten Mal abgeflossen und hatte dort Schotter hinterlassen. Nachdem dort der eiszeitliche Wasserstrom versiegt war, versickerte alles Wasser zwischen den Schottersteinen im Untergrund. Das Gelände ist heute daher, obwohl es einst vom Wasser gebildet worden war, noch schwerer mit Wasser zu versorgen als das Gebiet der Niederterrasse.

Auf dem trockenen Untergrund der Hochterrasse exerzierte das Militär. Auf der Hochterrasse war auch Platz für große Parks, denen man seit dem späten 17. Jahrhundert Wasser zuführte. Sonst hätte man die Parks nicht anlegen können. Wasser aus der Würm und der Isar wurde in einem ganzen Netz von Kanälen zu den Schlossparks bei den Schlössern Nymphenburg und Schleißheim geleitet. Die Parkanlagen sind geometrisch aufgebaut, sie demonstrieren die absolutistische Macht der Landesherren, zeigen aber auch, dass man das Land nach den Übernutzungen im Mittelalter und in der frühen Neuzeit in eine Ordnung bringen wollte. Man beherrschte das Land, durchzog es mit langen Achsen, und man beherrschte das Wasser, das man aus den Flüssen in ein Kanalnetz lenkte.

Am Ende des 18. Jahrhunderts gestaltete man Parkanlagen eher so, dass sie «natürlich» aussehen sollten. Dafür kannte man englische Vorbilder. Ein berühmter Park, in dem dies gezeigt wird, ist der Englische Garten an der Isar. Er entstand auf einem Gelände, wo sich zuvor die städtische Viehweide der Münchner befunden hatte. Einige ausladende, malerische Bäume, die auf der Viehweide gewachsen waren, bezog man in die Anlage des Parks ein. Geschwungene Wege und künstliche Bachläufe führen durch den Garten. Der bayerische Kurfürst Carl Theodor machte den Englischen Garten zu einem Volkspark. Dies wurde am 13. August 1789 verkündet, nur wenige Wochen nach dem Sturm auf die Bastille in Paris. Der Englische Garten entstand also genau zu der Zeit, in der die Französische Revolution die Welt in Aufruhr versetzte. Aber auch der Englische Garten symbolisiert den Beginn einer neuen Zeit.

Mit der Anlage des bekannten Münchner Parks verband sich eine

landschaftliche Transformation, die sich noch immer gut erkennen lässt. Genauso wie die ländlichen Siedlungen an den Lohwäldern im Nordwesten der Schotterebene lag auch das Dorf Schwabing im Mittelalter an der Grenze zwischen trockenem Land, das sich für den Ackerbau eignete, und feuchtem Grünland, auf dem das Vieh der Bauern weidete. Im alten Schwabing sieht man heute keine Bauernhäuser mehr, aber die verwinkelten Sträßchen lassen den Charakter einer ländlichen Siedlung des Mittelalters und der frühen Neuzeit noch erahnen. Das trockene Land, nördlich des Stadtkerns von München und westlich von Schwabing, wurde im 19. Jahrhundert nach und nach mit Wohnblöcken der wachsenden Großstadt bebaut. Zu diesem durchgreifenden Landschaftswandel kam es aber erst einige Jahre nach der Einrichtung des Englischen Gartens auf dem ehemaligen Weideland. Der Park war also zuerst da, dann erst das Wohngebiet, und sicher war der bald schon berühmte Englische Garten ein Magnet für alle Menschen, die sich in Münchens Norden ansiedelten. Das alte Schwabing lag also zwischen Ackerland und Grünland, das neue befindet sich zwischen sehr begehrten und

Der Englische Garten liegt unmittelbar am Rand des Münchner Stadtkerns.

teuren Wohnvierteln und dem Englischen Garten. Das «Volk», für das Carl Theodor den Park einrichtete, hat sich allerdings auch gewandelt, und auch dieser Transformationsprozess ist ausgesprochen interessant.

Bis heute nutzt man die Vorzüge des ebenen Landes rings um München. Auf dem Oberwiesenfeld, das «oben», auf der trockenen Hochterrasse liegt, entstand im frühen 20. Jahrhundert Münchens erster Flughafen. Nach dem Zweiten Weltkrieg lud man dort Trümmerschutt ab, später wurde das Gelände zum Ort der Olympischen Spiele von 1972 geformt. Im Industriezeitalter machte es keine Probleme mehr, Wasser in die höher gelegenen Bereiche der Schotterebene zu pumpen. Man konnte auch nördlich und westlich der Innenstadt große Wohnsiedlungen und Industriebetriebe bauen. Das ebene Gelände ließ sich ferner für Autobahnen, den Güterbahnhof, den neuen Flughafen, Sportanlagen und Müllberge nutzen.

München ist seit Jahrzehnten eine der am stärksten wachsenden Großstädte in Mitteleuropa. Das Wachstum griff immer stärker ins Umland aus. Dabei erhielten die schon seit Jahrhunderten bestehenden Beziehungen zwischen der Stadt und ihrer unmittelbaren Umgebung neue Qualitäten. Früher kamen fast alle Lebensmittel aus dem Umfeld nach München. Ein Großteil von ihnen wird heute aus größerer Entfernung herbei transportiert. In der Umgebung der Stadt wohnen nun immer mehr Menschen, die in München arbeiten. Aus kleinen, zum Teil ärmlich wirkenden ländlichen Siedlungen wurden prosperierende Vorstadtgemeinden, in denen die Baulandpreise geradezu explodierten.

Die Geschichte der Beziehung zwischen Stadt und Umland zu erkennen ist eine wichtige Basis für die Entwicklung des Miteinanders von München und den ländlichen und städtischen Gebieten in seiner Umgebung. Dabei liegt es auf der Hand, dass das Umland die Großstadt braucht, nämlich als Zentrum für Verwaltung, Handel, Arbeit, Kultur oder Ausbildung. Auf viel elementarere Weise hängt aber die Stadt von ihrem Umland ab, und das schon seit vielen Jahrhunderten. Das ist in München vielleicht so gut zu erkennen wie in keiner anderen Großstadt weit und breit. Die Stadt konnte sich niemals aus eigener Kraft mit Nahrungsmitteln und Rohstoffen versorgen, stets mussten diese Stoffe als Handelsgüter vom Land in die Stadt gebracht werden. Und heute wäre es unter keinen Umständen möglich, allen in München arbeitenden Menschen in der Stadt Wohnungen zur Verfügung zu stellen, die ihrem Lebensstandard entsprechen und die überdies bezahlbar sind.

München und sein Umland sind also stets auf Kooperationen angewiesen und müssen gemeinsam Leitbilder für die Zukunft entwickeln. Wenn es gelingt, sich dabei auf naturräumliche Gegebenheiten und lange Traditionen zu berufen, haben die entwickelten Visionen besonders großen Erfolg. Denn dann stehen sie im Einklang mit dem auf Traditionen beruhenden Bewusstsein (oder auch dem Unterbewusstsein) der Menschen, die in München und seiner Umgebung leben.

«Im schönen uncivilisierten Walde»
DER BAYERISCHE WALD

Wo liegt der Bayerische Wald? Dazu gibt es widersprüchliche Angaben. Meistens werden darunter alle Waldberge zwischen der Donau und der deutsch-tschechischen Grenze verstanden, zwischen dem Ort Lam und dem Dreiländereck nahe des Plöckensteins: Dort grenzen Tschechien, Deutschland und Österreich aneinander. Aber das war nicht ursprünglich so. Der eigentliche Bayerische Wald ist nur der südwestliche Teil des Gebietes, der Bergzug, der von den Tälern der Donau und ihren beiden Nebenflüssen Regen und Ilz fast vollständig umgeben wird. Dieser Gebirgsteil, der am Einödriegel bei Deggendorf bis zu 1121 Meter Höhe aufragt, wird auch Vorderer Bayerischer Wald genannt.

Noch höher ist das Gebirge an der deutsch-tschechischen Grenze: Der Große Arber ist 1456 Meter hoch, der Große Rachel 1453 Meter und der Lusen 1371 Meter. Viele nennen diesen Gebirgsteil den Hinteren Bayerischen Wald, doch ursprünglich wurde dieses Gebirge als Teil des Böhmerwaldes aufgefasst, dessen anderer Teil jenseits der tschechischen bzw. böhmischen Grenze lag. In Tschechien bezeichnet man dieses Bergland aber als Šumava.

Zum Böhmerwald gehören eigentlich auch die Grenzgebirge, die weiter im Norden aufragen und die auf der deutschen Seite als Oberpfälzer Wald bezeichnet werden. Zwischen den beiden Bergzügen im Südosten, die nach der einen Auffassung Bayerischer Wald und Böhmerwald genannt werden, nach der anderen Vorderer und Hinterer Bayerischer Wald, und dem Oberpfälzer Wald im Nordwesten, ist das Land weniger hoch: Durch die Cham-Further Senke führen wichtige Verkehrswege zwischen Deutschland und Tschechien.

Blick vom Gipfel des Lusen auf die Höhen des Bayerischen Waldes.

Wie diese Wälder genannt werden, ist den Einheimischen eigentlich egal. Für sie ist ihre Umgebung immer der «Woid», und sie als dessen Bewohner sind die «Woidler». Das charakterisiert diese Gegend schon sehr gut, denn auf den Höhen der Berge im Grenzgebiet Bayerns, Böhmens und Österreichs dehnt sich eines der größten Waldgebiete Mitteleuropas aus. Erst im 19. Jahrhundert drang eine neue Zeit in diese Waldeinsamkeit vor, die Adalbert Stifter unter anderem in seinem Roman «Witiko» und seiner Erzählung «Hochwald» beschrieben hatte. Stifter stammte aus Oberplan (Horní Planá), das zu Tschechien gehört. Die Landschaften, die er beschrieb, lagen eigentlich ein Stück weit jenseits der deutsch-tschechischen Grenze, aber viele von Stifters Lesern wollten auch die deutschen Waldgebiete in seine Landschaft des Böhmerwaldes eingeschlossen wissen. Von einem Bayerischen Wald spricht man erst seit dem 19. Jahrhundert. Diese Bezeichnung bürgerte sich in einer Zeit ein, in der die zuvor durchlässigeren Grenzen in der Mitte Europas immer strikter gezogen wurden: zwischen Bayern und Böhmen oder Deutschland und Tschechien, auch zwischen Bayern und Österreich oder Tschechien und Österreich. Jahrzehntelang teilte der Eiserne Vorhang den Böhmerwald; in dieser Zeit war es klar, dass alle Berge zwischen der Donau und der Grenze der Bayerische Wald waren, dass jenseits der Grenze vielleicht der Böhmerwald, sicher aber das von den Tschechen Šumava genannte Waldgebirge lag und dass man die Fortsetzung der Bergkette in Österreich als Mühlviertel bezeichnete. So ausgedehnt die Wälder in diesem Gebiet auch sind: Es gibt ferner die Gegenden, die von ihnen eingeschlossen werden, mit einem ganz anderen Charakter. Viel niedriger gelegen ist die Senke zwischen den beiden Bergzügen in Deutschland, durch die das Regental verläuft. In dieser Senke kommt man unter anderem in die Städtchen Regen und Viechtach. Eine sehr merkwürdige geologische Bildung durchzieht dieses Land: der Pfahl. Er besteht aus mehr oder weniger reinem Quarz. An manchen Stellen ragt er wie eine Mauer auf, an anderen ist er gerade eben so breit, dass eine Burg auf ihm gebaut werden konnte, etwa Weißenstein bei Regen. Bei Viechtach ist der Pfahl so mächtig, dass man den Quarz in Steinbrüchen abbaut.

Das Gebirge wurde schon sehr früh in der Erdgeschichte in die Höhe gehoben, und zwar in nordwestlich-südöstliche Richtung, die man «hercynisch» nennt, weil der Harz in der gleichen Richtung orientiert ist. Das Grundgebirge aus Granit und Gneis wurde von keinem anderen Gestein bedeckt. Alles feine Material, das vor allem der Wind auf den Bergen ablagerte, wurde schon längst vom Wasser abgeschwemmt. Das Grundgebirge verwitterte zu ebenen Hochflächen und runden Kuppen.

Die beiden wichtigsten Flüsse, in denen Wasser aus dem Bayerischen Wald abfließt, sind Ilz und Regen. Sie verlaufen in Senken und tieften ihre Täler darin noch stärker ein. Die Ilz nimmt einen direkten Weg vom Gebiet des Großen Rachels nach Passau, wo sie der kleinste der drei Flüsse ist, die sich dort treffen. Die anderen beiden sind die Donau und der Inn. Alle drei haben unterschiedlich gefärbtes Wasser, das sich erst allmählich in der Donau vermischt. Der Regen, der wichtigste Abfluss für Niederschläge aus dem Bayerischen Wald, nimmt einen viel weiteren Weg. Er entsteht durch den Zusammenfluss von Großem und Kleinem Regen in Zwiesel;

Großer Pfahl bei Viechtach.

von dort an wird der Fluss auch Schwarzer Regen genannt. Die Quellflüsse entstehen auf der tschechischen Seite des hohen Böhmerwaldes. An Zwiesel vorbei fließt der Regen zunächst in die gleichnamige Stadt, die nach dem Fluss benannt wurde. Von hier aus wären es weniger als zwanzig Kilometer, um das Tal der Ilz und damit den direkten Weg zur Donau zu erreichen. Aber der Fluss wendet sich nach Nordwesten, über Viechtach, Cham und Roding. Bei Cham nimmt der Regen seinen wichtigsten Nebenfluss auf, den Chamb, der aus dem tschechischen Grenzgebiet stammt und über Furth im Wald, durch die Cham-Further Senke seinen Lauf nimmt. Der Regen wendet sich schließlich nach Süden und mündet gegenüber von Regensburg in die Donau, so dass das Wasser aus der Umgebung von Zwiesel Passau erst nach etwa zweihundert Kilometern Fließstrecke erreicht.

Nördlich von Freyung gibt es außerdem ein kleines Gebiet mit Quellbächen der Moldau. Von dort fließt das Wasser schließlich in die Elbe und die Nordsee. Man hätte diese Quellbäche im Bayerischen Wald auch zur Elbequelle erklären können; die Moldau ist schließlich länger und wasserreicher als der Oberlauf der Elbe, bevor die beiden Flüsse bei Mělnik zusammenströmen. Dann läge die Quelle der Elbe in Bayern.

In den Flüssen des Bayerischen Waldes fließt im Frühjahr besonders viel Wasser ab. Das hängt damit zusammen, dass das Gebirge sehr schneereich ist. Es liegt anders als der Harz oder der Schwarzwald weiter im Inneren des Kontinentes. Milde Luftmassen vom Atlantik dringen im Winterhalbjahr selten bis an die deutsch-tschechische Grenze vor, so dass es weniger häufig zu Tauwetter kommt als im Westen. Der Schnee sammelt sich wochen- und monatelang an, in den Hochlagen des Bayerischen Waldes kann die Schneedecke bis zu drei Meter Höhe anwachsen. Der gesamte Schnee taut dann zur gleichen Zeit im Frühjahr, dann schwellen die Bäche und Flüsse erheblich an.

Auch in den Eiszeiten schon sammelten sich besonders große Schnee- und Eismengen an. Damals allerdings kamen milde Luftmassen auch im Sommer nur selten bis zum Bayerischen Wald. Von den höchsten Gipfeln, von Rachel und Arber, glitten schließlich über einhundert Meter mächtige Eismassen zu Tal. Die Gletscher schufen steile Kare an den Ostseiten der Berge und tiefe Karseen unterhalb von ihnen: den Rachelsee sowie den Großen und den Kleinen Arbersee. Diese Seen werden von Endmoränen gestaut, die von den Gletschern geschaffen wurden. Die Eismassen lagerten dort den Schutt ab, den sie von den steilen Karen und aus den Tiefen der Karseen abgehobelt hatten.

Nach dem Ende der letzten Eiszeit, vor etwas mehr als 10 000 Jahren, bildeten sich Wälder aus, die sich von anderen in Mitteleuropa unterschieden. Von Anfang an gab es im Bayerischen Wald mehr Nadelbäume als in weiter westlich gelegenen Gebirgen, zunächst Kiefern, dann Fichten. Diese Bäume, die ja auch bezeichnend sind für die Wälder im Norden Europas, die Taiga, können den Schneereichtum und die langen Winter besser ertragen als andere Gehölzpflanzen. Das ist aber möglicherweise gar nicht der entscheidende Grund dafür gewesen, warum sich Fichten im Bayerischen Wald derart früh ausbreiteten. Viel wichtiger war wohl, dass einige Baumarten nach der Eiszeit vor allem im Osten, andere im Westen der Alpen ihre Verbreitungsgebiete nach Norden ausdehnten. Die Fichte kam aus dem Osten, die Tanne aus dem Westen, die Buche breitete sich sowohl im Westen als auch im Osten aus. Nach der Fichte wurde die Buche, schließlich auch die Tanne im Bayerischen Wald heimisch. Vielleicht bildeten Fichte, Buche und Tanne Mischwälder; es ist aber genauso möglich, dass im Bayerischen Wald auch reine Fichtenwälder von Natur aus bestanden, vor allem in kalten und schneereichen Senken, in denen empfindlichere Tannen und Buchen nicht gediehen.

Diese Wälder hat Adalbert Stifter beschrieben. Und solche Wälder suchten, vielleicht angeregt durch die Lektüre von Stifters Werken, der junge Leipziger Student Friedrich Nietzsche und dessen Freund Erwin Rohde, die im August 1867 den Bayerischen Wald bereisten. Nietzsche hat darüber nur wenige Notizen hinterlassen, etwa
«Schön ist die Höhe erhaben frei,
Weit dehnt sich die Aussicht im Kreise (…)».

Nietzsche schrieb darüber hinaus nur einige Stationen auf, an denen er sich aufhielt, dazu die finanziellen Aufwendungen. Sein

Freund Rohde, der später als Altphilologe an mehreren Universitäten lehrte, verfasste aber einen langen Bericht über das, was die beiden Freunde auf ihren Wanderungen im Bayerischen Wald erlebten: «Bald kamen wir in den Wald: und, zum ersten Mal auf dieser Reise in eigentlichem, Menschen verlassenen Wald, gaben wir uns mit dürstender Seele dem mährchenhaften Reiz hin der in dieser duftenden Waldstille mit der allmälich im geheimnißvollen grünen Dunkel verschwindenden Aussicht, und den abgerissnen Vogelrufen und dem fernen Rauschen der höchsten Baumwipfel liegt. Konnte denn nicht dort hinter dem dicken Stamm jeden Augenblick das graue Männchen hervortreten das den verirrten Knaben zu wunderbaren, gleißenden Höhlen führt? Oder die Waldjungfrau ritte vorüber mit den unergründlichen, fragenden und verheißenden Augen. Aus jeder kleinen Schlucht konnte die Schlangenkönigin hervorrauschen mit dem Rubinenkrönlein und den grüngolden schillernden Augen! So gingen wir denn mährchentrunken vorwärts, und lagerten uns auf Augenblicke, um in jener seeligen Gedankenlosigkeit in die wehenden Baumwipfel und den fernher grüßenden goldnen Nachmittaghimmel zu starren, in der es ist als ob man sein kleines Ich verloren hätte und einmal im innersten Wesen Eins wäre, Eins war Alles, Baum und Stein und Himmel und das unendliche All! – Bis zum Gipfel des Berges geht der schöne Wald.» Und an anderer Stelle heißt es: «Im Trab gings den Berg hinab, durch Wald, über Steingeröll und an den fröhlichen Waldbächen entlang; in der Tiefe lagen große alte Stämme quer über das Wasser, Farrenkräuter streckten ihre schlanken Fächer aus, wir waren im schönen uncivilisirten Walde, wo dem Faulen und Sorglosen das Glück begegnet.»

Dies ist das, was viele Menschen bis heute im Bayerischen Wald finden und sehen möchten. Doch es lebten dort Menschen, und sie waren und sind nicht alle faul und sorglos. Wo Nadelholz verfügbar war, bauten sie massive Holzhäuser. Aus geraden Tannen- und vor allem Fichtenstämmen entstanden Blockbauten. Man konnte Steinhäuser verbrettern, aus Fichtenholz verfertigte man Legschindeln, mit denen man die breiten Dächer der Bauernhäuser deckte. Aus Fichtenholz stellte man auch die für den Bayerischen Wald typischen Totenbretter her. Ursprünglich wurden die Toten auf diesen

Brettern zu Grabe getragen. Anschließend wurden sie zum Gedenken aufgestellt. Als man begann, die Toten in Särgen zu bestatten, dienten die Bretter nur noch zum Andenken an die Verstorbenen. Die Namen der Toten wurden in das Holz geschnitzt, und die Bretter wurden durch Schnitzereien und Bemalung verziert. Allmählich zerfiel das Holz; damit war einerseits die Vorstellung verbunden, dass die Seele erst dann erlöst wurde, wenn das Brett zerfallen war. Andere verweisen darauf, dass die Bretter so lange standen, wie das Andenken an einen Toten bei den Nachfahren noch präsent war. Das Andenken an die Toten verblasste, während das Holz zerfiel. Man lebte und starb mit den Fichten der weiten Wälder: Holzhäuser und Totenbretter waren prägend für die «Woidler». Nietzsche und Rohde fielen die Bretter auf: «Vor Chammünster bemerkten wir zum ersten Male jene eigenthümlichen Bretter die in jener Gegend jede Gemeinde am Eingang des Dorfes aufzustellen pflegt: grell bemalt und, je nach den überall individuell entwickelten Gebräuchen des Dorfs, mit Emblemen und Symbolen gezielt meldet ein jedes Bret(t) von dem Tode irgend eines Gemeindemitglieds

Totenbretter an der Wallfahrtskirche St. Hermann in Bischofsmais.

und fordert den Vorübergehenden auf, ein Vaterunser für die arme Seele zu beten.»

Die meisten Teile des Bayerischen Waldes wurden erst spät besiedelt und auch erst spät unter den Pflug genommen. Denn die Böden waren steinig und arm an Mineralstoffen. Die Bauern mussten spezielle Techniken anwenden, um den Boden zu verbessern. Das geschah in den sogenannten Birkenbergen, an Steilhängen am Rand der Täler. Erwin Rohde sah sie, als er mit Nietzsche durch den Wald wanderte: «Unterwegs bemerkten wir eine eigne Art der Feldwirthschaft. Man hieb eben ein ganzes Quadrat junger Birken um und verbrannte die Stümpfe. Die Asche düngt dann das Land; man sät 2mal Winterkorn darauf und pflanzt dann wieder Birken.»

Eduard Preinhelter befasste sich in seiner Dissertation an der Universität Jena von 1902 näher mit dieser Wirtschaftsform und bezog sich auf eine ältere Beschreibung von Max Lidl, die 1865 erschienen war, also nur kurz vor der Reise Nietzsches und Rohdes: «Zu erwähnen wäre hier noch der Weidegang in den sogenannten Birkenbergen. Dies sind grössere oder kleinere Parzellen, auf denen Birkenbrandwirtschaft betrieben wird; sie fehlen selten in einem grösseren Betriebe und müssen dem Bauern: Holz, Streu, Weide und Ackerland geben. Ihre Bewirtschaftung ist folgende: Ist der Holzbestand 30–40 Jahre alt, so wird die Fläche rein gerodet, bis auf etwa 10–20 Stämme, die zur Samengewinnung stehen bleiben. Wurzeln und Astholz wird am Platz verbrannt, dann notdürftig die Fläche zum Feld hergerichtet, 2 Jahre lang mit Hafer oder Sommerroggen bestellt und hierauf dem natürlichen Samenanflug überlassen (oder aber, falls dieser ungenügend, Birkensamen unter den Hafer eingesät). Sodann bleibt die Fläche 5–6 Jahre lang ruhig liegen, weiterhin werden die durch Samenanflug entstandenen Fichten oder Föhren herausgenommen und der Birkenberg im Sommer als Weide und zwar nur als Tageweide benutzt. Im Herbst und Winter dient er der Streunutzung; dabei wird er meist ganz gründlich ausgekratzt, denn Streu braucht man, und der Waldbauer streut selten etwas anderes als Waldstreu oder, wo er es haben kann, Sägmehl. Das Stroh wird allenthalben verfüttert. Dass eine solche Wirtschaftsweise, wie sie eben geschildert wurde, ausserordentlich hohe Ansprüche an die Bodenkraft stellt, unterliegt keinem Zweifel, wenn man bedenkt, dass dem Boden ausser dem Weidedünger und der Asche kein Ersatz gegeben wird. Man hat es hier mit einem sehr ausgeprägten Raubbau zu tun.»

Die Asche war außerordentlich wichtig, wenn man eine solche Form von Landwirtschaft aufrechterhalten wollte. Denn in Asche ist Kalium enthalten, ein Mineralstoff, den Pflanzen unbedingt für ihr Wachstum benötigen. Die Birken wurden nicht gepflanzt, wie Rohde meinte, sondern sie kamen in aller Regel von selbst auf die Flächen, und allenfalls säte man sie unter das Getreide. Große Überschüsse ließen sich mit einer solchen Landwirtschaft nicht erzielen; sie wurde nur als Subsistenzwirtschaft betrieben, also um die Bauern selbst mit Nahrung zu versorgen. Auch nach der Aufgabe der Nutzung enthielten die Böden von Birkenbergen fast keine Mineralstoffe mehr. Die Landwirtschaft wurde schließlich aufgegeben, und man forstete die Flächen auf; oder Gehölze stellten sich spontan ein. Erst nach langer Zeit waren wieder höhere Bäume darunter. Ganz ähnliche Formen der Brandrodungswirtschaft sind aus anderen Gebirgen bekannt: im Siegerland die Haubergswirtschaft, in der Eifel die Schiffelwirtschaft und im Schwarzwald die Reutbergwirtschaft. Überall wurde nicht nur einmalig gebrannt, um dauerhaft den Wald zurückzudrängen, sondern es ging immer um eine im Zyklus betriebene Wirtschaft, bei der abwechselnd Ackerbau und/oder Viehhaltung, Streunutzung und Holzgewinnung im Mittelpunkt standen.

Seit dem Mittelalter verliefen Fernwege über das Gebirge, das zwischen zwei reichen Regionen lag, Bayern und Böhmen. Aus Bayern kam Salz in den Norden, beispielsweise aus Reichenhall, aus Böhmen wurde Korn in den Süden gebracht, sicher in späterer Zeit auch Silber und andere Erze; denn bei Kuttenberg (Kutná Hora) im Hinterland von Prag wurden im hohen Mittelalter sehr reiche Silbererzlager entdeckt.

In der frühen Neuzeit kamen die Glasmacher in den Bayerischen Wald. Alle wichtigen Rohstoffe waren verfügbar: Quarz ist ein wichtiger Bestandteil von Granit und Gneis. Man konnte ihn aus

Ein Glasbläser in Zwiesel schneidet ein glühendes Stück Glas mit einer Schere ab.

dem Gestein herausschmelzen, musste dabei aber hohe Temperaturen erzeugen. Dafür verwendete man das reichlich vorhandene Holz; am besten stellte man daraus zunächst Holzkohle her, mit deren Verbrennung höhere Temperaturen erzeugt werden konnten. Sie war auch leichter zu transportieren als Holz. Eine ausreichend große Hitze erzeugte man mit Holzkohle allein aber immer noch nicht. Man brauchte Blasebälge, um mehr Sauerstoff in das Feuer zu leiten, und man verwendete einen Zusatzstoff als Katalysator, der die Schmelztemperatur von Quarz und Glas senkte: Pottasche. In ihr ist Kalium enthalten, das man nach vollständiger Verbrennung von Holz aus der zurückbleibenden Asche erhält. Auf seine Gewinnung kam es ebenso auf den Flächen der Birkenberge an.

Die Glashütten konnten so lange am gleichen Ort betrieben werden, bis es in ihrer Nähe kein Holz mehr gab. Dann wurden sie aufgegeben und verlagert. Die verlassenen waldfreien Stellen überließ man sich selbst, wobei Entsprechendes geschah wie auf den Birkenbergen: Birken breiteten sich aus, anschließend kamen die Fichten, die hier allerdings nicht bekämpft, sondern gefördert wurden. Sie wuchsen schneller als andere Bäume nach, und eventuell konnte man nach vielen Jahrzehnten an den ursprünglichen Ort einer Glashütte zurückkehren, um dort erneut Holz zu machen und Glas herzustellen. In späterer Zeit forstete man die Waldflächen mit mehr oder weniger reinen Fichtenbeständen auf.

Vor allem im Raum Zwiesel hielt sich die Glasmacherei als Wirtschaftszweig, wobei heute andere Brenn- und Zusatzstoffe verwendet werden als diejenigen aus den Wäldern. Aber einige der großen Glashütten wurden inzwischen schon wieder geschlossen. Die

Landwirtschaft zieht sich aus dem Gebirge zurück; der Fremdenverkehr wurde in einigen Gegenden ausgebaut.

Im Bayerischen Wald entstand 1970 der erste Nationalpark in Deutschland. Eigentlich müsste er, legt man die traditionelle Landschaftsgliederung zugrunde, allerdings «Nationalpark Böhmerwald» heißen, denn er liegt im Hinteren Bayerischen Wald, dem eigentlichen Böhmerwald. Zunächst leisteten die Woidler erbitterten Widerstand gegen das Projekt und befürchteten, dass ihre Heimat durch den Nationalpark zerstört werden würde. Später wurde der Park besser akzeptiert, vielleicht auch deswegen, weil zahlreiche Touristen kamen. Der Anblick von verwildernden Wäldern, von Wildnissen faszinierte viele Besucher genauso wie Friedrich Nietzsche und Erwin Rohde im 19. Jahrhundert. Doch nach jahrhundertelanger intensiver Waldnutzung wurden nun die Fichten zum ersten Mal alt; der Nutzungsdruck auf die abgelegenen Wälder hatte seit dem frühen 20. Jahrhundert erheblich nachgelassen. Je älter Fichten werden, desto anfälliger sind sie gegenüber dem Borkenkäfer: Er legt seine Eier nur unter Rinden, die nicht derart stark unter

Vor allem der Borkenkäfer ließ ganze Wälder im Bayerischen Wald absterben.

Spannung stehen wie bei jungen Fichten. In den alt gewordenen Fichtenwäldern brachten nun die Borkenkäfer so gut wie jeden Baum zum Absterben. Förster sollten in dieses Geschehen nicht eingreifen, um die Entwicklung der Wildnis nicht zu stören. Nach dem Absterben der Fichten kamen auf den Flächen erneut Fichten hoch, und es veränderte sich die Zusammensetzung der Wälder nicht wesentlich. Das ist kein Wunder, denn aus früheren Zeiten war vor allem Fichtensaat im Boden vorhanden.

In den letzten Jahren wurde die Fläche des Nationalparks vergrößert, und die Schutzbestimmungen wurden strenger. Nach internationalen Gepflogenheiten sollen mindestens drei Viertel des Nationalparks sich selbst überlassen bleiben und sich zu Wildnissen entwickeln. Doch es geschieht überall genau das, was auch schon in den Jahren nach 1970 geschehen war, nun allerdings auf großen Flächen: Ehemals von Förstern bewirtschaftete Fichtenbestände starben durch Borkenkäferbefall ab, und danach werden wohl erneut Fichtenwälder entstehen; auch sie werden, wenn sie alt geworden sind, vom Borkenkäfer befallen. Mutmaßlich könnten stabilere Mischwälder nur unter der lenkenden Hand von Förstern aufgebaut werden.

Deutlich wird hier ein grundsätzliches ökologisches Problem, das im Nationalpark von Anfang an bestand. Bei der Schaffung von Wildnissen dachte man vor allem an den Schutz von Wildtieren, die sich in zusammenbrechenden oder neu entstehenden Wäldern besser ausbreiten können als in einem geschlossenen Wald. Die Erfolge stellten sich ein, es gelang auch, Tierarten neu anzusiedeln. Aber wenn man den Wald als ihren Lebensraum nicht in geeigneter Weise erhält, werden viele von ihnen nicht dauerhaft überleben. Das Management von Wäldern, die lange Zeit vom Menschen bewirtschaftet waren, muss verfeinert werden, um Mischbestände zu fördern und den Boden aufzubauen. Und auch im «Woid» muss bedacht werden, dass es dort jahrhundertelang sowohl natürliche Entwicklungen als auch Nutzungen des Menschen gegeben hat. Die Landschaft des Bayerischen Waldes war und ist nicht nur von Wildnis geprägt, sondern auch durch den Menschen. Man darf weder allein die Wildnis noch allein die Nutzung fördern. Landschaft ist beides.

Im Moment ist die Faszination, die von der Schaffung einer Wildnis ausgeht, sehr groß. Aber wie ist es um die Zukunft von Landschaften bestellt, die durch menschliche Einwirkung geprägt wurden, wie steht es um Traditionen des Hausbaus, die aus dem Zusammenhang mit dem Vorhandensein bestimmter natürlicher Ressourcen erklärt werden können? Dies alles zu bewahren kann ebenso begeisternd sein wie die Schaffung von Wildnissen. Kompromisse sind notwendig, um hier Wildnisse, dort Landschaft zu bewahren, die auch vom wirtschaftenden Menschen geprägt waren, sind und sein werden. Wir brauchen keine Verhärtungen der Fronten zwischen denjenigen, die nur «Natur pur» oder nur eine traditionelle Landschaft schützen wollen. Und es muss bedacht werden, dass es viele Tier- und Pflanzenarten gibt, die sich auf Dauer in den Wäldern nur dann halten werden, wenn in ihre Entwicklung maßvoll eingegriffen wird.

Bären leben im Bayerischen Wald nur im Gehege; in der freien Wildbahn sind sie nicht anzutreffen.

Strom durch Länder und Zeiten
DIE DONAU

Wo entspringt die Donau? In der Schule lernt man, dass die Donau zwei Quellen und zwei Quellflüsse hat: «Brigach und Breg / Bringen die Donau zuweg.» Diese beiden Flüsse kommen aus dem Schwarzwald. Die Breg ist etwas länger als die Brigach, daher halten viele den Ursprung der Breg bei Furtwangen für den eigentlichen Beginn der Donau. Die sogenannte Donauquelle besichtigen Touristen im Schlosspark von Donaueschingen: Dabei handelt es sich um den angeblichen Zusammenfluss von Brigach und Breg. Aber eigentlich vereinigen sich die beiden Quellflüsse erst ein Stück östlich davon, in der Nähe der Brücke, über die eine Fernstraße um Donaueschingen herumführt: Reisende können dort vom Auto aus den Ort betrachten, wo die beiden Flüsse sich wirklich treffen. Er sieht wenig romantisch aus, denn am Zusammenfluss sind Brigach und Breg kanalisiert. Es gibt Pläne, den Ort, an dem sich beide Flüsschen vereinigen, zu verlegen und naturnäher zu gestalten: Künstlich gestaltet sind aber sowohl die heutigen kanalisierten Flussläufe als auch die «Naturoase», die neu geschaffen werden soll.

Vor einigen Millionen Jahren war die Donau noch viel länger als heute, denn viele Flüsse, die weiter im Westen entspringen, flossen damals mit der Donau zum Schwarzen Meer hin ab. Deren Oberläufe weisen noch immer gen Osten, wenden sich dann aber nach Süden, zur Rhone, oder nach Norden, zum Rhein und zur Elbe. Zu diesen Gewässern zählen Rhone und Doubs, Aare und Orbe, die Quellflüsse des Rheins, die Wutach, der Neckar, die Moldau und der oberste Abschnitt der Elbe. Rhone, Rhein und Elbe haben erheblich kürzere Fließstrecken als die über 2800 Kilometer lange Donau. Daraus folgt, dass das Gefälle der Flüsse im Westen Mittel-

Die Donau bei Weltenburg in der Morgendämmerung.

Das Schluckloch an der Hauptversinkungsstelle der Donau unterhalb von Immendingen bei Tuttlingen.

europas größer ist; sie zapften einen Oberlauf der Donau nach dem anderen an und lenkten ihn um.

Auch ein Teil des Wassers aus Brigach und Breg fließt letztlich zum Rhein: Es versickert schon bald nach der Bildung der Donau in mehreren Kalkklüften, bei Möhringen, Immendingen und Fridingen. Von dort gelangt es durch ein Höhlensystem zum Aachtopf, der mächtigsten Quelle in Deutschland, und dort entspringt das Wasser dann zum zweiten Mal. Die Aach fließt zum Bodensee und damit in den Rhein. An etwa 130 Tagen versickert sämtliches Wasser der oberen Donau im Untergrund und fließt im Rhein zur Nordsee. Nur an den übrigen Tagen kommt so viel Wasser an den Versickerungsstellen an, dass wenigstens ein Teil davon im Donaubett bleibt. Seit kurzer Zeit weiß man, dass der unterirdische Wasserlauf zwischen der Donauversickerung und dem Aachtopf das einzige Gewässer in Europa ist, in dem Höhlenfische leben: Es handelt sich dabei um eine besondere Form der Bachschmerle, die an das Leben im Untergrund angepasst ist. Über die Fische im Höhlensystem am Aachtopf ist eine Verbindung zwischen den Gewässerökosystemen von Donau und Rhein hergestellt, über die Europäische Hauptwasserscheide hinweg. An dieser Linie entscheidet es sich eigentlich, ob Wasser zur Nordsee oder zum Mittelmeer und Schwarzen Meer abfließt. In Zukunft könnten noch weitere Gewässer an der oberen Donau vom Rhein und seinen Nebenflüssen angezapft werden. Dann läge die Quelle der Donau an noch einem anderen Ort. Wie diese Entwicklung ablaufen wird, können wir nicht prognostizieren, aber aus dem, was wir über die Oberläufe mitteleuropäischer Flüsse wissen, kann man ableiten, dass ihre Anfangspunkte keine Konstanten sind, sondern im Verlauf der Erdgeschichte verlagert wurden und werden.

Von einer weiteren Quelle der Donau spricht Friedrich Hölderlin; im Gedicht «Am Quell der Donau» sah Hölderlin die Quelle der Kultur im Osten und stellte dar, wie sie sich entlang der Donau in die Mitte Europas ausbreitete. Viele Elemente von Kultur gelangten tatsächlich aus dem Orient donauaufwärts nach Mitteleuropa. Prähistoriker sprechen von einem donauländischen Ausbreitungsweg des Ackerbaus vom Nahen Osten nach Mitteleuropa. Dieser Weg verlief genauso, wie sich Hölderlin den Strom der Kultur vorstellte. Aus dem Osten kam das Christentum, wenn auch sicher nicht an der Donau entlang, sondern durch die Vermittlung der Römer: zuerst im Mittelmeergebiet nach Westen, dann über die Alpen hinweg nach Norden. So wurde auch die antike Kultur nach Mitteleuropa vermittelt, nur wenig davon kam direkt entlang der Donau in den Westen. Doch Hölderlin stellte sich genau dies vor:

Denn, wie wenn hoch von der herrlichgestimmten, der Orgel
Im heiligen Saal,
Reinquillend aus den unerschöpflichen Röhren,
Das Vorspiel, weckend, des Morgens beginnt
Und weitumher, von Halle zu Halle,
Der erfrischende nun, der melodische Strom rinnt,

Bis in den kalten Schatten das Haus
Von Begeisterungen erfüllt;
Nun aber erwacht ist, nun, aufsteigend ihr,
Der Sonne des Fests, antwortet
Der Chor der Gemeinde; so kam
Das Wort aus Osten zu uns,
Und am Parnassosfelsen und am Kithäron hör' ich
O Asia, das Echo von dir und es bricht sich
Am Kapitol und jählings herab von den Alpen

Kommt eine Fremdlingin sie
zu uns, die Erweckerin,
Die menschenbildende Stimme.
Da faßt' ein Staunen die Seele
Der Getroffenen all und Nacht
war über den Augen der Besten.
Denn vieles vermag
Und die Flut und den Fels und Feuersgewalt auch
Bezwinget mit Kunst der Mensch
Und achtet, der Hochgesinnte, das Schwert
Nicht, aber es steht
Vor Göttlichem der Starke niedergeschlagen, (...)

O Asia, deiner Starken, o Mutter!
Die furchtlos vor den Zeichen der Welt,
Und den Himmel auf Schultern und alles Schicksal,
Taglang auf Bergen gewurzelt,
Zuerst es verstanden,
Allein zu reden
Zu Gott. Die ruhn nun. Aber wenn ihr
Und dies ist zu sagen,
Ihr Alten all, nicht sagtet, woher?
Wir nennen dich, heiliggenötiget, nennen,
Natur! dich wir, und neu, wie dem Bad entsteigt
Dir alle Göttlichgeborne.

Aus dem Gebiet der oberen Donau stammt nur wenig Wasser, das schließlich in das Schwarze Meer mündet. Große Wassermengen führen vor allem zur Zeit der Schneeschmelze die großen Nebenflüsse der Donau, die in den Alpen entspringen. Von Süden kommen in Deutschland vor allem vier Flüsse zur Donau. Damit man sich ihre Namen merken kann, gibt es den Merkvers: «Iller, Lech, Isar, Inn,/ Fließen zu der Donau hin.» An den Mündungen dieser Flüsse in die Donau kann der Wasserspiegel enorme Höhen erreichen: Bei Deggendorf stauen sich Hochwasserwellen aus der Donau und der Isar gegenseitig, so dass das Umland der Isarmündung großräumig unter Wasser gesetzt wird. In Passau münden gleich drei Flüsse sehr unterschiedlichen Charakters ineinander. Das Wasser der Donau ist an manchen Tagen wirklich blau, sie gilt ja auch als die «schöne blaue Donau». Das Alpenwasser des Inns ist grünlich gefärbt, die Ilz, aus dem Bayerischen Wald kommend, ist dagegen sehr dunkel, fast schwarz. Beispielsweise von der Veste Oberhaus, einer Burg oberhalb von Passau, kann man sehen, dass sich die drei verschiedenen Wasserfarben nicht sofort mischen, Wassermassen verschiedener

In Passau fließen die drei Flüsse Inn, Donau und Ilz zusammen. Ihr Wasser ist unterschiedlich gefärbt.

Farben fließen lange nebeneinander her. Dabei kann man feststellen, dass der Inn das breiteste Farbband in das Schauspiel einspeist. An den meisten Tagen im Jahr fließt in ihm – und nicht in der Donau – tatsächlich das meiste Wasser nach Passau. Deshalb müsste man die Quelle des Flusses, der von Passau zum Schwarzen Meer fließt, eigentlich dorthin legen, wo der Inn entspringt: an den Malojapass im Engadin. Es gibt also noch eine Möglichkeit, die Quelle der Donau zu lokalisieren, auf beinahe 2500 Meter Meereshöhe in den Alpen. Es zeigt sich also an der Donau wie bei vielen anderen Flüssen, dass ihre Länge, also die Fließstrecke zwischen Quelle und Mündung von Menschen festgelegt wurde, nämlich einfach durch die Entscheidung, welche Quelle mit der Mündung des Flusses verbunden wird. Kein Fluss hat von Natur aus eine definierte Länge, sondern die Entscheidung darüber, wie lang ein Fluss ist, geht von den Menschen aus, die sich mit ihm auseinandersetzen.

Auch in Passau stauen sich die ineinander mündenden Flüsse bei Hochwasser gegenseitig. Zur Zeit der Schneeschmelze in den Alpen gibt es sowohl im Inn als auch in der Donau einen Rückstau großer Wassermengen. Denn auch die Donau bei Passau enthält vor allem Schmelzwasser aus den Alpen, das ihr bereits früher über Iller, Lech und Isar zugeführt worden war. Nach einem Starkregen über dem Bayerischen Wald führen dagegen Donau und Ilz viel Wasser. In Passau steigt das Wasser immer wieder um viele Meter an. Man hat sich ganz gut darauf eingestellt, denn die unteren Stockwerke der Häuser haben kaum Fenster, in den Kellern, wenn man sie überhaupt hat, bewahrt man möglichst nur Dinge auf, denen Hochwasser nichts anhaben oder die man schnell in Sicherheit bringen kann.

Die linksseitigen Zuflüsse der Donau sind weniger bedeutend als die aus den Alpen kommenden. Nur nach starken Regenfällen in den Gebirgen nördlich der Donau führen sie größere Wassermengen. Auch auf diese Flüsse wird in dem schon genannten Merkvers für Donauzuflüsse eingegangen: «Altmühl, Naab und Regen, kommen ihr entgegen».

Der gesamte Lauf der Donau vom Schwarzwald bis zum Schwarzen Meer ist vom Wechsel der Fließstrecken in Bergländern und Ebenen geprägt. Die Wasserströme aus den Schwarzwaldtälern von

Brigach und Breg vereinigen sich auf der Ebene der Baar. Zwischen Fridingen und Sigmaringen durchfließt die Donau ein tief eingeschnittenes Felsental der Schwäbischen Alb. Viel Platz hat der Fluss auf beiden Seiten, wenn er am Rand des weiten Oberschwabens in Richtung Ulm fließt, dann im bayerischen Schwaben über Donauwörth auf Ingolstadt zu und weiter zwischen der Fränkischen Alb und der hügeligen Holledau. Es folgt eine weitere spektakuläre Schlucht, die Weltenburger Donauenge. Von Regensburg an nimmt die Donau ihren Lauf erneut am Rand einer Ebene, zwischen dem Vorderen Bayerischen Wald und dem niederbayerischen Gäuboden. Das Tal verengt sich allmählich oberhalb von Passau. Der Fluss nimmt dann seinen Lauf durch bergigeres Land bis Wien. Es folgt die weite Pannonische Ebene, dann die nächste Engstelle: das Eiserne Tor, an der Grenze zwischen Serbien und Rumänien. Und schließlich strömt die Donau durch das flache Rumänien zum Schwarzen Meer.

Auf ihrem Weg durch Süddeutschland nutzte die Donau in früheren Zeiten der Erdgeschichte weitere Engtäler. Noch in der vorletzten Eiszeit, der Risseiszeit, vor zwei- bis dreihunderttausend Jahren, floss die Donau von der Gegend um Ehingen nach Blaubeuren, in der Nähe des Blautopfes vorbei und dann im heutigen Tal der Blau nach Ulm. Und es gibt auch alte Donautäler nördlich des heutigen Donaulaufes am Rand der Fränkischen Alb: Das Wellheimer Trockental westlich von Ingolstadt verläuft von Rennertshofen zum Altmühltal bei Dollnstein, und das untere Altmühltal nahm von dort aus die Donau bis Kelheim auf. Auch das Schuttertal, das vom Wellheimer Trockental in Richtung Ingolstadt weist, war einmal ein Tal der Donau. Der heutige Donaulauf unterhalb von Donauwörth über Ingolstadt sieht viel «logischer» aus; der Strom konnte dort aber erst am Rand der Ebene verlaufen, nachdem die Weltenburger Donauenge entstanden war, und das geschah durch eine rückschreitende Erosion: Ausgehend von der Gegend um Kelheim und Saal bildete sich ein Bach, der seine Quelle immer weiter nach Westen verlegte, dadurch immer länger wurde und schließlich die Donau zwischen Donauwörth und Ingolstadt anzapfte.

Die alten Donauläufe werden heute noch von Verkehrswegen

Ulmer Schachtel beim Passieren der Steinernen Brücke in Regensburg. Stahlstich von Henry Winkles, um 1850.

genutzt. Sie konnten dort einfach trassiert werden, weil sich kein breiter Fluss mit schmalen Uferstrecken im Tal mehr befand, sondern das gesamte Flussbett trockengefallen war. Durch das ehemalige Donautal verläuft die Bahnlinie von Ehingen über Schelklingen und Blaubeuren nach Ulm; im Wellheimer Trockental hatte die ehemalige Kleinbahn von Dollnstein im Altmühltal nach Rennertshofen ihre Trasse.

Die Fließstrecken in den Ebenen und in den Durchbrüchen weisen unterschiedliche Schwierigkeiten für die Schifffahrt auf. Wo die Donau ihr Flussbett weit ausdehnen kann, dann nämlich, wenn sie durch Ebenen fließt, ist sie vielerorts ein seichtes Gewässer. Dort kann sie nur von Schiffen mit einem geringen Tiefgang befahren werden. Das typische Donauschiff war die Zille, die einem ebenfalls sehr flachgängigen Elbkahn ähnelte. Außerdem gab es Wasserfahrzeuge, die nur für eine einzige Fahrt flussabwärts gezimmert wurden, sogenannte Naufahrten. Man ließ sie in der Strömung treiben und hielt sie dabei mit einem langen Ruderbaum auf Kurs. Zu diesen Booten gehörten die bekannten Ulmer Schachteln. Sie hatten zwar auch Waren an Bord, aber das wertvollste Gut bei einer Naufahrt war immer das Holz, aus dem das Schiff gezimmert worden war. Wie ein Floß wurde es am Ende der Reise auseinandergenommen, und dann verkaufte man das Holz, das zum Hausbau und als Brennholz, vor allem aber zum Fundamentieren und zum Bau von Dachstühlen gebraucht wurde. Besonders bekannt wurden Ulmer Schachteln wohl deswegen, weil auch Menschen auf ihnen transportiert wurden. Auf diesen Gefährten kamen die Donauschwaben aus Mitteleuropa nach Südosteuropa. Für sie gab es in der Regel keinen Weg zurück: Sie sollten das Land kultivieren und sich deswegen neu in Ungarn, in der Batschka und im Banat ansiedeln.

Weite Flussschleifen, etwa im niederbayerischen Gäuboden, konnte man mit diesen kleinen Schiffen gut befahren. Immer mehr Teile der Donau werden aber für Binnenschiffe mit größerem Tiefgang ausgebaut. Durch die Anlage von Staustufen wird der Wasserspiegel erhöht, so dass die Passage von Schiffen mit größerem Tiefgang möglich wird. Das Befahren von Flussschlingen mit großen Schiffen ist aber sehr kompliziert, weil der Bereich mit tiefem Wasser und der größten Strömung nur wenige Meter vom äußeren Ufer einer Flussschlinge entfernt ist. Daher gibt es Projekte, die letzten Donauschleifen zwischen Straubing und Vilshofen durch Kanaldurchstiche zu beseitigen.

In den engen Durchbruchstälern, beispielsweise in der Weltenburger Donauenge und am Eisernen Tor, gibt es starke Strömungen und Strudel. Dort braucht man wendige Boote mit größerem Tiefgang und höheren Borden. Durchfuhr man diese Flussstrecken mit flachen Booten, geschah das nicht ohne Risiko. Immer wieder kenterten die Zillen. Eine weitere bekannte Gefahrenstelle entstand durch den Bau der Steinernen Brücke in Regensburg. Sie wurde in den Jahren 1135 bis 1146 errichtet und ist damit das älteste Brückenbauwerk in Deutschland. Ihre stabilen, breiten Steinpfeiler hielten dem Hochwasser, auch dem Eisgang immer wieder stand. Doch sie engten den Wasserlauf stark ein, so dass sich die Donau seit dem Bau der Brücke mit starker Strömung zwischen den Pfeilern hindurchpressen muss. Hinter der Brücke entstanden gefürchtete Strudel mit großen Wassertiefen. Immer wieder wurden vor allem kleine Boote in die Strudel gezogen und in die Tiefe gerissen. Man behauptete, dass nur Jungfrauen unter den weiblichen Bootspassagieren unbeschadet durch die Strudel kämen, während andere von einem bösen Wassermann in die Tiefe gezogen würden. Davon ist im bekannten Volkslied «Als wir jüngst in Regensburg waren, sind wir über den Strudel gefahren» die Rede. Doch das Lied bezieht sich eigentlich nicht auf die Strudel in Regensburg, sondern auf einen anderen gefährlichen Donauabschnitt bei Grein in Österreich. Man singt es natürlich dennoch in Regensburg…

Wegen der vielfältigen Probleme mit der Befahrbarkeit der Donau bekam die Donau nie eine gleiche Bedeutung als Schifffahrtsweg wie der Rhein. Heute fahren zwar viel größere Schiffe auf der Donau, und ihr Lauf ist über den Main-Donau-Kanal mit dem Flusssystem des Rheines verbunden, aber die Schifffahrt auf der Donau ist immer noch nicht mit derjenigen auf dem Rhein vergleichbar. In den letzten Jahrzehnten waren dafür vor allem die unsicheren politischen und wirtschaftlichen Verhältnisse in den Ländern entlang der unteren Donau verantwortlich.

Seit der Altsteinzeit suchen Jäger das Land an der Donau auf. Sie lebten beispielsweise in den Höhlen im oberen Donautal, am Rand der Schwäbischen Alb. Am Fluss fanden sich regelmäßig Tiere ein, von den Höhlen aus wurden sie beobachtet, und die Jäger warfen dann ihre Speere von oben her auf Rentiere und anderes Wild. Im Mittelalter gingen die Burgherren ebenfalls von hoher Warte aus auf die Jagd. Ihre Burgen, einige von ihnen sind nur noch als Ruinen erhalten, stehen hoch über dem Fluss: Wildenstein, Werenwag und Sigmaringen an der oben Donau, Donaustauf und Schloss Wörth bei Regensburg oder auf dem Natternberg gegenüber von Deggendorf. Obwohl sich einmal die bäuerliche Kultur entlang der Donau vom Orient nach Westen ausbreitete, gab es zu jeder Zeit nur wenige wirklich ländliche Siedlungen an der Donau. Schon in der Jungsteinzeit lagen die Wohnorte der Bauern eher am Rand der Seitentäler zwischen den von Bächen durchflossenen Niederungen und sanft geneigten, fruchtbaren Hängen, auf denen man Ackerbau betreiben konnte. Näher am Fluss gelegen waren Orte aus der vorchristlichen Eisenzeit, die man für Siedlungen der Kelten hält. Diese

Menschen suchten sich Siedelplätze aus, an denen die Donau genau von Nord nach Süd oder genau von West nach Ost fließt. Offensichtlich positionierte man schon in der Eisenzeit Siedlungen nach den Himmelsrichtungen. An der keltischen Heuneburg in Oberschwaben fließt die Donau in süd-nördlicher Richtung vorbei. In diese Himmelsrichtung weisen Abschnitte dieses Flusses nur selten; meistens strebt die Donau genau dem Osten zu, und an solchen Orten entstanden weitere keltische Siedlungen, in Manching bei Ingolstadt, Kelheim und Passau. Manching bezeichnet man als ein Oppidum. Im Lateinunterricht lernt man, dass es sich dabei um eine Stadt gehandelt habe. Das könnte in Manching tatsächlich so gewesen sein, denn ein heute noch sehr gut sichtbarer, sieben Kilometer langer Wall umzieht das Gelände des Ortes. Bei Ausgrabungen fand man aber nicht überall Hinweise auf eine städtische Besiedlung, sondern auch ländliche Gebäude und Flächen, auf denen möglicherweise Ackerbau betrieben wurde. Vielleicht war der Wall von Manching daher gar keine Stadtmauer, sondern eine Hochwasserschutzanlage: Nur dann, wenn das Wasser der Donau und ihres Nebenflusses Paar von dem Gelände ferngehalten wurde, konnte man dort ohne Risiko siedeln sowie Getreide und andere Kulturpflanzen anbauen.

Die Römer errichteten Kastelle und bauten Städte bevorzugt dort, wo die Donau genau von West nach Ost floss, etwa in Regensburg, Straubing und Passau. Diese Städte wurden auch im Mittelalter bedeutend. Ihre topographische Lage war günstig, denn mittelalterliche Kirchen wurden immer von West nach Ost ausgerichtet und damit parallel zur Fließrichtung der Donau. Wenn sowohl der Fluss als auch die Kirche als mächtigstes Gebäude einer Stadt parallel nebeneinander lagen, ließ sich das Straßenraster einer Stadt genau daran anpassen. Das ist auch in weiteren Städten der Fall, in Ulm, Donauwörth, Neuburg an der Donau, Ingolstadt oder Kelheim. Befasst man sich mit diesen Städten genauer, wird einem aber klar, dass sie nicht nur an der Donau liegen, sondern auch an der Mündung von Bächen und kleineren Flüssen in die Donau. An den einmündenden Gewässern konnte man nämlich die Mühlen als wichtige Versorgungseinrichtungen und oft auch als Keimzellen von späteren Gewerbeansiedlungen und Industriequartieren anlegen. In Ulm wird für den Mühlenbetrieb seit Jahrhunderten nicht die Donau genutzt, sondern die Blau, die von einer stark schüttenden Karstquelle der Schwäbischen Alb gespeist wird, vom Blautopf bei Blaubeuren. Sie ist übrigens nach dem Aachtopf die zweitmächtigste Quelle in Deutschland. In Karstquellen tritt Wasser wieder ans Tageslicht, das unter dem Kalkgebirge im Untergrund versunken war. In Donauwörth nutzte man die Wörnitz, in Ingolstadt die Schunter, in Kelheim die Altmühl. Andernorts sind es kleine Bäche, die man aufstaute, um Mühlen anzulegen. Eine weitere Stadt an der Donau, Deggendorf, liegt zwischen mehreren Bächen, die von Norden kommend die Donau erreichen. Zwischen ihnen war Platz für die Anlage einer Stadt, die exakt von Nord nach Süd ausgerichtet ist und in der die Kirche im rechten Winkel zur Hauptstraße steht.

In schluchtartigen, einsamen Durchbruchstälern der Donau liegen zwei bedeutende Klöster, Beuron bei Sigmaringen und Weltenburg bei Kelheim. Isolierte Berge, die neben der Donau aufragen, sind bedeutende Wallfahrtsstätten. Der Bussen bei Riedlingen wird als der «Heilige Berg Oberschwabens» bezeichnet, der Bogenberg bei Straubing als der «Heilige Berg Niederbayerns». Es ist kaum vorstellbar, dass die Orte für die Klöster und Wallfahrtskirchen ohne die Absicht ausgewählt wurden, von dort aus die Landschaft zu beherrschen.

Das war natürlich ein sehr wichtiges Motiv für Leo von Klenze, dessen monumentale Bauwerke der Walhalla östlich von Regensburg und der Befreiungshalle oberhalb von Kelheim von weither sichtbar sein sollten. Leo von Klenze orientierte sich bei seinen Bauten an Vorlagen aus der griechischen Antike, auch in München. Die Walhalla ist einem griechischen Tempel nachgebildet, in ihre Götterhalle wurden Standbilder der berühmtesten Deutschen aufgenommen, die man im germanischen Götterhimmel, in Walhall, wähnte. Der Tag der Grundsteinlegung und der Eröffnung der Walhalla waren symbolisch gewählt, jeweils am 18. Oktober der Jahre 1830 und 1842. Das war der Jahrestag der Völkerschlacht bei Leipzig, in der Napoleon und seine Truppen auf deutschem Boden vernichtend geschlagen wurden. Darauf nehmen die Giebelfelder des

Bauwerkes Bezug: Sie zeigen den Sieg Hermanns des Cheruskers über die Römer und die Befreiung Deutschlands von den Franzosen. Beide Ereignisse wurden immer wieder miteinander verglichen und hatten besondere Bedeutung für die Entwicklung des deutschen Nationalgefühls. Auf einem Fries im Inneren des Bauwerkes sind die Germanen dargestellt, und zwar auf ihrer Wanderung vom Kaukasus in die Mitte Europas. 1829 war außerdem Griechenland von der Herrschaft der Osmanen befreit worden, und zwar unter Beteiligung Bayerns. Man sieht in und an der Walhalla also gewissermaßen Illustrationen zu Hölderlins Donaugedicht: Man glaubte damals, die Germanen seien von Osten her donauaufwärts nach Mitteleuropa gezogen. Und man errichtete hoch über der Donau ebenso wie auf der Akropolis von Athen einen griechischen Tempel. Die Walhalla ist das älteste Monumentalbauwerk Deutschlands, das auf eine landschaftliche Fernwirkung ausgerichtet war. Klenze errichtete noch ein weiteres Bauwerk an der Donau, das mit der Walhalla oft in einem Zug genannt wird: die Befreiungshalle bei Kelheim, die ebenfalls an den Sieg über Napoleon erinnern soll und

Die Walhalla bei Donaustauf, ein Werk des Architekten Leo von Klenze.

wiederum an einem 18. Oktober eröffnet wurde, 1863, zum fünfzigjährigen Jubiläum der Völkerschlacht.

Wo also hat die Donau ihre Quelle? Das lässt sich so leicht nicht sagen; auf jeden Fall muss von Menschen der Ort festgelegt werden, an dem der Fluss seinen Anfang nimmt. Daher ist auch nicht klar, wie lang die Donau ist. Unbestritten aber ist: Die Donau ist kürzer als die Wolga und länger als der Rhein und damit der zweitlängste Fluss Europas.

In Deutschland, in Regensburg oder Passau, beginnen die beliebten Flusskreuzfahrten auf der Donau. Alles das, was man vom Schiff aus in Deutschland betrachtet, wird als Vorgeschmack darauf verstanden, was man später auf der Reise noch zu sehen bekommt: Kloster Melk, die Wachau, Wien, Budapest, die Weite Ungarns, das Donaudelta. Man sieht alle diese Orte schon vor seinem geistigen Auge, denn sie gehören mit zur Landschaft der Donau, die sich durch zahlreiche Länder quer durch Europa erstreckt.

Lüneburger Heide

De Luc, J. A., Physikalische und moralische Briefe über die Geschichte der Erde und des Menschen an Ihre Majestät die Königin von Großbritannien. Erster Band. Aus dem Französischen mit einiger Abkürzung übersetzt. Leipzig 1781.

Fischer, N., A. Hoppe & H. Küster, Das Landnutzungssystem der Heidebauern. Mineralstoffflüsse zwischen Grünland, Acker und Allmende. Berichte der Reinhold-Tüxen-Gesellschaft 26, 2014, 79–86.

Haaland, S., Feuer und Flamme für die Heide. 5000 Jahre Kulturlandschaft in Europa. Bremen 2002.

Linde, R., Die Lüneburger Heide. Vierte Auflage. Bielefeld, Leipzig 1911.

Hamburg

Binding, R., Der Opfergang. Leipzig 1912. – Zitat: S. 4.

Küster, H., Hamburg, Elbe und Ewer. Die Versorgung einer Großstadt auf Wasserwegen. In: N. Fischer & O. Pelc (Hrsg.), Flüsse in Norddeutschland. Zu ihrer Geschichte bis in die Gegenwart. Schriftenreihe des Landschaftsverbandes der ehemaligen Herzogtümer Bremen und Verden 41, Stade 2013, 261–269.

Schleswig-Holstein

Lenz, S., Schweigeminute. 4. Auflage, Hamburg 2008.

Voß, T., G. Büchner & J. Geldmacher, So entstand Schleswig-Holstein. 2. Auflage, Elmshorn 1999.

Nordsee

Bantelmann, A., Die Landschaftsentwicklung an der schleswig-holsteinischen Westküste. Dargestellt am Beispiel Nordfriesland. Eine Funktionschronik durch fünf Jahrtausende. Neumünster 1967.

Behre, K.-E., Landschaftsgeschichte Norddeutschlands. Umwelt und Siedlung von der Steinzeit bis zur Gegenwart. Neumünster 2008.

Erdrich, M., Rom und die Barbaren. Das Verhältnis zwischen dem Imperium Romanum und den germanischen Stämmen vor seiner Nordwestgrenze von der späten römischen Republik bis zum Gallischen Sonderreich. Mainz 2001.

Fischer, N., Wassernot und Marschengesellschaft. Zur Geschichte der Deiche in Kehdingen. Stade 2003.

Fischer, N., Im Antlitz der Nordsee. Zur Geschichte der Deiche in Hadeln. Stade 2007.

Fischer, N., Der wilde und der gezähmte Fluss. Zur Geschichte der Deiche an der Oste. Stade 2011.

Jaspers, K., Schicksal und Wille. Autobiographische Schriften. Herausgegeben von H. Saner. München 1967. – Zitate: S. 15, 43.

Kossack, G., K.-E. Behre & P. Schmid (Hrsg.), Archäologische und naturwissenschaftliche Untersuchungen an ländlichen und frühstädtischen Siedlungen im deutschen Küstengebiet vom 5. Jahrhundert v.Chr. bis zum 11. Jahrhundert n.Chr. Band 1: Ländliche Siedlungen. Weinheim 1984.

Küster, H., Nordsee. Die Geschichte einer Landschaft. Kiel, Hamburg 2015.

Landesamt für den Nationalpark Schleswig-Holsteinisches Wattenmeer & Umweltbundesamt (Hrsg.), Umweltatlas Wattenmeer Band 1: Nordfriesisches und Dithmarscher Wattenmeer. Stuttgart 1998.

Liliencron, D. von, Trutz, Blanke Hans. In: D. von Liliencron, Ausgewählte Werke. Hamburg 1964, 209–211. – Zitat: S. 210.

Meier, D., Die Nordseeküste: Geschichte einer Landschaft. Heide 2006.

Nationalparkverwaltung Niedersächsisches Wattenmeer & Umweltbundesamt (Hrsg.), Umweltatlas Wattenmeer, Band 2: Wattenmeer zwischen Elb- und Emsmündung. Stuttgart 1999.

Meyer, K.-D., Taufsteine auf Eiderstedt – Eine Bestandsaufnahme zu Herkunft und Material. Eiderstedter Museums-Spiegel 6–7, 2004, 85–102.

Meyer, K.-D., Findlingsquader-Kirchen in Nordwestdeutschland und Dänemark. Archiv für Geschiebekunde 7(1–3), Hamburg, Greifswald 2014.

Ohling, J. (Hrsg.), Die Acht und ihre sieben Siele. Kulturelle, wasser- und landwirtschaftliche Entwicklung einer ostfriesischen Küstenlandschaft. Pewsum 1963.

Ohling, J. (Hrsg.), Ostfriesland im Schutze des Deiches. 4 Bände. Pewsum 1969.

Pott, R., Farbatlas Nordseeküste und Nordseeinseln. Stuttgart 1995.

Pott, R., Die Nordsee. Eine Natur- und Kulturgeschichte. München 2003.

Schultze, A., Die Sielhafenorte und das Problem des regionalen Typus im Bauplan der Kulturlandschaft. Göttingen 1962.

Szymanski, H., Die Segelschiffe der deutschen Kleinschiffahrt. Lübeck 1929, Nachdruck Norderstedt 1977.

Helgoland

Borchert, M., Århammer, R. & N., Wi lear Halunder. Helgoländisches Lehrbuch. 4. Auflage, Helgoland 2011. – Zitat: S. 14.

Goldstein, J., Die Entdeckung der Natur. Etappen einer Erfahrungsgeschichte. Berlin 2013, 105–112. – Zitate zu Lichtenberg: S. 109.

Krüss, J., Mein Urgroßvater und ich. Hamburg 1959.

Rösing, W., Franz Schensky, der Fotograf und das Meer. Kiel, Hamburg 2015.

Artland

Böning, J., & P. Reinken, Kulturschatz Artland. Berlin/Wildeshausen 2009.

Eckelmann, W., Plaggenesche aus Sanden, Schluffen und Lehmen sowie Oberflächenveränderungen als Folge der Plaggenwirtschaft in den Landschaften des Landkreises Osnabrück. Geologisches Jahrbuch F 10, Hannover 1980.

Hopf-Droste, M.-L., Das bäuerliche Tagebuch. Fest und Alltag auf einem Artländer Bauernhof. Materialien zur Volkskultur – nordwestliches Niedersachsen 3, Cloppenburg 1981.

Schreiber, M., & R. Wellinghorst, Lebensraum Artland. Plädoyer für den Erhalt einer naturnahen Kulturlandschaft. Quakenbrück 1991.

Lippe

Harteisen, U., Die Senne. Eine historisch-ökologische Landschaftsanalyse als Planungsinstrument im Naturschutz. Siedlung und Landschaft in Westfalen 28, Münster 2000.

Hentschel, H., G. Kramer, W. Loch & M. Noltekuhlmann, Der Biesterberg bei Lemgo. Lippische Kulturlandschaften 5, Detmold 2006.

Hunke, H., Landschaft und Siedlung im Lippischen Lande. Wirtschaftswissenschaftliche Gesellschaft zum Studium Niedersachsens e. V., Reihe B, 9, Hannover 1931.

Kleist, H. v., Die Hermannsschlacht. In: Gesammelte Werke, Dritter Band. Leipzig 1910. – Zitat: S. 339.

Küster, H., Das folgenreiche Missverständnis des Tacitus: Auch der Wald hat seine Geschichte. Natürliche und kulturelle Bedingungen der Bewaldung Mitteleuropas. Der Bürger im Staat 51(1): Spezialheft «Der deutsche Wald». Stuttgart 2001, 10–16.

Küster, H., Landschaftsgeschichte als Forschungsthema. Lippische Mitteilungen aus Geschichte und Landeskunde 79, 2010, 21–31.

Marek, A., Geologische Entstehung des Teutoburger Waldes. In: Naturschutzzentrum Senne (Hrsg.), Senne und Teutoburger Wald. Bielefeld 2008, 10–19.

Pott, R., Das Naturschutzgebiet «Hiddeser Bent – Donoper Teich» in vegetationsgeschichtlicher und pflanzensoziologischer Sicht, Abhandlungen aus dem Westfälischen Landesmuseum für Naturkunde 44(3), Münster 1982.

Ruppert, A., Der Friedrichstaler Kanal in Detmold. Lippische Kulturlandschaften 14, Detmold 2009.

Wendiggensen, P., Beiträge zur Wirtschaftsgeographie des Landes Lippe. Jahrbuch der Geographischen Gesellschaft zu Hannover 1931, 123–366.

Drachenfels

Brentano, C., Das Märchen von dem Rhein und dem Müller Radlauf. Werke in zwei Bänden, Band II. München 1972, 7–104. – Zitat: S. 102.

Frohn, H.-W., & J. Rosebrock, Museum zur Geschichte des Naturschutzes in Deutschland in Königswinter. Berlin, München 2012.

Nordrhein-Westfalen-Stiftung (Hrsg.), Schloss Drachenburg. Historische Burgenromantik am Rhein. Berlin, München 2010.

Rudorff, E., Über das Verhältnis des modernen Menschen zur Natur. Preußische Jahrbücher 45(3), 1880, 260–276.

Scheuren, E., Mythos Drachenfels. In: Nordrhein-Westfalen-Stiftung (Hrsg.), Schloss Drachenburg. Historische Burgenromantik am Rhein. Berlin, München 2010, 15–32. – Die Texte von Byron, Freiligrath und Heine werden nach diesem Text zitiert.

Scheuren, E., Rheinlandschaften. Bilderwelten zwischen Schein und Sein. In:

H.-W. Frohn, H. Küster & E. Scheuren (Hrsg.), Jenseits der scheinbaren Gewissheiten. Essen 2016, 15–37.

Spanier, H., Düsseldorf goes West! Zur gegenseitigen kulturellen Durchdringung der Landschaftswahrnehmung in Deutschland und den USA im 19. Jahrhundert. In: H.-W. Frohn, H. Küster & E. Scheuren (Hrsg.), Jenseits der scheinbaren Gewissheiten. Essen 2016, 39–60.

Frankfurt am Main

Goethe, J. W., Aus meinem Leben. Dichtung und Wahrheit. In: Gedenkausgabe der Werke, Briefe und Gespräche. Hrsg. von E. Beutler. Band 10. Zürich 1948. – Zitate: S. 18, 23/24.

Grimm, L. E., Rödelheim. In: J. J. Hässlin (Hrsg.), Frankfurt. Stadt und Landschaft. München 1954, 128.

Huch, R., Frankfurt a. Main. In: Im Alten Reich, Lebensbilder Deutscher Städte. Leipzig, Zürich 1927, 1–17. – Zitat: S. 3.

Heidelberg und das untere Neckartal

Brentano, C., Briefe. Herausgegeben von F. Seebaß. 1. Band, 1793–1809. Nürnberg 1951. – Zitate: S. 268, 315.

Scheffel, J. V. von, Alt Heidelberg, du feine. Aus: Kommersbuch der Tübinger Hochschule. 9. Auflage, Tübingen 1903. – Zitat: S. 26/27.

Wagner, G. A., H. Rieder, L. Zöller & E. Mick (Hrsg.), Homo heidelbergensis. Schlüsselfund der Menschheitsgeschichte. Stuttgart 2007.

Kaiserstuhl

Wickram, J., Das Rollwagenbüchlein. Leipzig 1914.

Wilmanns, O., W. Wimmenauer & G. Fuchs, Der Kaiserstuhl. Gesteine und Pflanzenwelt. Stuttgart 1989.

Schwarzwald

Hebel, J. P., Die Wiese. In: J. P. Hebel, Alemannische Gedichte. Ausgewählt und herausgegeben von E. Meckel. Leipzig 1939, 7–14. – Zitat: S. 7.

Liehl, E., & W. D. Sick (Hrsg.), Der Schwarzwald. Beiträge zur Landeskunde. Veröffentlichung des Alemannischen Instituts Freiburg i. Br. 47. 4. Auflage, Bühl 1989.

Stuttgart

Gradmann, R., Süddeutschland. Stuttgart 1931.

Hölderlin, F., Stuttgart. In: F. Hölderlin, Werke, Briefe, Dokumente. München 1963, 117–120. – Zitat: S. 118/119.

Bodensee

Droste-Hülshoff, A. v., Briefe, Gedichte, Erzählungen. München-Ebenhausen, Leipzig 1910. – Zitat: S. 229/230.

Kiefer, F., Naturkunde des Bodensees. Lindau, Konstanz 1955.
Stoffler, H.-D., Der Hortulus des Walahfrid Strabo. Aus dem Kräutergarten des Klosters Reichenau. Sigmaringen 1978.
Textor, C., Die klingende Insel. Berlin 1950. – Zitate: S. 7, 9/10.

Wettersteingebirge
Heimpel, H., Die halbe Violine. Eine Jugend in der Haupt- und Residenzstadt München. München, Hamburg 1965. – Zitat: S. 76–78.

Starnberger See
Ebers, E., Die Eiszeit im Landschaftsbilde des bayerischen Alpenvorlandes. München 1934. – Zitat: S. 136.
Fesq-Martin, M., A. Lang & M. Peters, Der Starnberger See. Natur- und Vorgeschichte einer bayerischen Landschaft. München 2008.
France, R. H., Die Alpen. Gemeinverständlich dargestellt. Leipzig o. J. (ca. 1910). – Hinweis auf Pfahlbauten am Starnberger See: S. 567–571.
Haushofer, M., & A. Rothpletz, Bayerns Hochland und München. 4. Auflage. Bielefeld, Leipzig 1924. – Zitat: S. 80/81.
Penck, A., Letzte Vergletscherung von Oberbayern und Nordtirol und Einfluss derselben auf die orographische Gestaltung des Alpenvorlandes. Ein Beitrag zur Geographie des Glacial-Phänomens in den Alpen. Leipzig 1882.
Stirling, M., Der wilde Schwan. Hans Christian Andersen. Leben und Zeit. München 1965. – Hinweis auf Andersens Reise an den Starnberger See: S. 264.

Münchner Schotterebene
Bayerisches Landesvermessungsamt (Hrsg.), Topographischer Atlas Bayern. München 1968.
Schwarz, K., Archäologisch-topographische Studien zur Geschichte frühmittelalterlicher Fernwege und Ackerfluren im Alpenvorland zwischen Isar, Inn und Chiemsee. Materialhefte zur Bayerischen Vorgeschichte A 45, Kallmünz/Opf. 1989.

Bayerischer Wald
Nietzsche, F., Werke und Briefe. Werke, Dritter Band. München 1935. – Zitate: S. 289, 428, 433, 435.
Preinhelter, E., Die Landwirtschaft im oberen bayerischen Wald. Dissertation Jena 1902. – Zitat: S. 50/51.

Donau
Hölderlin, F., Am Quell der Donau. In: F. Hölderlin, Werke, Briefe, Dokumente. München 1963, 144–146. – Zitat: S. 144–146.
Magris, C., Donau. Biographie eines Flusses. München 1991.

Nachweis der Abbildungen

Seite 18/19; 68/69: Wolfgang Ise | Seite 20, 49, 107, 151, 162, 175, 245, 255, 256: Hansjörg Küster | Seite 28: Getty Images/Rolf Kosecki | Seite 31, 36, 96, 264: akg-images | Seite 34/35, 100/101, 118, 133, 136, 140/141, 142, 148, 160/161, 185, 194/195, 196/197, 208, 221, 226/227, 237, 240/241, 286/287, 293, 294, 346/347, 349, 357, 359, 367: fotolia | Seite 45: akg-images/Pansegrau | Seite 48: Pacifico Grafik/Etienne Girardet | Seite 52/53: akg-images/Bildarchiv Monheim | Seite 54: Mirko Seidel, Leipzig | Seite 60: Jörg Gläscher/laif | Seite 63: Stefan von der Lahr | Seite 65: akg-images/Schütze/Rodemann | Seite 71: Getty Images | Seite 77: bpk images/Hamburger Kunsthalle/Christoph Irrgang | Seite 78: ullstein bild | Seite 82/83: Mirko Lehmann | Seite 87: Georg Hoff | Seite 91: picture alliance/arkivi | Seite 92: Peter Palm, Berlin, nach einer Vorlage des Nationalparks Harz (Idee Tim Schwarzenberger) | Seite 105: akg-images/bilwissedition | Seite 110/111: Getty Images/Morris MacMatzen | Seite 121: Hamburger Kunsthalle, Hamburg/Bridgeman Images | Seite 122: mauritius images/Torsten Krüger | Seite 126/127: ullstein bild – Klaus Niermann, Hamburg | Seite 135: www.schulzeitreisen.de | Seite 144: picture alliance/Arco Images/W. Diederich | Seite 153: Landesamt für Denkmalpflege, Kiel, Schleswig-Holstein/Archiv Theodor Möller | Seite 164: picture alliance/blickwinkel/H. Baesemann | Seite 167: mauritius images/United Archives | Seite 170/171: DS Foto Design Dieter Schinner | Seite 178/179: ullstein bild – Schöning | Seite 187: ullstein bild – Werner OTTO | Seite 191: mauritius images/Hackenberg-Photo-Cologne/Alamy | Seite 200: ullstein bild – Dietmar Scherf | Seite 205: Manchester Art Gallery/Bridgeman Images | Seite 211: ullstein bild – histopics | Seite 214/215: mauritius images/Westend61/Kristian Peetz | Seite 223, 280, 308: Wikimedia Commons | Seite 229: mauritius images/robertharding/Michael DeFreitas | Seite 231: picture alliance/dpa/Uli Deck | Seite 243: mauritius images/CuboImages/Andrea Innocenti | Seite 248/249: Getty Images/Wanda Göde/EyeEm | Seite 260: Getty Images/Jean-Claude Winkler | Seite 270/271, 283, 304/305: Getty Images/Westend61 | Seite 275: mauritius images/imageBROKER/Arnulf Hettrich | Seite 279: Getty Images/Ursula Sander | Seite 298: mauritius images/Martin Siepmann | Seite 300: mauritius images/Ernst Wrba | Seite 311: mauritius images/Bernd Römmelt | Seite 316/317: ullstein bild – AllOver | Seite 320: mauritius images/Udo Siebig | Seite 322: Getty Images/Florian Werner/LOOK-foto | Seite 325: www.luftbildbertram.de | Seite 330/331: Getty Images/Miguel Villagran | Seite 333, 370: http://images.zeno.org/Kunstwerke/ | Seite 339: ullstein bild – CHROMORANGE | Seite 341: mauritius images/Westend61/Werner Dieterich | Seite 353: ullstein bild – imageBROKER/Dr. Wilfried Bahnmüller | Seite 356: mauritius images/Bruno Kickner | Seite 362/363: Getty Images/Jorg Greuel | Seite 364: Kreuzschnabel/Wikimedia Commons | Seite 375: mauritius images/Westend61/Harald Nachtmann

Literaturhinweise

Allgemeine Literatur

Küster, H., Geschichte der Landschaft in Mitteleuropa. Von der Eiszeit bis zur Gegenwart. München 1995.

Küster, H., Die Elbe. Landschaft und Geschichte. München 2007.

Litt, T., K.-E. Behre, K.-D. Meyer, H.-J. Stephan & S. Wansa, Stratigraphische Begriffe für das Quartär des norddeutschen Vereisungsgebietes. Eiszeitalter und Gegenwart 56 (1/2), 2007, 7–65.

Meynen, E., & J. Schmithüsen (Hrsg.), Handbuch der naturräumlichen Gliederung Deutschlands. 9 Lieferungen. Remagen/Bad Godesberg 1953–1962.

Oberhauser, F., & A. Kahrs, Literarischer Führer Deutschland. Frankfurt/Main, Leipzig 2008.

Rügen

Jung, G., Meerumschlungen und kreidegrün. Rügen von A–Z. Hamburg 2009.

Kliewe, H., & H. Sterr, Die deutsche Ostseeküste. In: H. Liedtke & J. Marcinek (Hrsg.): Physische Geographie Deutschlands. 2. Auflage. Gotha 1995, 238–262.

Kosegarten, G. L. T., Briefe eines Schiffbrüchigen. Neu herausgegeben und kommentiert von K. Coblenz. Bremen 1994.

Küster, H., Die Ostsee. Eine Natur- und Kulturgeschichte. München 2002.

Niedermeyer, R.-O., H. Kliewe & W. Janke, Die Ostseeküste zwischen Boltenhagen und Ahlbeck. Gotha 1987.

Schildener, K., Nachrichten über die ehemaligen und gegenwärtigen Kunstsonderliche Gemäldesammlungen in Neuvorpommern und Rügen. In: Greifswalder Academische Zeitschrift, 2(2), 1828, 43–44.

Schimek, M., Vom Schweizerhaus zum Schwedenhaus. Alpine Freizeitarchitektur im maritimen Raum. Das Allgäuhaus auf Rügen und seine Vorläufer. In: C. Heuter, M. Schimek & C. Worwig (Hrsg.), Bauern-, Herren-, Fertighäuser. Hausformung als Sozialgeschichte. Eine Freundesgabe für Thomas Spohn zum 65. Geburtstag. Münster 2014, 245–278.

Thomas, E., Rügen. Radebeul 1993.

Berlin

Bergengruen, W., Am Himmel wie auf Erden. Roman. Hamburg 1940. – Zitat: S. 10.

Döblin, A., Berlin Alexanderplatz. Roman. München 1978. – Zitat: S. 41.

Fontane, T., Wanderungen durch die Mark Brandenburg. Havelland. Die Landschaft um Spandau, Potsdam, Brandenburg. Berlin o. J. – Zitat: S. 446/447.

Dessau-Wörlitz

Küster, H., & A. Hoppe: Das Gartenreich Dessau-Wörlitz. Landschaft und Geschichte. München 2010 (diesem Band sind auch die Zitate entnommen).

Elbsandsteingebirge

Goetzinger, W. L., Schandau und seine Umgebungen oder Beschreibung der sogenannten sächsischen Schweiz. Bautzen 1804.

Hettner, A., Gebirgsbau und Oberflächengestaltung der Sächsischen Schweiz. Forschungen zur deutschen Landes- und Volkskunde 2(4), Stuttgart 1887. – Zitat: S. 85.

May, K., Der Schatz im Silbersee. Originaltext aus Projekt Gutenberg: http://gutenberg.spiegel.de/buch/der-schatz-im-silbersee-2313/16, letzter Zugriff am 7.7.2017.

Harz

Bei der Wieden, B., & T. Böckmann (Hrsg.), Atlas vom Kommunionharz in historischen Abrissen von 1680 und aktuellen Forstkarten. Aus dem Walde 59, Hannover 2010.

Brückner, J., D. Denecke, H. T. Porada & U. Wegener, Der Hochharz. Vom Brocken bis in das nördliche Vorland. Landschaften in Deutschland 73, Köln, Weimar, Wien 2016.

Dierschke, H., & J. Knoll, Der Harz, ein norddeutsches Mittelgebirge. Natur und Kultur unter botanischem Blickwinkel. Tuexenia 22, 2002, 279–422.

Goethe, J. W., Faust I. In: Gedenkausgabe der Werke, Briefe und Gespräche. Hrsg. von E. Beutler, Band 5. Zürich 1949, 153–288. – Zitate: S. 263, 277.

Goethe, J. W., Harzreise im Winter. In: Gedenkausgabe der Werke, Briefe und Gespräche. Hrsg. Von E. Beutler, Band 1. Zürich 1949, 309–312. – Zitat: S. 311/312.

Huch, R., Goslar. In: Im Alten Reich, Lebensbilder deutscher Städte. Leipzig 1927, 291–309. – Zitat: S. 293.

Müller, T., Schiffahrt und Flößerei im Flussgebiet der Oker. Braunschweig 1968.

Saemann, H., Zur Holzversorgung welfischer Hofbauprojekte des Barock. Hannoversche Geschichtsblätter Neue Folge 66, 2012, 91–117.